ZALLA

ESTUDIO HISTORICO-ARTISTICO

MARCO A. ROYO RUIZ

ZALLA

ESTUDIO HISTORICO-ARTISTICO

ROYO RUIZ, Marco A.

Zalla: Estudio Historico-Artístico/Marco A. Royo Ruiz.– Bilbao: Diputación Foral de Bizkaia, D.L. 1997.– 201 p., [32] p. de fot.; 24 cm.– (Monografías de pueblos de Bizkaia).

Depósito Legal: BI-169-97

I.S.B.N.: 84-7752-221-9

© Para esta edición: DIPUTACION FORAL DE BIZKAIA

I.S.B.N.: 84-7752-221-9

Depósito Legal: BI-169-97

Edita: DIPUTACION FORAL DE BIZKAIA

Coordinación del trabajo: José A. Barrio Loza; Juan A. Gracia Cárcamo

Fotografías: Miguel Angel Nuño

Fotocomposición e impresión: Flash Composition S.L.
Alda. de Rekalde, 6 - 48009 BILBAO

INDICE

ABREVIATURAS

A.G.S.B.: Archivo General del Señorío de Bizkaia.
A.H.D.V.: Archivo Histórico de la Diputación de Bizkaia.
A.H.E.V.: Archivo Histórico Eclesiástico de Bizkaia.
A.M.C.Z.: Archivo Municipal del Concejo de Zalla.
A.H.U.D.: Archivo Histórico de la Universidad de Deusto.

PRESENTACION

Zalla se ha convertido en el municipio más dinámico de la comarca de las Encartaciones. Comparte protagonismo demográfico con Balmaseda, villa histórica ésta menos favorecida por la geografía, aspecto que condiciona mucho el desarrollo moderno. Zalla, en cambio, situada en el amplio valle de Salcedo, y en su parte más amplia y llana, que se reparte con Güeñes, está favorecida por su asentamiento. Además convergen allí dos caminos reales, beneficiándose, por tanto de las comunicaciones.

Rodeado de montañas, el valle de Salcedo es un territorio bien dotado para la agricultura y para la explotación preindustrial dada la presencia del río Cadagua que lo cruza enteramente. Estas dos razones y los viejos caminos trazados a través del valle hacia Mena y Norte de Burgos y hacia Cantabria y Reinosa por Carranza explican el interés que tienen por este entorno algunas familias poderosas en la Edad Media, los Salcedo, los principales, y luego los Ayala que se emparentan con ellos, y más tarde otros linajes, los Urrutia, Arzabe, etc. Las torres fuerte de Maruri, Llantada, Mendieta, Terreros, Bolunburu, siempre estratégicamente situadas junto al río Cadagua y los caminos reales, son testigos arqueológicos –algunos definitivamente perdidos– de la presión de los notables sobre el territorio a través de los tiempos antiguos.

La cita de Arzabe da pie a recordar que este mayorazgo ha conservado un caudal documental de cierto interés; hasta ahora inédito, ha podido ser consultado por el beneficiario de la Bolsa de Trabajo, Marco Royo, quien ha sacado fruto abundante y novedoso, que enriquece mucho lo que ya pudiera conocerse respecto del pasado histórico del concejo. Desde luego enriquece mucho la documentación conocida de Zalla, que es la que custodia en su bien conservado Archivo Municipal, mientras los fondos del Parroquial se conservan en Derio. También los Protocolos Notariales han sido consultados, así que los datos aportados son abundantes y variados. Como la metodología es la correcta y el entusiasmo del joven historiador muy acusado, el resultado es, al fin, importante.

Del camino o caminos reales se ha hablado, y el tránsito por esas vías de comunicación antiguas es presentado por el historiador como si Zalla (con Güeñes) fuera punto importante de servicios a la arriería entre Bilbao y Burgos por el valle de Mena: mesones, fraguas, herradores, albéitares, empresarios arrieros, etc. Acaso estas dedicaciones, y a pesar de la naturaleza del valle, expliquen el atraso de la agricultura durante el Antiguo Régimen. Desde luego, el índice de inquilinato es muy alto –en algún caso el 80%– y además tiene en desfavor el sector la tardía adopción de un cultivo revolucionario, el maíz. En resumen, una agricultura la del Antiguo Régimen la de Zalla más atrasada que la del resto del Señorío.

Podría pensarse que inquilinato y atraso agrícola del Antiguo Régimen justifican la emigración a América, hecho cierto y muy extendido, pero este fenómeno, al menos en sus momentos más álgidos, se da más tarde, en el siglo XIX, tras el declive del propio tráfico con la Meseta, que prefiere la Peña de Orduña, y declive o crisis general de la agricultura.

Otra de las fuentes de recursos principales a través de la historia ha sido la manipulación del mineral de hierro y del grano, las ferrerías y molinos, para cuya instalación ofrece el Cadagua buenas perspectivas desde el barrio de La Mella a Aranguren. Al respecto ofrece Zalla un conjunto patrimonial muy interesante en Bolunburu, donde coinciden las instalaciones de la ferrería hace tiempo arruinadas, la ermita donde los ferrones oían misa y el palacio-torre fuerte del linaje poseedor. Hoy está todo aquello recuperado como espacio de esparcimiento.

La industria moderna, tras el paso por el ferrocarril por el valle y las desviaciones de carreteras y demás, ha preferido otras ubicaciones más cómodas que las angosturas de La Mella, La Herrera o Bolunburu: la llanura desde Ibarra a Aranguren. En este último punto se sitúa la industria papelera, en La Herrera la más antigua de aluminios-plomos, y en Otxaran, Ibarra y otros puntos la del mueble. Entre todos componen una serie de sectores económicos muy diversificados que acaso expliquen que la crisis industrial del tercer tercio del siglo XX no se acuse tanto en Zalla como en otros puntos de las Encartaciones, de Balmaseda, por ejemplo, y de Bizkaia en general.

Pueblo ahora mismo próspero y con perspectivas de desarrollo, Zalla ha actuado sobre su patrimonio de manera ejemplar en el palacio de Murga, que se ha reciclado hacia casa consistorial, transformándose además en magnífico parque público la huerta del mismo Bolunburu es otro de los puntos de actuación, y el tercero la ermita de Zarikete, que ha sido soporte de algunas actividades culturales. Quedan aún ámbitos a los que dedicar cuidados, y uno de ellos es La Mella, paraje romántico, de mucho interés, donde llama negativamente la atención la vergonzante ruina –la ruina es ya antigua– del palacio de Urrutia, delante de una interesante ermita funeraria una de las pocas que existen en Bizkaia. Al otro lado de la corriente del Cadagua está en pie pero muy malparada la torre de Terreros. Respecto del "palacio de la Piedra", magnífico proyecto, al parecer nunca concluido, sólo se puede lamentar que la propia ruina no se respete más.

Completando las notas del patrimonio cabe también destacar una serie de mansiones modernas de diferentes estilos: villa Tepeyac, palacio de Yarto, villa Gure Etxea, villa Gontzonerea, villa Juanita, etc., que son, en varios casos, reflejo de la prosperidad alcanzada en América, en Méjico, por algunas familias de Zalla.

DEPARTAMENTO DE CULTURA

PROLOGO

Este trabajo resulta ser el fruto de una de las diez Bolsas de Trabajo que la Diputación Foral de Bizkaia convocó para el año 1991, y yo fui uno de sus beneficiados. Personalmente disfrutar de este trabajo de investigar la Historia y el Patrimonio Monumental de Zalla ha sido un sueño que nunca me había planteado, dado lo difícil que es el mercado laboral para los que hemos sido licenciados en Letras.

Por ello, al comunicarme la Diputación la comisión de esta Bolsa, esta labor se me convirtió en un desafío y una ilusión. En un desafío porque era mi primera obra de investigación de gran envergadura. En una ilusión porque la investigación a realizar versaba acerca de uno de los pueblos de donde son mis antepasados. En efecto, mi bisabuelo Francisco Pedro Villar y Amavízcar nació en Zalla el 4 de enero de 1859, y su profesión era ebanista. Su padre, Vicente Dionisio Villar y San Pelayo, también de oficio ebanista, nació en Zalla el 9 de octubre de 1820, y su abuelo Pedro Villar y Llano fue molinero, y su bisabuelo Lorenzo de San Pelayo fue uno de los arrendatarios en una de las casas del mayorazgo de Arzabe. Esta circunstancia de investigar una de las cunas de mis antepasados ha dado un tinte emocional adicional a este volumen, en especial al recorrer personalmente las calles y barrios de este concejo.

Como se ha insinuado al principio, la presente Bolsa de Trabajo se estructura en dos partes. La primera es la Historia de Zalla, precedida de una introducción geográfica. El método de investigación histórica recoge los avances de la historiografía moderna, en especial de la historiografía francesa que pretende analizar todos los campos de acción que afectan a la Historia: Demografía, Economía, Sociedad, Comunicaciones, Municipalidad,... No en balde trata de dar una visión global de la realidad histórica través de todas las épocas.

La Historia de Zalla empieza desde el primer rastro que hay de su fundación desde el siglo XII por lo menos en que tenemos constancia de la fundación de la Iglesia de San Miguel hasta casi nuestros días.

La segunda parte está dedicada al estudio del Patrimonio Monumental de Zalla, dividido en dos secciones: Arquitectura religiosa y Arquitectura civil. Para la confección de este apartado he combinado la labor de archivo con la labor de campo con la finalidad de realizar un estudio en profundidad de los principales edificios histórico-artísticos de Zalla. Por la naturaleza de las fuentes estudiadas, la parte más enjundiosa del trabajo se la lleva la arquitectura religiosa, aunque hay aspectos de la arquitectura civil como las casas-torre que tampoco le van a la zaga. En la labor de archivo he encontrado aportaciones que el estudioso en Patrimonio e Historia del Arte sabrá detectar entre sus páginas.

He pretendido realizar una obra para todos, intentando compensar el trabajo de divulgación con el rigor científico. Aun así no he podido evitar algunos tecnicismos, sobre todo en la sección de Patrimonio Monumental, en la descripción de los edificios. Tampoco ha sido posible eliminar las abundantes notas, molestas para la lectura, pero que son una garantía en la labor emprendida y un indicativo de las horas metidas en los archivos.

Mi primera intención es que los mismos zallenses sepan acerca de sí mismos a través de su Historia y de los edificios que son tan familiares para ellos, y así les sirvan de señas de identidad para que por una vez les entre el orgullo de ser encartados y sean conscientes de su identidad histórica como paso previo a despojarse de ser inferiores dentro de Bizkaia. Espero, por otra parte, haber contribuido a dar a conocer al resto de los vizcaínos una parcela desconocida de su propia Historia, de mostrar una parcela de esa Historia tan desconocida que es la de las Encartaciones, de gran personalidad y que merece más difusión de la hasta ahora emprendida.

Entiendo que la tarea de verter en palabras las situaciones que ante mí se dibujaban o escenificaban al leer y examinar los textos de los diversos archivos escudriñados sea una labor difícil y que en muchas ocasiones reconozco que las expresiones no eran suficientes para relatar los hechos que reconstruía a partir de los textos antiguos para plasmar la realidad histórica en toda su gama de color.

Por razones de espacio de tiempo, la mayor parte de la cronología se reduce a la época del Antiguo Régimen (s. XVI-XIX) por ser una época muy interesante y de grandes matices.

Quisiera agradecer las ayudas que he recibido para la confección de este trabajo, en primer lugar los coordinadores asignados por la Diputación Juan Antonio Gracia Cárcamo y Juan Angel Barrio Loza por su labor de dirección y por sus múltiples consejos; después a los demás disfrutantes de las nueve restantes bolsas de trabajo por el intercambio de ideas, y en especial a Alberto Barroso, a quien le tocó la de Arcentales, por habernos cruzado valiosísima información para ambas partes. También a Txomin Etxebarria, investigador especializado en las Encartaciones, quien me ha surtido de fuentes de información sobre ermitas, casas-torres y ferrerías y sugerencias para abordar el tema de la toponimia histórica de Zalla.

Un capítulo aparte lo merece el Ayuntamiento de Zalla, a quien agradezco su generosidad y cariño que me ha mostrado, empezando por el apoyo de su alcalde, Leandro Kapetillo, prosiguiendo por Iñaki Quevedo Arechederra por haberme introducido y guiado en los recovecos del Archivo Municipal, por servirse de cicerone y de facilitarme de documentación impresa. Tampoco puedo olvidar al aparejador municipal Santiago Zubiaga y su eficaz auxiliar Mª José por su paciencia en resolverme todas las dudas que me surgían acerca de la ubicación de los nombres de los lugares que leía en la documentación. Ni tampoco a los miembros de la Escuela Taller de Zalla al permitirme acceder a los edificios en restauración, ni a Iñaki Pinedo, a la sazón haciendo catas arqueológicas en San Pedro de Zarikete, quien me ha adelantado algunos puntos de su trabajo.

También desde estas líneas quiero agradecer a los funcionarios del Archivo Eclesiástico de Bizkaia, del Archivo General del Señorío de Bizkaia y del Archivo foral por su servicio y amabilidad.

Por supuesto, quiero agradecer a mi familia por apoyarme en esta labor tan maravillosa, a mi madre por sus palabras de aliento en los momentos difíciles, y a mi hermano por servirse a pasar por ordenador los gráficos y tablas que recoge este trabajo, a pesar de efectuarlo en unas condiciones y circunstancias no muy óptimas a pesar de estar tan ocupado con sus deberes profesionales y con su familia.

Por último quiero agradecer al Diputado Foral de Cultura Tomás Uribeetxebarria por el acierto de esta Bolsa de Trabajo, y a Aurelio Valle por la confianza puesta en mí.

MARCO A. ROYO RUIZ

EL MARCO GEOGRAFICO

1) EL MEDIO FISICO

Zalla está situada al O. de Bilbao en las Encartaciones de Bizkaia y dentro de esta comarca ocupa una destacada situación central. Limita al N. con Sopuerta, al E. con Güeñes, al S.O. con el Valle de Mena, al S.E. con Gordejuela, y al O. con Valmaseda y Sopuerta. Posee una extensión de unos 31 kilómetros cuadrados.

Zalla tiene una disposición orográfica N.O.-S.E. bastante acusada. Ello es producto de una historia geológica bastante accidentada. Las Encartaciones formaron parte de un geosinclinal donde, cubierto por el mar, se fueron depositando poco a poco sedimentos resultantes de la erosión procedente de las tierras emergentes que se encontraban al sur del País Vasco.

Los plegamientos huroniano y caledoniano que se formaron en la Era Arcaica y a principios de la Era Primaria (1) apenas afectaron a las Encartaciones.

En el Silúrico se apilaron sedimentos de gran espesor que hoy aparecen convertidos en pizarras por las grandes presiones que sufrieron posteriormente. El plegamiento herciniano que se dio en el Carbonífero apenas nos hizo mella. Las Encartaciones seguían siendo ocupadas por un gran mar de gran profundidad, donde destacarían algunas islas. Dicho mar profundo estaría limitado al N.E. por el Macizo Central de Francia y al S.O. por la Meseta Ibérica, tierras recientemente emergidas y de gran altitud.

Durante el Triásico continuó la sedimentación de rocas erosionadas al mar. De esa sedimentación se deduce que la erosión se produjo cerca de la costa, en lagunas y estuarios. En general, la Era Secundaria se caracteriza por períodos en que la tierra emerge y por otros en que se sumerge, sucediéndose de forma alternada. En Geología estos fenómenos se llaman transgresión y regresión.

El Jurásico es una fase de regresión. Los sedimentos formados en esta época son ca-

---

(1) En Geología las edades geológicas presentan varias subdivisiones. Así la Era Primaria empezó hace 600 millones de años y divídese en Cámbrico, Silúrico, Devónico Carbonífero y Pérmico. La Era Secundaria dio comienzo hace unos 280 millones de años y presenta los períodos Triásico, Jurásico y Cretácico. La Era Terciaria principió hace unos 60 millones de años y se compone de los períodos Eoceno, Oligoceno, Mioceno y Plioceno. La Era Cuaternaria empezó hace apenas 2 millones de años. Su primer período, Pleistoceno, puede ser el paralelo geológico del Paleolítico, y el Holoceno, período en que vivimos actualmente, puede tener su comienzo con el inicio del Mesolítico, después de la desaparición de las glaciaciones.

lizos o calizo-arcillosos. Esto indica que las Encartaciones, al igual que el resto del País Vasco, estaba sepultado por un mar de profundidad media.

Los sedimentos que se depositaron en el Cretácico son de un espesor extraordinario que originaron pizarras y calizas. La abundancia de tanta roca calcárea se debe a la deposición en el fondo de este mar de arrecifes de coral. A fines de la Era Secundaria puede pensarse que existían tierras emergidas en las Encartaciones de escasa elevación.

En el Eoceno se formaron los Pirineos, los cuales modificaron radicalmente la fisonomía del país. Las tierras emergieron, dando lugar a formaciones de gran altitud que posteriormente los agentes atmosféricos se encargarían de modelar.

En el Mioceno empieza a formarse la red hidrográfica del Cadagua. El plegamiento alpino que en estos momentos convulsiona a Europa no dará mucho juego en el País Vasco.

En la Era Cuaternaria las glaciaciones no debieron tener tanta importancia como en otros sistemas montañosos europeos por la menor altura de nuestros montes.

En las Encartaciones el sentido de la orientación del Sinclinal de Valmaseda hacia el sur provoca que las pendientes que miran al norte sean muy abruptas, mientras que las que miran al sur sean más suaves.

En el límite norte de Zalla con Sopuerta desfilan el Pico de la Cabaña (535 m.) y el Pico Artegui (546 m.) donde confluyen los límites de Zalla, Sopuerta y Galdames. Un poco más al sur, entre Ocharan y el río Cadagua hay una alineación montañosa que continúa en Valmaseda, cuyas cumbres más importantes son Basoaga (352 m.) y Volumbro (316 m.).

En el linde sur de Zalla con el Valle de Mena y Gordejuela descuellan Retao (698 m.), Espaldaseca (700 m.), El Torco (684 m.), Rioya (596 m.), Pico de la Laguna (518 m.), Somogudo (448 m.), Pico Laguna (522 m.) y Pico Egüen (568 m.). Entre estos picos y el río Cadagua existe un desdoblamiento Este-Oeste que se inicia desde Somocurcio que comprende las cimas del Mazuco (460 m.), El Bortal (400 m.) y Peña Mayor (370 m.).

Entre las sierras norte y sur descritas corre el río Cadagua en un valle estrecho donde se han depositado cúmulos aluviales que cubren una vega no muy extensa. Sin embargo, en La Herrera el río corre prácticamente encajonado. Los principales afluentes del Cadagua son arroyos de corto caudal y largura. El más importante es el Arroyo de Rétola que surca un estrecho valle desde Ocharan para desembocar en el barrio de Lusa. También en Lusa desemboca el Arroyo de San Cristóbal que pasa por la aldea del mismo nombre. En Aranguren se encuentra el Arroyo de Maruri.

Por otro lado, los arroyos que nacen en el sur de Zalla son de Oeste a Este: Angostura que hace frontera con Valmaseda, Celadilla, Fuente Fría, Calleja, Somocurcio y Encinar de la Cuba. Los de Cachupín y de La Tejera son intermitentes.

El clima es oceánico que presenta inviernos suaves, veranos templados y precipitaciones copiosas a lo largo del año. Por ser una zona de valles las nieblas matinales son muy frecuentes, y las oscilaciones térmicas a lo largo del día son más amplias que en la costa.

Un clima moderado favorece la existencia de una vegetación verde. El bosque autóctono prácticamente ha desaparecido, aunque por aquí y por allí se pueda ver algún castaño, roble o borto. En la actualidad el árbol predominante es el pino (Pinnus insignis), fruto de la repoblación efectuada en los años 60.

Zalla se agrupa en torno a cuatro núcleos de población principales:

– Mimetiz o El Corrillo, donde se encuentran los principales servicios del municipio. Se le puede considerar como núcleo urbano.

– La Herrera, lugar de hermosos paisajes que apenas ha sido alterada por la acción del hombre.

– Aranguren es el pulmón económico del municipio ya que allí radica la fábrica de LA PAPELERA ESPAÑOLA.

– Ocharan está situada en el extremo noroeste de Zalla. Precisamente a cuatro kilómetros de Ocharan se encuentra Avellaneda donde se halla la Casa de Juntas que rigió los destinos de las Encartaciones durante varias centurias, y está dentro de la jurisdicción territorial de Sopuerta (2).

2) CONDICIONAMIENTOS GEOGRAFICOS

Un relieve tan accidentado ha facilitado colocar fronteras naturales a Zalla, en especial con Sopuerta, Valle de Mena y Gordejuela. El límite con Valmaseda lo decide el alfoz de dicha villa. El relieve condicionó los aprovechamientos económicos. El monte se dedicaría a la explotación forestal y a la crianza de ganado, mientras que el fondo del valle se dedicaría a la agricultura.

El río Cadagua desde la Edad Media fue arteria principal de comunicación entre Bilbao y la Meseta. Ello lo certifican la temprana fundación de Valmaseda en 1199 y el Camino de Santiago (3). También es una fuente inagotable de energía hidráulica que propició el florecimiento de ferrerías y molinos en la época del Antiguo Régimen (4).

El carácter montuoso dio lugar a que se crearan varias veredas y regatos que documentalmente aparecen ocasionalmente en protocolos a la hora de poner límites a las propiedades (5).

3) TOPONIMIA HISTORICA DE ZALLA

Son conocidos los trabajos de toponimia entre lingüistas y filólogos. Sin embargo, son más raros los ejemplos de trabajos de toponimia histórica realizados hasta la fecha, y mucho más si nos volcamos en las Encartaciones. El único trabajo conocido por mí hasta la fecha es el de Sasia (6) donde recoge una pretendida toponimia euskérica en las Encartaciones. De la lista que da de Zalla aproximadamente he podido constatar documentalmente la tercera parte de los que nombra y con fechas más tempranas que las que él cita. Del resto, ni rastro.

---

(2) Sobre Avellaneda existe una reclamación de Zalla, ya que afirman que tienen documentación que atestigua que Avellaneda pertenece a Zalla. En el desarrollo de mi trabajo y exposición no entraré en tal discusión por no pertenecer a mis planes tomar partido a favor de uno u otro. Eso lo dejo en otras manos.

(3) Véase el capítulo dedicado a las comunicaciones.

(4) Véase el capítulo dedicado a la industria tradicional.

(5) Los ejemplos que se reproducirían en notas serían prolijos. Basta con reseñar que en la documentación del Mayorazgo de Arzabe su cita es frecuente en censos y cartas de venta. Actualmente en Zalla existen estas veredas y regatos, aunque en algunos casos se hallan parcialmente asfaltados como el extenso camino que comunica Nocedal con Sollano, pasando por Angostura, La Brena y Zóquita, o con piso de cemento como la subida a la Ermita de la Magdalena.

(6) SASIA, J.M.: *"Toponimia euskérica de las Encartaciones de Vizcaya"*. Ellacuría. Bilbao, 1966.

Como se verá, Zalla es uno de los cuatro municipios encartados que posee toponimia histórica euskérica. Los otros tres son Güeñes, Alonsótegui y Gordejuela, aunque haya topónimos vascos de un número no tan significativo en Galdames. No obstante, entre los nombres euskéricos se deslizan otros de raíz castellana o latina, y otros que son típicamente encartados como ILSO, LLOSA y BORTEDO. Se puede advertir a nuestro municipio una gran riqueza toponímica.

El método seguido es el de dar una lista alfabética de topónimos, y a cada uno de ellos he asignado la fecha más antigua que las fuentes históricas consultadas dan de ella. No es éste el lugar para discutir el origen de esta rica nomenclatura, ya que tal discusión pertenece a los especialistas en el tema.

Cabe decir que la presente nómina compuesta de más de 400 términos es provisional, ya que el Archivo Histórico Provincial de Bizkaia se halla cerrado al público desde hace algún tiempo, lo que le convierte en un terreno virgen de investigación en este área, y seguro que investigaciones posteriores revelarán algunos topónimos nuevos y fechas más antiguas para algunos nombres ya conocidos. Para la confección de esta nómina sólo se han tenido en cuenta las fuentes manuscritas.

- ABAREJO, 1711.
- ABORREJO, 1650.
- HAEDO, 1610. (Aparece AEDO en 1661 y como compuesto en BALDEAEDO).
- ALBAÑAL, 1700.
- ALLENDE, 1597.
- ALLENDELAGUA, 1660. (En 1732 aparece su etimología: ALLENDE EL AGUA).
- AMEZTEGUI, 1597.
- ANDARIGUE, 1716.
- ANDARRI, 1854.
- ANERABAR o ARENABAY, 1597.
- ANGOSTURA, 1659.
- ANTEBIZCARRA, 1578.
- ANTEBIZCARRA (Monte de), 1807.
- ANTEBIZCARRA (Solar de), 1637.
- ARANGUREN, 1713.
- ARANGUREN (Arroyo de), 1709.
- ARANGUREN (Torre de), 1709.
- ARANGUREN (Vado de), 1647.
- ARAÑA, 1597.
- ARAÑA (Seve), 1763.
- ARBOLEDO, 1731.
- ARECHAGA, 1602.
- ARECHAGA DE ARRIBA, 1668.
- ARECHAGA (Casa-Torre de), 1609.
- ARIETA (en LA ESCANDILLA), 1675.
- ARO (Encinal de), 1720.
- ARRIETA, 1571.
- ARRIETA (Monte de), 1654.
- ARTEGUI (Pico de), 1700.
- ARZABE, 1626.

– ARZABE (Molino de), 1809.
– ARZABE (Monte de), 1668.
– ARZULETA, 1711.
– ARZULETA (Monte), 1703.
– ATRAS de LA CERCA (en ARECHAGA), 1784.
– AYAL, 1772.
– AYAL (Arroyo de), 1772.
– AVELLANEDA, 1640.
– BAGOLA, 1732.
– BALDEAEDO, 1570.
– BALDE(a)EDO (Río de), 1640.
– BALDEMOLLINA, 1658.
– BALUGA, 1618.
– BARRACHI, 1644.
– BARRIOJA, 1846.
– BASOAGA, 1823.
– BASUALDO, 1716.
– BERCEDAL, 1711.
– BERMETIZ (o BERMEQUIZ), 1675.
– BETI, 1620.
– BETI DE ARRIBA, 1626.
– BERZEBAL (Llosa), 1711. (En SOLLANO).
– BILBATO (Llanillo de), 1647.
– BILBATO (Monte de), 1720.
– BOLUMBRO, 1634.
– BOLUMBRO (Ferrería de), 1590.
– BORTEDO, 1609.
– BORTEDO (Arroyo de), 1699.
– BORTEDO (Castañal de), 1784.
– BORTEDO (Regato de), 1789.
– BRENILLA DE SABUGAL, 1700.
– BUENAVISTA, 1848.
– BUHOLA (Monte), 1702.
– CACHORRILLO, 1650.
– CACHUPIN, 1709.
– CADAGUA (río), 1742. Genéricamente se le denomina RIO MAYOR.
– CALVARIO DE LA LLANA, 1702.
– CALLEJA DE LADRON, 1732.
– CALLEJA DE LA PARADA, 1702.
– CALLEJASONDAS, 1722.
– CALLEJASONDOS, 1690.
– CALLEXA DE LA LAMOSA, 1666.
– CALLEXA DE LADRON, 1656.
– CALLEXO DE SANTIBAÑES, 1673.
– CALLEXO DEL ZERRO, 1691.
– CAMPA DEL ABAD (en ÇARIQUETI), 1569.

– CAMPILLO DE LAS CAMPAS, 1668.
– CANTUERAN, 1650.
– CANTUERAN (Cantera de), 1736.
– CANTUERAN (Castañal de), 1752.
– CARRASCAL (Monte), 1668.
– CARRERO DE CASTIGARRERO, 1784.
– CASA DE LA CALZADA, 1666.
– CASA DE URRUTIA, 1597.
– CASA DEL MORO, h., 1789.
– CASA NUEVA, 1585.
– CASA QUEMADA (en YBARRA), 1644.
– CASA YBARGUEN (en LLANO), 1711.
– CASAS DEL CAMINO (Taberna de), 1664.
– CASTIGARRERO, 1639.
– CASTIGARRERO DE ARRIBA, 1603.
– CASTILLEJO, 1604. (Grafía con j porque el documento en que aparece el término es una copia del original).
– CASTILLEXO, 1626. (Esta es la data más antigua de su grafía original).
– CASTILLO (Llosa de), 1711.
– CASTILLO DE PIEDRA (Arroyo), 1661.
– CASTILLO DE PIEDRA (Taberna), 1653.
– CODUJO DE ABAJO, 1854.
– CODUJO DE ARRIBA, 1854.
– COGUXO, 1649.
– COSTERA DE REPITA, 1730.
– COTIZUELO, 1685.
– COTIZUELO (Monte), 1751.
– CUARTO DEL HOMBRE, 1846.
– CUESTA DEL MORO, 1762.
– CHABARRI, 1636. También aparece escrito como CHAVARRI.
– CHABARRIA (o CHEBARRIA), 1597.
– DESSA, 1602. En la documentación también aparece escrito DESA y DEZA.
– DESA (Casa-Torre de), 1700.
– DESSA (Molino de), 1650.
– DESSA (Molinos nuevos de), 1732.
– DESSA (la) DE ARRIBA, 1728.
– HEDESA, 1550. Debido a su similar grafía he traído a esta parte del glosario el topónimo HEDESA. Puesto que DESSA y HEDESA no los he podido identificar, es posible que se traten del mismo lugar o área.
– HEDESA (en CAMPO DE ARECHAGA), 1709.
– HEDESA (Presa y molino de), 1700.
– EL AGUA DE ARECHAGA (Llosa de), 1625.
– EL ARROYO, 1606.
– EL ARROYO, (Monte de), 1705.
– EL AZEBAL, 1654.
– EL BARRANDAL, Segunda mitad del siglo XVIII.

– EL BAR(a)DAL (Arroyo de), 1690.
– EL BERRENDAL, 1614.
– EL BORNITAL, 1675.
– EL BORTAL (Monte de), 1705.
– EL BORTO (Pico de), 1756.
– EL CALBARIO, 1732.
– EL CALDERO DE ARAÑA, 1720.
– EL CALLEJO DEL SEL, 1695.
– EL CALLEXO, 1573.
– EL CAMINO, 1839.
– EL CAMPANERO, 1597.
– EL CAMPILLO, 1709.
– EL CAMPO, 1597.
– EL CAMPO (en YBARRA DE ABAJO), 1791.
– EL CAÑO, 1709.
– EL CARRILLUDU, 1647.
– EL CASTAÑAL DE ARRIBA, h. 1799.
– EL CASTILLO, 1653.
– EL CEPAL, 1650.
– EL CEPAL (Monte de), 1784.
– EL CEPINAR, 1604.
– EL CEREZAL, 1722.
– EL CORSO, 1798.
– EL CHARCO (Llosa de), 1711.
– EL CHARCO (Puente de), 1697.
– EL ESCACHAL, 1752.
– EL ESCOBAL, 1631.
– EL ESPESEDO, 1699.
– EL ESPESEDO (Monte de), 1784.
– EL ESPINAL, 1597.
– EL ESPINAL (Monte de), 1784.
– EL JARDIN, 1788.
– EL JARDIN (Monte de), 1784.
– EL JUNCAL, 1641.
– EL LUCHACO, 1771.
– EL MANZANAL, 1621.
– EL MANZANAL VIEJO, 1728.
– EL MANZANO AGRILLO (Pieza de), 1716. (Situado en OJIBAR).
– EL MAZUCO (Cantera de), 1832.
– EL MAZUCO (Cruz de), 1702.
– EL MAZUCO (Monte de), 1666.
– EL MOLINILLO, 1784.
– EL MOLINAR, 1693.
– EL NOZEDO, 1766.
– EL NUEVO (en BETI), 1722.
– EL OJO, 1696.

- EL ORTIGAL, 1711.
- EL OSPINAL, 1699.
- EL PARRARELO, 1716.
- EL PARRAL (Pieza de), 1716.
- EL PICACHO, 1634.
- EL PICO (lindante con Gordejuela), 1699.
- EL PICON, 1834.
- EL PINO, segunda mitad del siglo XVIII.
- EL PORTILLO, 1730.
- EL RELLANO, 1722.
- EL RIBERON, 1772.
- EL SARTAL, 1672.
- EL SOMO, 1666.
- EL SOMO (Monte de), 1658.
- EL SOTO, 1716.
- EL TORQUILLO, 1796.
- EL TUERTO, 1756.
- EL VADO (Pieza de), 1716.
- EL VALLE, 1647.
- EL VENTORRILLO, 1892.
- EL VIVERO, 1654.
- EL ZERRO (sobre LAYSECA), 1675.
- ERA DE MARCOS, 1716.
- FUENTE DE SOCASTILLO, 1784.
- GALLERDIGUI, 1597.
- GARDELLEGUI, 1597.
- GARDELLI, 1797.
- GARAMAL, 1691.
- GOBEO, 1602.
- GOBEO (Molino de), 1733.
- GOBEO DE ABAJO, 1649.
- GOMUCIO, 1694.
- GOROSTIGA (Pieza de), 1647.
- GÜEGUEN, 1716.
- HARABAI, 1738.
- HERA DE ABAJO, 1722.
- HUERTA DE ARECHAGA, 1784.
- HUERTA DEL CAMPO, 1797.
- HUERTO DE ALLENDE, 1834.
- IGAREXO, 1711.
- IJALDE, 1711.
- JALLEGA, 1732.
- JARTU (REVILLA), 1798.
- JUAN JIL, 1784.
- LA ACEÑA (Campo de), 1711.
- LA ARENA, 1791.

– LA BAJERA, 1854.
– LA BALUGA, 1722.
– LA BARGA, 1649.
– LA BARRANDALA, 1784.
– LA BEDIGUERA (sobre EL ARROYO), 1654.
– LA BERBERANA, 1654.
– LA BERIGUERA, 1732.
– LA BORTOSA, 1666.
– LA BORTOSA (Monte de), 1727.
– LA BRENILLA, 1709.
– LA CALDERONA, 1723.
– LA CALLEJA, 1669. (Grafía con j porque el texto que lo recoge es copia del original).
– LA CALLEXA, 1685.
– LA CAMPOZA (en LAYSEQUILLA), 1711.
– LA CANTERA, 1715.
– LA CANTERA (Molinos de), 1734.
– LA CANTERA DE ABAJO, 1647.
– LA CASCONA, 1667.
– LA CASTAÑIZA, 1738.
– LA CORTERA, 1854.
– LA COSTALADA, h. 1799.
– LA CRUZ, 1654.
– LA CUBA (Arroyo de), 1690.
– LA CUBA (Monte de), 1705.
– LA CHORRILLA, 1766.
– LA DUCHA LARGA, 1636.
– LA DUCHUELA, 1722.
– LA ENTRADILLA (cerca de SAN CRISTOBAL), 1732.
– LA ERA DE MARCOS, 1716.
– LA ESCANDA, 1575.
– LA ESCANDILLA, 1654.
– LA ESCANDILLA (Pontón de), 1691.
– LA FUENTE DEL CALLEJO, 1675.
– LA FUENTE DE LA TOBA, 1813.
– LA FUENTE DE LASARTE, 1647.
– LA FUENTE DE URQUIJO, 1711.
– LA GASCONA, h. 1789.
– LA HERRERA, 1650.
– LA HOYUELA, 1650.
– LA HUERTA, 1655.
– LA JARA, 1711.
– LA LAMA (Arroyo de), 1650.
– LA LASTRA, 1657.
– LA LATILLA, 1677.
– LA LLANA, 1641.
– LA LLANA DE ABAJO, 1571.

– LA LLANILLA (lugar de LUSA), 1666.
– LA LLOSILLA, 1651.
– LA MACHORRA, 1657.
– LA MACHORRA (Llosa de), 1649.
– LA MACHORRA (Pieza de), 1640.
– LA MARROQUINA (en YBARRA DE ABAJO), 1660.
– LA MATANZA, 1647.
– LA MELLA, 1654.
– LA MELLA (CASA y TORRE), 1700.
– LA MELLA (Herrería de), 1496 (A.G.S.-Registro General del Sello).
– LA MELLA (Puente de), 1692.
– LA PANTALEONA, 1784.
– LA PEÑA DE GATOS, 1666.
– LA PIEDRA, 1651.
– LA PIEDRA (Arroyo de), 1692.
– LA POZA DE PERIN, 1732.
– LA PRESA, 1670.
– LA PUENTE, 1711.
– LA PIEDRA DEL RIO, 1647.
– LA QUEBRANTILLA (Pieza de), 1722.
– LA RELLANA, 1732.
– LA RIBERA DE GOBEO, 1784.
– LA ROTURILLA, 1711.
– LA SANTERA (Molino de), 1716.
– LA TALAYA (en YBARRA), 1722.
– LA TALENGUA (Llosa), 1722.
– LA TEJERA (Castañal de), 1784.
– LA TEJERA (Llana de), 1636.
– LA TOBA, 1632.
– LA TORRE, 1658.
– LA VIÑA, 1716.
– LA VIÑA (en YBARRA), 1784.
– LA VIÑA VIEJA, 1732.
– LA VIÑORRA,1784.
– LARRAZA, 1649.
– LASARTE, 1647.
– LASARTE (Puente de), segunda mitad del siglo XVIII.
– LASARTE DE ABAJO, segunda mitad del siglo XVIII.
– LAS ARREZUELAS, h. 1789.
– LAS BALUGAS, 1624.
– LAS BARRERAS (en TERREROS), 1751.
– LAS BARRIETAS (Castañar de), 1813.
– LAS CABECERAS, 1784.
– LAS COCINILLAS, 1696.
– LAS COCINILLAS DE ABAJO, 1647.
– LAS CORTINAS, 1641.

- LAS FUENTES, 1607.
- LAS HERAS (en ARECHAGA), 1602.
- LAS HOLLAS, 1597.
- LAS LAGUNILLAS, 1771.
- LAS LLAMAS, 1568.
- LAS LLANAS, 1569.
- LAS PEDRAJAS, 1750.
- LAS PEÑUELAS, 1675.
- LAS PONTECILLAS, 1771.
- LAS ROCHAS, 1697.
- LAS TASUGERAS, 1666.
- LAS TORCAS, 1722.
- LAS TORQUILLAS, 1797.
- LAS TORQUILLAS (Monte de), 1818.
- LAS VENERAS (Peña de), 1849.
- LAS VIÑAS, 1797.
- LAS YBARRAS, 1655.
- LAYSECA, 1574.
- LAYSEQUILLA, 1639.
- LAZASILLA, 1585.
- LIGARZEGA, 1720.
- LIGUETI, 1711.
- LIGUETIGUI, 1720.
- LIXARRAGA (Monte de), 1705.
- LIXARZAGA, 1690.
- LOCHACO (en SANTIBAÑES), 1640.
- LONGAR, 1607.
- LONGAR (Molino), 1722.
- LONGAR DE ABAJO, 1716.
- LONGAR DE ARRIBA, 1716.
- LORNAZU, 1647.
- LOS BAÑUELOS, 1654.
- LOS BIBEROS, 1597.
- LOS BIÑUELOS (entre el CAMINO REAL y el REGATO DE BALDEHAEDO), 1673.
- LOS CEREZOS (Pieza de), 1640.
- LOS NOCEDILLOS, 1699.
- LOS NOZEDILLOS, 1616.
- LOS NOCEDILLOS (Monte de), 1684.
- LOS PERALES (en ANGOSTURA), 1733.
- LUJA, 1698.
- LUSA, 1597.
- LUSA (Llanilla de), 1711.
- LUSA (Puente de), 1654.
- LUSA (Torre de), 1711.
- LLANO, 1622.
- LLANTADA, 1604.

– LLANTADA (Arroyuelo de), 1846.
– LLIGUETIGUI, 1677.
– MALABRIGO, 1846.
– MALRRAPADO (Puente de), 1830.
– MALTAPADO (Pontón), 1690.
– MANZANAL VIEJO, 1732.
– MARURI, 1597.
– MARURI (Torre de), 1730.
– MATA ABAJO DE ABAJO DE REPITA, 1702.
– MAYORAZGO, 1647.
– MENDIETA, 1666.
– MENDIETA DE ARRIBA, 1783.
– MIMETIZ, 1654.
– MOLINAR, 1647.
– MOLINILLO, 1622.
– MOLINILLO (Puentecillo de), 1848.
– MOLINO NUEVO, 1744.
– MOLLINEDO (sel), 1671.
– MONTEHERMOSO (Torre de), 1719.
– MONTELLANO, 1687.
– MONTERMOSO, 1711.
– MUÑERAN, 1630.
– MUÑERAN (Torre de), 1839.
– MURGA (La Fuente de), 1797.
– MURGA (Llano de), 1729.
– MURGA (Torre de), 1839.
– NARABAY, 1650.
– NOCEDAL, 1653.
– NOCEDILLO, 1768.
– OCHARAN, 1643.
– OCHARAN DE ARRIBA, 1656.
– OJA DEL MONTE, 1647.
– OJINAGA, 1732.
– OJINAGA (Calero de), 1724.
– OJO DEL CALERO, 1728.
– ONDARAGUI (Llosa de), 1641.
– ONDARROS, 1597.
– OROPESSA, 1647.
– OXIBAR, 1606. (Posteriormente se escribe con g o con j).
– PADILLA, 1650.
– PADILLA DE ABAJO, 1650.
– PALAZIO, 1711.
– PALAZIO (Arroyo de), 1711.
– PALAZIO (Monte de), h. 1789.
– PARTE LLANO DEL CAMPO, 1597.
– PAXAZA, 1640.

– PEÑA DE LA HERRERA, 1839.
– PEÑA DE LA TEXERA DE MONTERMOSO, 1700.
– PICO DEL GAVILAN, 1699.
– PICON (Monte), 1654.
– PICUEGUEN (Pico), 1756.
– PIEZA REDONDA DE BALUGA, 1730.
– PIEZA REDONDA DEL PAJARERO, 1636.
– PIÑUECA, 1656.
– PIQUEBEN (Pico de), 1668.
– PIQUEGUREN (Pico), 1702.
– POBOS (Monte), 1852.
– PONTEZUELAS DEL CAMINO REAL, 1678.
– PUENTE DE ÇALLA, 1597.
– PUERTO DE ALLENDE (Llosa), 1716.
– PUENTE DEL CHARCO (Llosa de), 1784.
– PUZOLA (Regato de), 1818.
– QUADRA, 1732.
– QUADRA (Castañal de), 1763.
– QUADRA (Monte de), 1797.
– QUERTO DE SANCHO, 1716.
– RAPADO (Pontón de), 1675.
– REBOLLAR DE REVILLA, 1699.
– RECAGUREN (lindante con Gordejuela), 1699.
– REPITA, 1620.
– REPITA (Monte), 1675.
– REPITA (Sebes), 1673.
– REPUZOLA, 1710.
– RETAO, 1741.
– RETOLA, 1654.
– RETTADO (Monte), 1666.
– REVILLA, 1597.
– RIVERA DE NARABAY, 1734.
– RIGADA (Arroyo de), 1722.
– RIGADA (Campo de), 1699.
– ROYO o ROJO (Llosa), 1650.
– SABUGAL (Monte), 1668.
– SALZIAGA, 1657.
– SALCIAGA (Monte), 1819.
– SAN CRISTOBAL, 1569.
– SAN PANTELEON (Tejera de), 1700.
– SAN PEDRO, 1668.
– SAN PEDRO DE ZARIQUETI (Llosa de), 1670.
– SANTIBAÑES, 1640.
– SANTULLAN, 1732.
– SANTULLANA, 1597.
– SANTULLANO, 1677.

- SEBASTOPOL, 1892.
- SEVE CHICA (Arroyo de), 1711.
- SOBRADO, 1706.
- SOBRECARRERA, 1726.
- SOCASTILLO, 1732.
- SOCASTILLO (Monte), 1839.
- SO/LA/CALLEJA, 1711.
- SO/LA/OYA (entre DESSA y ARZABE), 1716.
- SO/LA/SEBE, h. 1799.
- SOLLANO, 1597.
- SOLLANO (Molino de), 1711.
- SOLLANO DE ABAJO, 1699.
- SOLLANO DE ARRIBA, 1703.
- SOMO AGUDO (Regato de), 1827.
- SOMOCURCIO, 1597.
- SOMOVALLE, 1651.
- SO/PALACIO, 1784.
- SOVARDIAZA, 1770.
- TERREROS, 1658.
- TERREROS (Herrería de), 1496. (A.G.S.– Registro General del Sello).
- TORREJON DE AVELLANEDA, 1749.
- TEXERA DE MONTERMOSO, 1597.
- UGARTE, 1654.
- UGARTE (Pontón de), 1647.
- URIBE, 1602.
- URQUIJO, 1751.
- URTECHO, 1640.
- VABOLA (Monte), 1766.
- VADO, 1647.
- VALDEMOLLINA (Ferrería de), 1653.
- VENTA DEL SOL, 1892.
- VILLANUEVA, 1639.
- YBARRA, 1581.
- YBARRA (Puente de), 1651-53.
- YBARRA DE ABAJO, 1607.
- YBARRA DE ARRIBA, 1581.
- YBARRA DE MEDIO, 1710.
- YGANDE, 1741.
- ÇABALLA, 1597.
- ZABALLEGA, 1641.
- ZALLA (Molino de), 1713.
- ÇALLILLA (Hospital de), 1606.
- ÇARIQUETI, 1556.
- ZELADILLA (Mojón), 1666.
- ZOQUITA, 1654.
- ZOQUITA (Monte), 1659.

DEMOGRAFIA HISTORICA DE ZALLA

1) FUENTES

Las fuentes de conocimiento pueden dividirse en dos grandes grupos atendiendo a su procedencia: los registros eclesiásticos y los registros civiles (fogueraciones y censos).

Los primeros constituyen los libros sacramentales de las tres parroquias del concejo de Zalla: San Miguel, la Peña de La Herrera (también llamada de Sta. María y Sta. Isabel) y Santiago de Ocharan, cada cual de interés desigual. La Parroquia de San Miguel, por ser la iglesia matriz, es la de mayor interés tanto en cantidad como en calidad. Territorialmente su jurisdicción abarca desde Aranguren hasta La Llana e Ybarra inclusives en sentido Este-Oeste.

Las otras dos parroquias responden a realidades más locales y menos representativas del concejo. Tienen el mayor inconveniente de no haberse conservado los libros de defunciones. Ambas tienen mucho menor cantidad de información que la iglesia matriz. La Parroquia de Sta. María y Sta. Isabel de La Herrera ocupa el curso del río Cadagua desde el límite con Valmaseda hasta Gobeo inclusives. La Parroquia de Santiago de Ocharan comprende los barrios de Ocharan, Rétola, Malabrigo, La Flor y otros lugares del N.O. del municipio.

La ventaja de los registros eclesiásticos estriba en que de los datos que de ellos se pueden desprender, se puede seguir la evolución del movimiento de la población.

Las fogueraciones sirven de indicador demográfico de signo simplemente orientador, puesto que su finalidad fiscal trastoca todas las utilidades demográficas posibles. Una fogueración es el recuento de la población por fogueras en una fecha determinada en atención a las casas, apareciendo sólo el nombre del propietario o de quien la usa, junto con su propietario o usufructador. El mayor problema viene por la búsqueda de un número coeficiente que transforme las fogueras en números reales de habitantes. Personalmente prefiero no tomar coeficientes de conversión por el temor de crear cifras falseadas. Si cito las fogueras, sólo es por tomar un punto de partida en la evolución demográfica de Zalla. En la historiografía están documentadas las fogueraciones de 1436 y 1492 (0), el Censo de 1587 que en su momento recogió Tomás González, la Fogueración de 1685, y las de 1704 y 1796. En la de 1745 no se incluyó a Zalla.

Los censos y padrones fijan en números absolutos la población en los años en que se

(0) ITURRIZA, pág. 159-161.

confeccionaron, y por la naturaleza de ello podemos saber la estructuración de la población de Zalla desde 1787. Los censos de población de 1787, 1800 y 1810 siguen unos tramos de edades completamente distintos si se comparan con los de 1825, 1860 y el Padrón de 1900. El de 1857 se encuentra a medio camino entre los dos grupos citados.

Los tres primeros censos citados sólo presentan números absolutos, mientras que los restantes (excepto el de 1857 y 1860), tienen la particularidad de que los habitantes censados tienen nombres y apellidos, agrupándose por unidades familiares, con información acerca de su barrio de residencia, profesión, naturaleza, años de residencia y edad, por lo que son útiles para la investigación genealógica. Aunque en el caso de los de 1857 y 1860 tendrían sus mismas características, la fuente consultada para acceder a sus datos era un resumen de ambas.

2) EDAD MEDIA

Por la crónica de Alfonso II sabemos que las Encartaciones fueron repobladas tempranamente en la época de Alfonso I el Católico a mediados del siglo VIII (1). La leyenda de que el Conde Don Rubio se estableciera en el Valle de Salcedo a mediados del siglo X (2) reflejaría las primeras oleadas de poblamiento en la zona (2bis).

Si hacemos caso de las insinuaciones de Iturriza de que en el siglo XII se erigió la Iglesia de San Miguel (3); si este dato fuera fidedigno, significaría una explosión demográfica dentro del mundo medieval en esta parte de las Encartaciones, ya que sería el reflejo objetivo de un crecimiento demográfico, que documentalmente no se ha podido observar. De todos modos el dato que nos da Iturriza de la parroquia es la única que poseemos para buena parte de la Edad Media, por lo que hay que tomarlo con precaución. En caso de ser cierta esta fecha, la hipótesis de un crecimiento demográfico es plausible, ya que es un fenómeno reconocido por los historiadores en los reinos hispánicos y en Europa Occidental (4). La similar aparición de otras parroquias en el centro de las Encartaciones responde a la misma idea de crecimiento demográfico, experimentada simultánea o posteriormente a la de la Iglesia de San Miguel de Zalla. Son los casos de San Miguel de Linares en el Valle de Arcentales, San Pedro de Goikouria en Güeñes, y San Juan de Berbikiz, por poner algunos ejemplos conocidos. Si San Miguel de Zalla fuera un hecho cierto en el siglo XII, sería un síntoma más del crecimiento demográfico en un área muy explotada (5).

Lo principal es que la Iglesia de San Miguel de Zalla está en el fondo del valle, si es que en el momento de su fundación se erigió en el mismo lugar en que está ahora, ya que no cuadra con la teoría generalizada de que los primeros asentamientos humanos en Bizkaia durante la Edad Media se situaban en las laderas y en las faldas de los montes, cerca

---

(1) "Eo tempere populantur (...) Sopuerta, Carrantia (...)". CRONICA DE ALFONSO II.

(2) YBARRA, J.: "La casa Salcedo de Aranguren". Bilbao. 1944. Pág. 23.

(2bis) BILBAO, L.M. y FERNANDEZ DE PINEDO, E.: "En torno al poblamiento y a la población vascongada en la Edad Media", en *"Historia del Pueblo Vasco"*, San Sebastián, 1981, vol. Historia Moderna I, pág. 144. Este artículo habla que los primeros decenios de la Reconquista la zona más importante repoblada de Euskadi fue el este de las Encartaciones.

(3) YBARRA, op. Cit., pág. 132.

(4) RIU, M.: *"Lecciones de Historia Medieval"*. Teide. Barna. 1974.

(5) BILBAO, L.M. y FERNANDEZ DE PINEDO, E.: op. cit., pág. 145.

de donde se construían las iglesias y las casas solariegas (6). Por el contrario, en Zalla el poblamiento se situó en el fondo de los valles, por la situación de la Iglesia de San Miguel y de algunos solares como las casas-torre de Murga, de Salcedo, y de San Cristóbal (7). No es descabellado pensar que a partir de estos edificios se irían configurando alguno de los actuales barrios de Zalla.

Para la crisis bajomedieval no contamos con muchos datos de interés demográfico. No han llegado a nosotros testimonios de las pestes que pudieron suceder en la segunda mitad del siglo XV. Las constantes luchas bélicas que marcaron las guerras de bandos debieron tener mayor incidencia en consecuencias indirectas (despoblados, arruinamiento de cosechas, crisis de subsistencias) que en heridas que ocasionaron las muerte. Además se citan pestes en el siglo XV (8).

En el inventario de casas censuarias de 1436 que nos transmite Iturriza no aparece nada de Zalla, y en la de 1493 sólo para Encartaciones 75 fogueras (9). Esta cifra contrasta considerablemente con un Censo de 1587, que recoge Tomás González, el cual para Zalla atribuye 200 fogueras (10).

De todo esto se puede concluir que la continuidad de las guerras de bandos debió ser un importante freno a la expansión demográfica; el fin de los conflictos debió significar el cambio de signo, refrendado por la creación de las parroquias anejas en La Herrera y en Ocharan en 1520 y en 1524 respectivamente (11). Por las cifras que aporta Boyd-Bowman, la emigración a América debió ser insignificante o poco significativa (12).

3) MOVIMIENTO DE LA POBLACION SEGUN LOS LIBROS PARROQUIALES

Antes de profundizar en este terreno, conviene hablar de algunas características intrínsecas a estas fuentes de conocimiento mayoritarias para la Edad Moderna. El origen de los libros parroquiales proviene de una sesión del Concilio de Trento celebrada en 1563 para un mayor control de la vida espiritual de los feligreses por parte de sus respectivos curas. Para los fines que interesan a la Demografía Histórica, sólo nos interesan tres tipos de libros: los de bautismos, los de matrimonios, y los de defunciones.

Los libros de bautismos corresponderían demográficamente a los nacimientos. Tienen el principal defecto de registrar sólo a los niños que han sido bautizados, por lo que los niños muertos antes de efectuar este sacramento no se registran, encontrándose excepciones en aquellos "bautizados por necesidad". A pesar de estas limitaciones, son imprescindibles para seguir el ritmo de la natalidad.

Los libros de matrimonios son excelentes para medir variables como el mayor o me-

(6) IBIDEM, págs. 153 y 155.
(7) GARCIA DE SALAZAR, L.: *"Bienandanzas e fortunas"*, IV. Pág. 137.
YBARRA, J.: *"Torres de Vizcaya"*, I, pág. 79.
YBARRA, J.: *"Escudos de Vizcaya"*, V, pág. 128.
(8) BILBAO, L.M. y FERNANDEZ DE PINEDO, E.: op. cit., pág. 160.
(9) ITURRIZA, págs. 159-161.
(10) GARCIA DE CORTAZAR, J.A. y otros: *"Bizcaya en la Edad Media"*, I, pág. 290.
(11) ITURRIZA, pág. 628.
(12) NADAL, J.: *"La población española. Siglos XVI a XX"*. Barcelona. 1973. 3ª edición, págs. 66-67.

nor nivel en la aceleración de la fertilidad. En un período dado de tiempo, cuanto mayor sea el número de matrimonios, mayores serán las probabilidades de que surja un mayor número de nacimientos. Lo contrario sucede cuando en ese mismo espacio de tiempo el número de matrimonios es menor.

Los libros de defunciones registran los nombres de las personas que mueren en un lugar por orden cronológico. Para la Demografía Histórica son útiles para seguir el curso y los ritmos de la mortalidad. Los libros de defunciones presentan un grave defecto: no incluyen los párvulos, es decir, los niños pequeños muertos hasta en ocasiones muy entrado el siglo XIX. Zalla es uno de los casos más afortunados, ya que empiezan a inscribirse los párvulos en 1763, y de forma sistemática desde 1772.

El crecimiento vegetativo será dado por la diferencia entre natalidad y mortalidad, y en el caso que nos ocupa, entre bautismos y defunciones, teniendo en cuenta las características apuntadas en lo referente a los libros de bautismos y de defunciones.

Un problema añadido es la división en tres parroquias diferentes. La más importante y con mucho la más interesante es la parroquia matriz de San Miguel. En ella tardó mucho en poner en práctica la resolución antedicha del Concilio de Trento, pues su primer libro de bautismos empieza en 1586, el de matrimonios en 1590, y el de defunciones en 1636. Y no sólo tardó en empezar a registrar, sino también costó al cura tomar conciencia de registrar nombres en los diferentes libros parroquiales y seguir un hábito continuado. Esto se exterioriza en la falta de un orden cronológico en las partidas y a veces que en los registros de matrimonios se inmiscuyan algunas partidas de bautismos. El lector puede darse cuenta de la sensación de desorden que el investigador percibe al escudriñar las primeras partidas de cada clase. Además la falta de visitas del Visitador que envía el Arzobispo de Burgos acentúan las omisiones que en algunos tramos cronológicos se han observado. En el caso de los matrimonios y defunciones es peor, porque existen algunas lagunas importantes; en el primer caso empieza a haber series continuas desde 1628, y el segundo desde 1676.

Las otras dos parroquias recogen demográficamente a una parte no significativa de la población. Ello es palpable si se comparan sus discretas cifras con las abultadas de su parroquia matriz. Por si fuera poco sólo se guardan los libros de bautismos y matrimonios en ambos casos, y su estudio revela un comportamiento marginal. Las series continuas en las dos parroquias empiezan en 1658.

Por tanto la parroquia matriz de San Miguel solamente es útil por ser la parroquia más representativa del concejo de Zalla, y será a la que estudiaremos preferentemente. Observando su libro de bautismos, vemos que las cifras desde 1586 hasta por lo menos 1625 están subvaloradas, por la falta de atención en registrar de forma ordenada y fehaciente los bautismos. De esta serie quizá sean creíbles los referidos a 1587, 1588 y 1609.

Para estas fechas no sabemos por su no conservación los datos de las defunciones, por lo que es imposible determinar el impacto de la peste que entró por Santander a fines del siglo XVI. Se conoce que en 1599 se instaló en Valmaseda, acentuando los efectos del hambre derivados de las malas cosechas de 1598-1600 (13). La falta de datos objetivos impiden dar una idea de la crisis de sobremortalidad que debió existir en Zalla, siendo consecuencias más notables la caída de la natalidad y de la nupcialidad (14).

---

(13) FERNANDEZ DE PINEDO, E.: *"Crecimiento económico..."*, pág. 17.

(14) PEREZ MOREDA, V. *"Las crisis de sobremortalidad en la España interior (s. XVI-XX)"*. Madrid. 1980. Pág. 281.

MOVIMIENTO DE LA POBLACION
PARROQUIA DE SANTIAGO DE OCHARAN

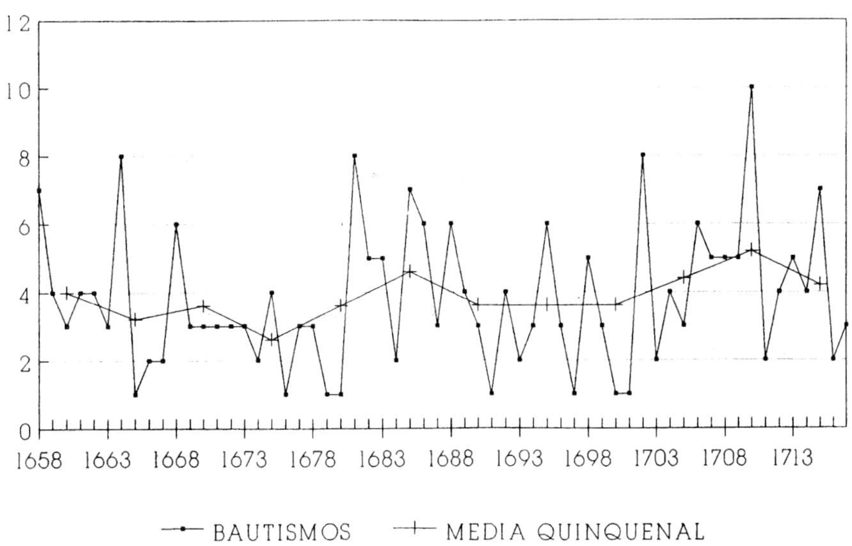

ELABORACION PROPIA

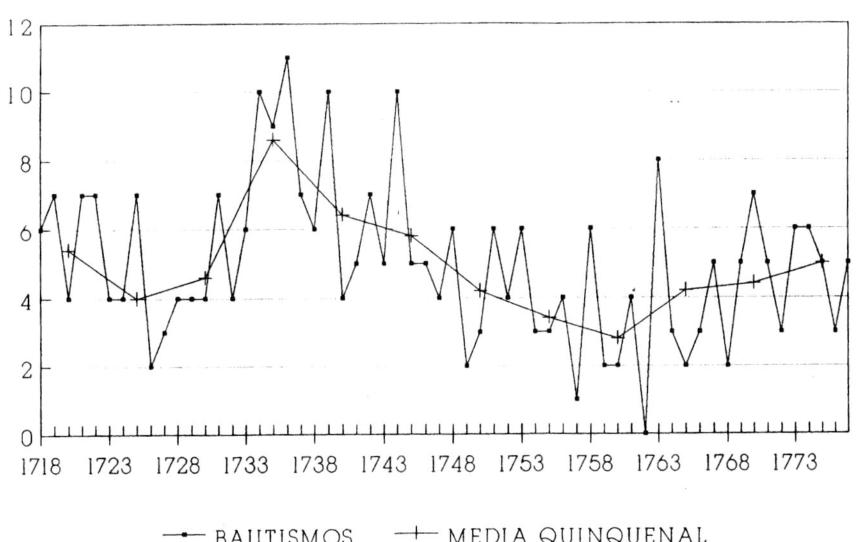

ELABORACION PROPIA

MOVIMIENTO DE LA POBLACION
PARROQUIA DE SANTIAGO DE OCHARAN

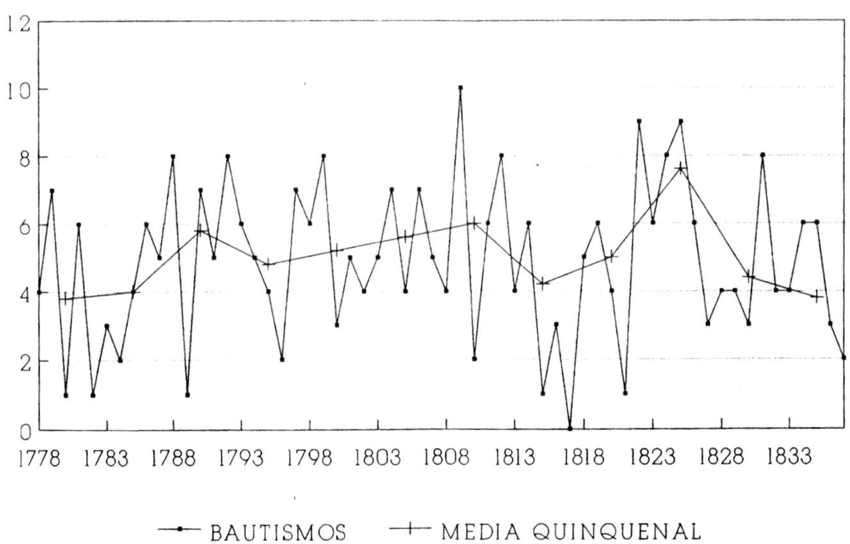

ELABORACION PROPIA

MOVIMIENTO DE LA POBLACION
PARROQUIA DE LA HERRERA

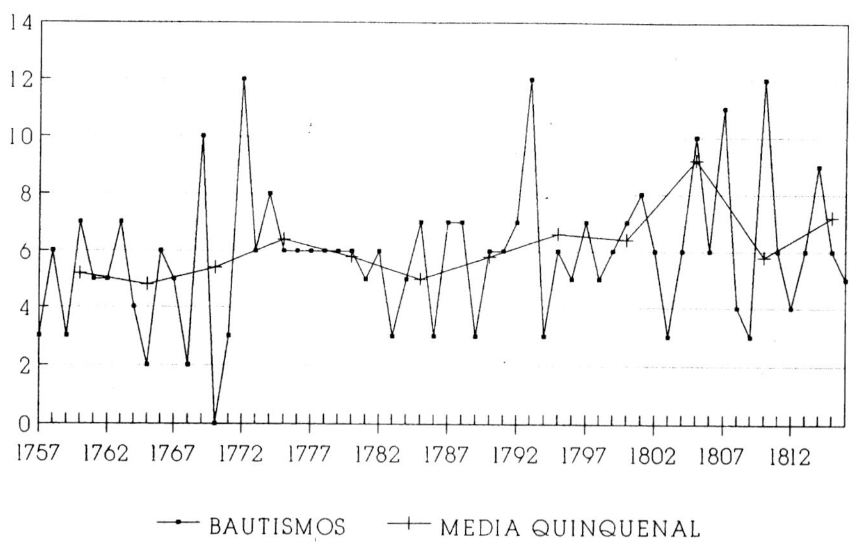

ELABORACION PROPIA

MOVIMIENTO DE LA POBLACION
PARROQUIA DE LA HERRERA

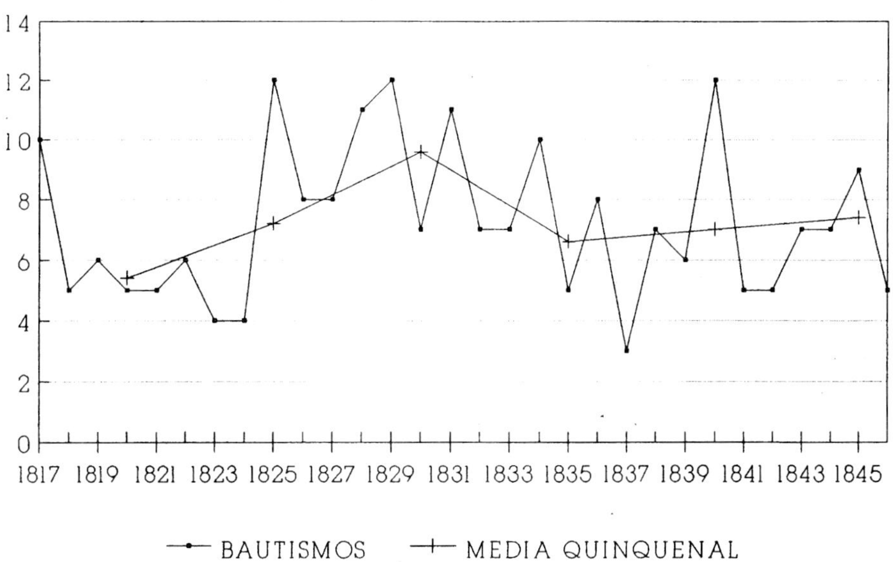

ELABORACION PROPIA

MOVIMIENTO DE LA POBLACION
PARROQUIA DE SAN MIGUEL DE ZALLA

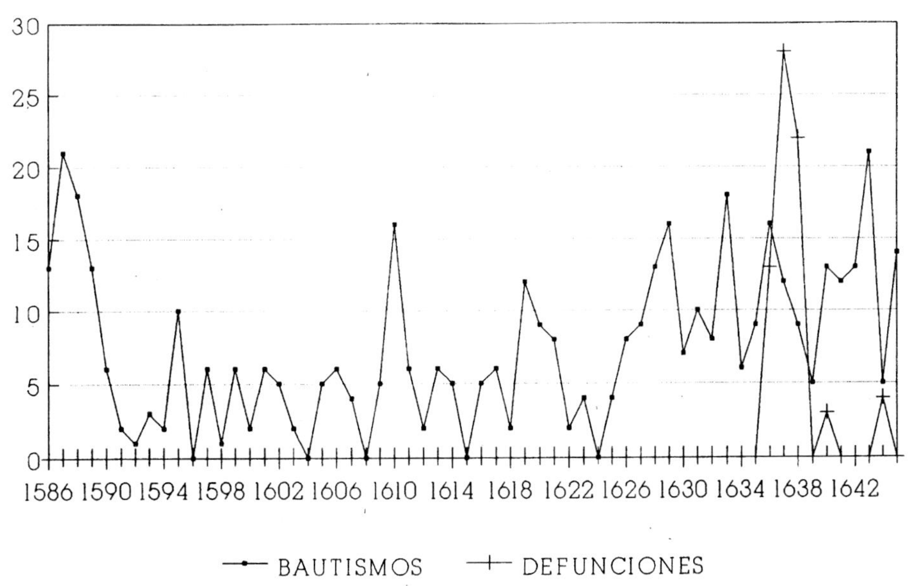

MOVIMIENTO DE LA POBLACION
PARROQUIA DE SAN MIGUEL DE ZALLA

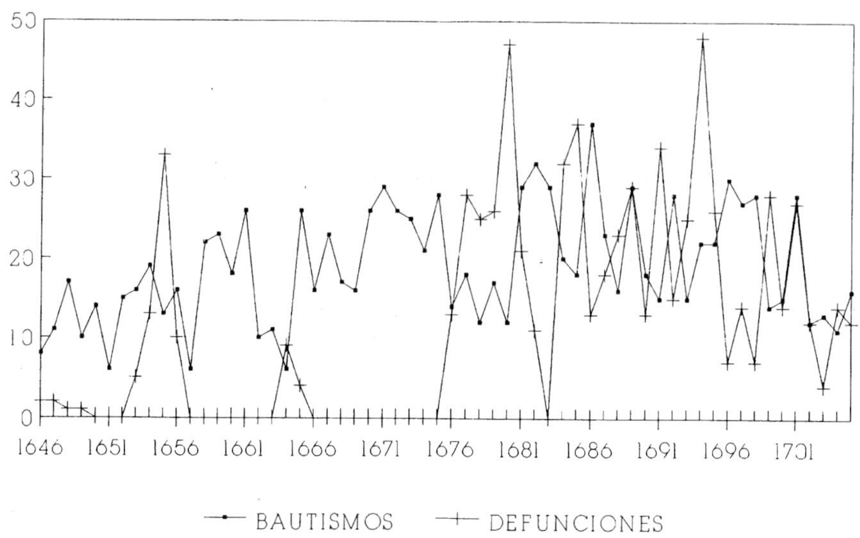

ELABORACION PROPIA

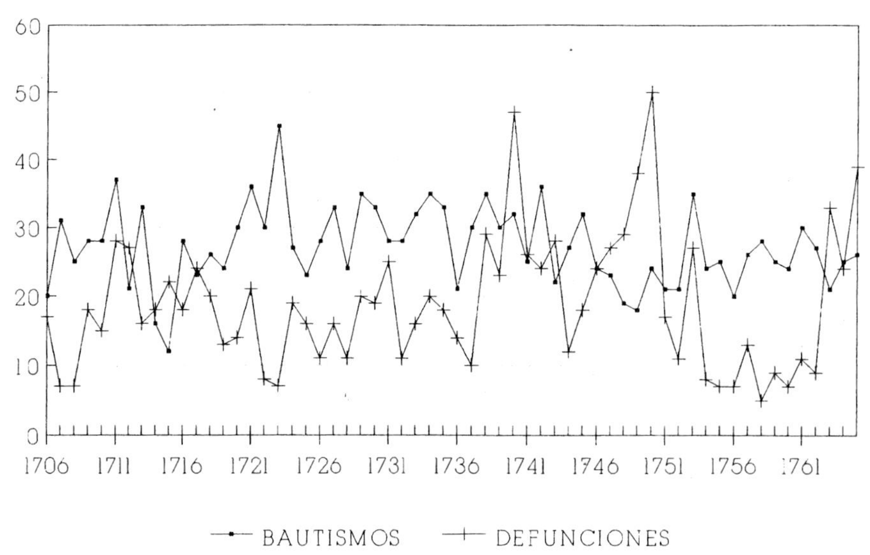

ELABORACION PROPIA

MOVIMIENTO DE LA POBLACION
PARROQUIA DE SAN MIGUEL DE ZALLA

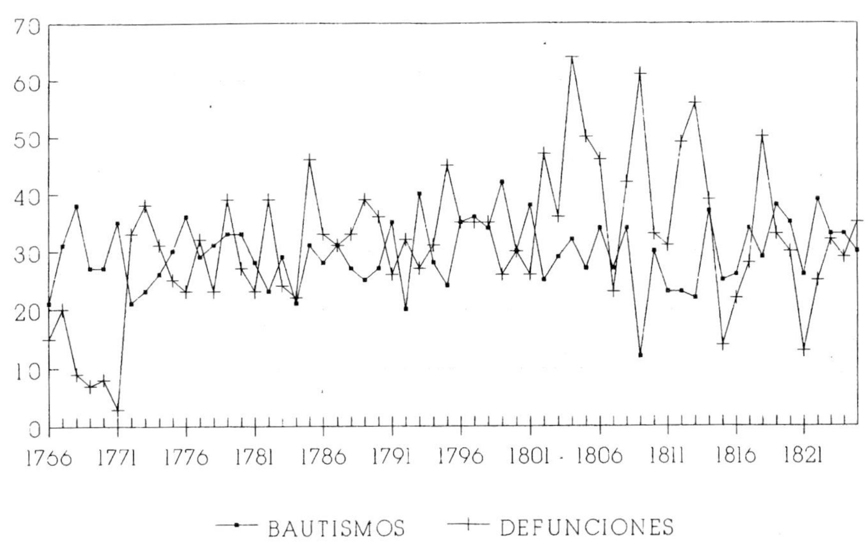

ELABORACION PROPIA

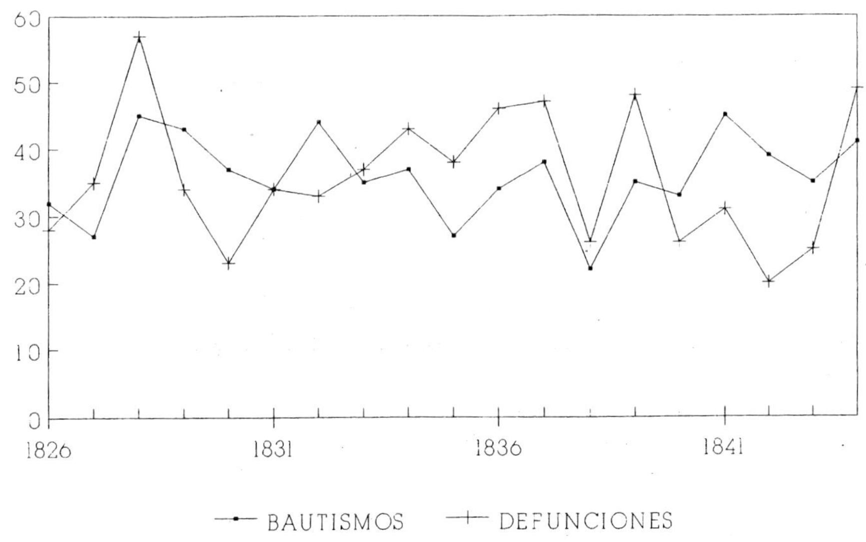

ELABORACION PROPIA

MOVIMIENTO DE LA POBLACION
PARROQUIA DE SAN MIGUEL

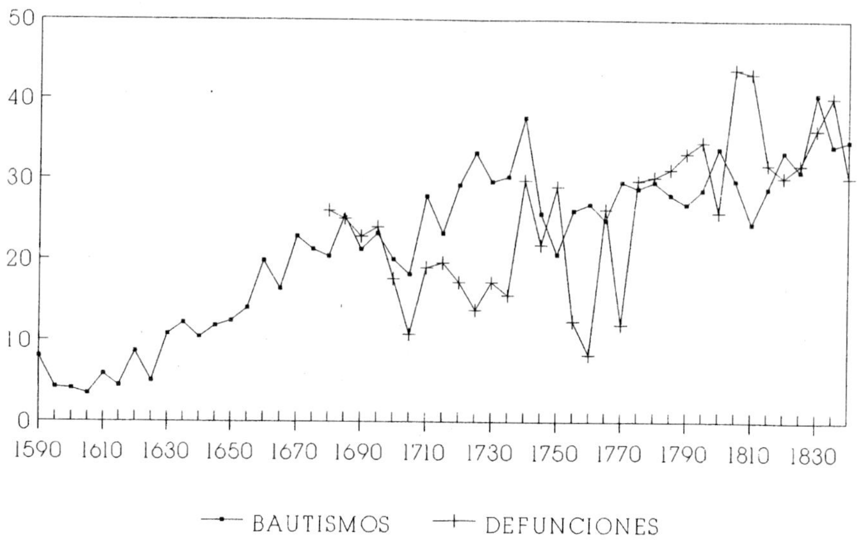

MEDIAS MOVILES QUINQUENALES

TASA DE MORTALIDAD PARVULAR
PARROQUIA DE SAN MIGUEL

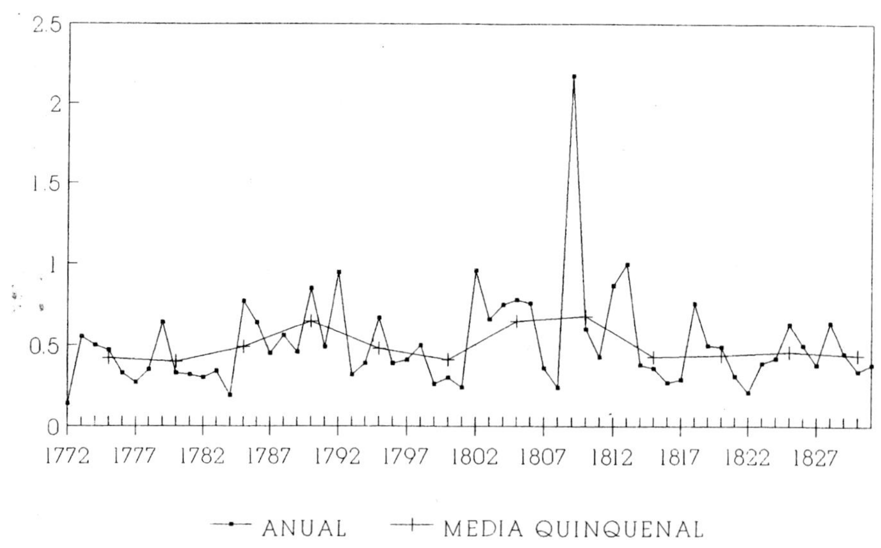

RELACION PARVULOS/BAUTISMOS

Hasta la aparición sistemática de los difuntos hasta 1676, la curva de los bautismos se muestra irregular y con continuos altibajos, lo que puede revelar un estancamiento de la población. No obstante, las primeras partidas de defunción de 1635, 1636, 1637,1638, 1640, 1644, 1646-49 y 1653-56 dan algo de luz sobre la crisis de mortalidad en la primera mitad del siglo XVII. En efecto, se observan dos crisis: la de 1637-38 y la de 1655.

La crisis de 1637-38 tuvo como antesala la mala cosecha de 1631 (15). No sabemos si en esta época el maíz se extendió por Zalla, aunque la fecha más antigua atestiguada de su extensión en el concejo que nos ocupa es de 1642 (16). Una crisis de sobremortalidad se asienta en 1637-38. En Valmaseda esta crisis se dio extremadamente en 1638 (17). Ambos casos coinciden con una bajada de bautismos, subida de la mortalidad y frecuentes repartimientos para la Guerra de los Treinta Años (18).

La crisis de 1655 sorprende porque una vez pasada la peste de 1647-54 (19), no había motivos para reproducirse intempestivamente, sobre todo habida cuenta de los hábitos aislacionistas que se dieron en Valmaseda en este período (20). Pero la naturaleza del concejo de Zalla, de población dispersa no permite medidas aislacionistas. De todas formas, sus causas son desconocidas porque la documentación zallense calla solemnemente.

Cuando las series en los libros de difuntos empiezan a ser continuas, nos encontramos con una larga crisis de sobremortalidad en 1676-1685. La brusca bajada en la mortalidad en 1682 parece ser más propia de una subvaloración que de una reacción coyuntural. Tal período fue crítico porque coincidieron con años de escasez de cosechas, escasez de subsistencias y mala meteorología que provocaron hambre y extensión del tifus (21). A nivel más local los años 1680, 1683 y 1684 fueron húmedos, y 1681 y 1682 extremadamente secos; para colmo de males en 1684 se detectó peste en Palencia que por las rutas comerciales quizá tuviera su incidencia en Zalla (22). Como se ve en el gráfico la tendencia finisecular es de retroceso.

Los datos que arrojan los primeros años del siglo XVIII no son fiables pues son de recuperación demográfica, y los datos que se manejan de otros lugares hablan lo contrario. De hecho, la crisis de 1709-11 que se observa en Castilla, no se observa en Zalla (23), pero sí en Valmaseda para, al menos, en 1711. Acabada la Guerra de Sucesión (1700-1713), después de unos años de tanteo vemos un crecimiento sostenido de la población en la primera mitad del siglo XVIII.

La segunda mitad del siglo XVIII presenta otro decorado diferente. El año 1750 se encuentra dominado por una crisis de sobremortalidad, cuyas causas se desconocen, ya que

(15) IBIDEM, pág. 298.

(16) A.H.D.V. Corregimiento. Leg. 345, nº 10 "(...halla, lleve, recoja todos los dichos frutos de trigo, vino, BORONA, (...)".

(17) GOMEZ PRIETO, J.: *"Balmaseda (s. XVI-XIX). Una villa encartada en el Antiguo Régimen"*. Bilbao. 1991. Pág. 50.

(18) IBIDEM, pág. 50. La cita de Martín de los Heros es expresiva: "Hay varios repartimientos para soldados y material bélico destinados a guerras fronterizas con Francia y la inacabable de Flandes; AUN NO HABIAN TERMINADO DE SALDAR UN REPARTIMIENTO CUANDO YA DEBIA DE ATENDERSE AL PROXIMO".

(19) PEREZ MOREDA, op. cit., pág. 109.

(20) GOMEZ PRIETO, pág. 50.

(21) PEREZ MOREDA, op. cit., pág. 311.

(22) GOMEZ PRIETO, op. cit., pág. 50-52.

(23) PEREZ MOREDA, op. cit., pág. 329.

es atípico, y en la documentación de Zalla no la hemos encontrado justificación. El ritmo de mortalidad tan bajo de los períodos 1754-62 y 1767-71 es fruto de una subvaloración detectada en los libros de difuntos. El último tercio del siglo XVIII es una sucesión de crisis de sobremortalidad en los años 1772-74, 1779, 1785-90, 1792 y 1795. La tendencia de larga duración indica un descenso en el ritmo de nacimientos y aumento espectacular de la defunción en el último cuarto del siglo XVIII. Este hecho se correlaciona con la tendencia general del País Vasco que se complica con los efectos de la Guerra de la Convención (1791-95).

El cambio de siglo no supuso un cambio de tendencia, ya que se inició con la crisis de 1804 originada por malas cosechas, hambre y calenturas (25). Por si no fuera poco, tras el hambre y la enfermedad viene la Guerra de la Independencia (1808-1814) contra los franceses que provocaron crisis de subsistencia y de sobremortalidad en tal período, cooperando en ello el bajo índice de bautismos.

Tras la tempestad, viene la calma. El reinado de Fernando VII, a pesar de dos momentos de sobremortalidad en 1818 y 1828, es un período de recuperación demográfica, truncada por la Guerra Carlista (1833-39), a que Valmaseda fue centro de operaciones militares, y la aparición por primera vez del cólera (26). El siguiente período interbélico es de recuperación económica, frenado momentáneamente por el cólera que se extendió en 1854 (27).

4) ESTRUCTURA DE LA POBLACION EN LOS SIGLOS XVIII Y XIX

Del Censo de 1587 recogido por Tomás González a la Fogueración de 1685 (28) pasamos de 200 a 250 fogueras. Como se vio en la sección dedicada a las fuentes, basarse en las fogueraciones para aproximar a la evolución del número absoluto de habitantes es completamente aventurado debido a varios factores. Después de analizar el movimiento de la población en el siglo XVII, que da sensación como mínimo de estancamiento y depresión, no admite un aumento de la población tan sensible como puede aparentar la diferencia sensible de 50 fogueras entre ambas fechas. A falta de más datos no caben aventurar conclusiones.

La Fogueración de 1704 alcanza 173 fogueras, y la de 1796, 214 fogueras. En este caso recoge el "aumento" experimentado en el siglo XVIII, pero a falta de la Fogueración de 1745 para Zalla, y a tomar los datos de la fogueraciones con cautela, me resisto a aventurar hipótesis acerca de la amplitud de dicho crecimiento (29).

---

(24) GOMEZ PRIETO, op. cit., pág. 52.

(25) IBIDEM, pág. 54.

(26) A.M.C.Z.: Carpeta 11, nº 2. Libro de acuerdos. F. 160.

(27) A.M.C.Z.: Carpeta 12, nº 3. Libro de acuerdos. F. 168.
A.G.S.B. Cuentas y presupuestos municipales. Reg. 1174. Cuenta 1855: Cirujano venido de Güeñes para atender el cólera.

(28) La Fogueración de 1685 está citada en KEREXETA, J.: *"Casas solariegas de Vizcaya"*. Bilbao. 1989.

(29) En los libros de actas y acuerdos del concejo de Zalla se recogen dos cifras de fogueras. Una en la cuenta de 1756 de donde se contabilizan 170 fogueras (A.M.C.Z.: Carpeta 8, nº 2. Libro de decretos. F. 18-19), y en 1761, 202 fogueras (A.M.C.Z.: Ibídem, f. 155).

El Censo de Floridablanca de 1787 es el primer censo de la Estadística Histórica hecha con rigor. Para Zalla da un total de 1.064 habitantes (30). La pirámide de población es anormal de acuerdo con la metodología moderna, ya que los tramos de las edades son desiguales: 0-7 años, 8-16, 16-25, 25-40– 40-50, y más de 50 años. Tales tramos de edades también se encuentran en el Censo de Godoy, y en la Estadística de Población de 1810. En el censo que no ocupa es atípico el corto número de niñas respecto al de niños, según se observa en la base de la pirámide, que puede hablar de una mala valoración en tal segmento de la población. La sostenida elevación de la mortalidad parvular no explica por sí satisfactoriamente tal anomalía, puesto que afectaría por igual a niños y a niñas. Por lo demás refleja a una población joven, ya que los menores de 25 años constituyen casi el 60% de la población del municipio en esa fecha.

El Censo de Godoy de 1797-1800 (31) siempre ha disfrutado de mala fama por sus ocultaciones y subvaloraciones. Hay que recordar que a la hora de realizar este censo estaba fresca en las gentes la Fogueración de 1796, que se realizó con fines fiscales. Al tener noticias de la confección de un nuevo censo, la población temió un nuevo recuento con miras a la Hacienda Estatal. Por tanto, son comprensibles las ocultaciones.

CENSO FLORIDABLANCA (1787)

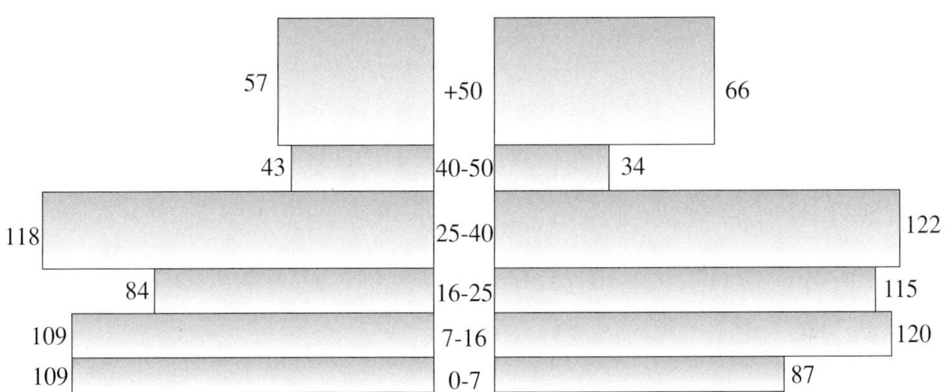

Curas: 4
Sacristanes: 1
Escribanos: 1
Labradores: 292
Otros: 4 (Capellán, maestro -2- y Cirujano).

FUENTE: REALES ORDENES nº 123
ELABORACION PROPIA

(30) Censo de Floridablanca. Vizcaya. I.N.E. Vol. XXXII.
(31) A.H.D.V. Reales Ordenes. Libro nº 123.

CENSO DE GODOY

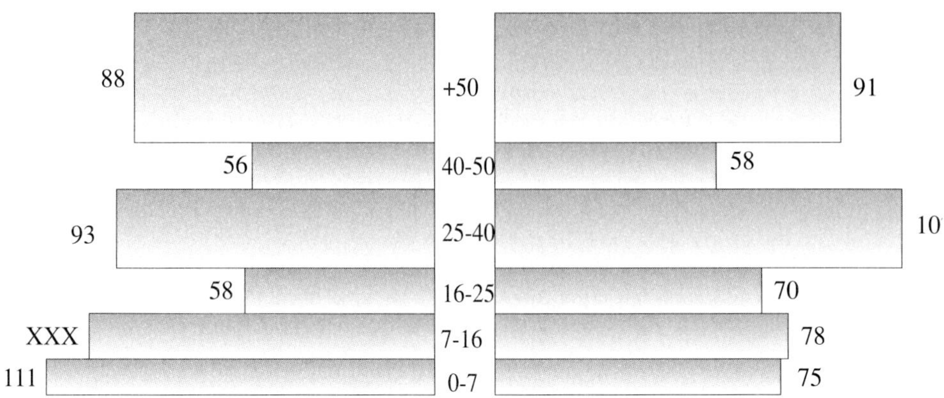

Fuente: A.H.D.V. Reales Ordenes nº 123
Elaboración propia.
Total Hab.: 908

ESTADISTICA DE POBLACION (1810)

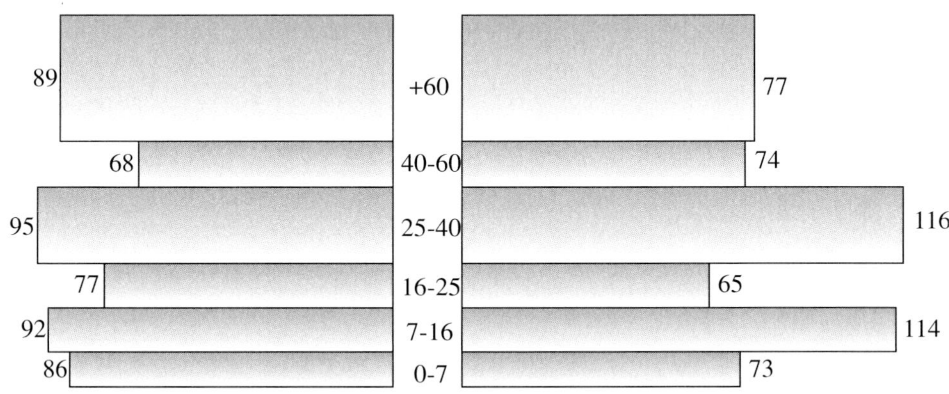

Fuente: A.H.D.V. Libros Históricos nº 128
Elaboración propia.
Total Hab.: 996

Fuente: A.H.D.V. LIBROS HISTORICOS nº 128
ELABORACION PROPIA

El Censo de Godoy da para Zalla un total de 908 habitantes, 156 menos que el anterior. Vemos, pues, que el censo recoge el descenso de población del último decenio del siglo XVIII. Sin embargo, la estructura de la población es discordante, ya que los tramos de edades correspondientes a la población joven experimentan una reducción drástica de sus efectivos, especialmente dramática en las mujeres. El único dato creíble es un cierto envejecimiento de la población: si se comparan los dos tramos superiores de 40-50 años y el de más de 50 años con los del Censo de 1787 observaremos marcadamente dicha tendencia.

La Estadística de Población de 1810 (32), mandada realizar por el general francés Thouvenot, presenta los mismos o peores defectos que los del Censo de Godoy. Da un total de 996 habitantes, lo que parece confirmar un estancamiento de la población debido a la crisis de 1804 y la guerra. La pirámide que se dibuja a partir de los datos de esta Estadística, no resulta creíble.

El Censo de Policía (33) efectuado en 1824-25, resalta por su alta fiabilidad. Es un censo en el que aparecen los habitantes agrupados por unidades familiares, con datos acerca de su residencia en un barrio o caserío, edad en el momento de realizar el censo, profesión u ocupación, si era natural del concejo o no, tiempo de residencia y un capítulo dedicado a las observaciones.

La pirámide de población resultante es muy clara, triangular y de amplia base como corresponde a una recuperación demográfica, traducido en un aumento de la natalidad, tras el bache de la Guerra de la Independencia que produjo una fuerte mortalidad. Sin embargo, la guerra ha dejado sentirse en el tramo de 21-30 años en los hombres, resultado de lo que Jordi Nadal llama "generación diezmada" (34). El total de habitantes para Zalla es de 1.074 habitantes, que supone un aumento moderado en números absolutos. La triangularidad de la pirámide es sinónimo de una población joven.

Según los datos del Censo de Policía, la mayoría de los habitantes de Zalla era aplastantemente originario del municipio, aunque empieza a haber en embrión una corriente inmigratoria procedente de las Encartaciones, en especial, de los concejos vecinos de Güeñes y Gordejuela, siguiéndole a distancia Sopuerta, Arcentales y Galdames. Ello se nota en nuevos apellidos como Eguía, Garay, Allende, Lezama, etc.

---

(32) A.H.D.V. Libros históricos. Libro nº 128.

(33) A.G.S.B. Archivo Bajo. Estadística de población. Reg. 20, nº 101.

(34) NADAL, J.: *"La población española..."*, pág. 138.

CENSO DE POLICIA (1825)
1.073 HAB.

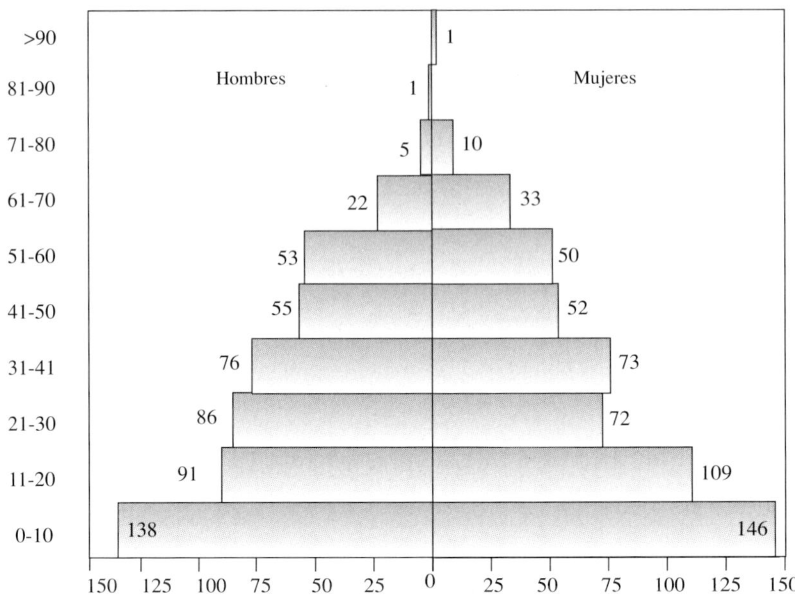

FUENTE: A.G.S.B. ESTADISTICA DE POBLACION. REG. 20 Nº 101

CENSO DE POLICIA (1825)
NATURALEZA DE LA POBLACION

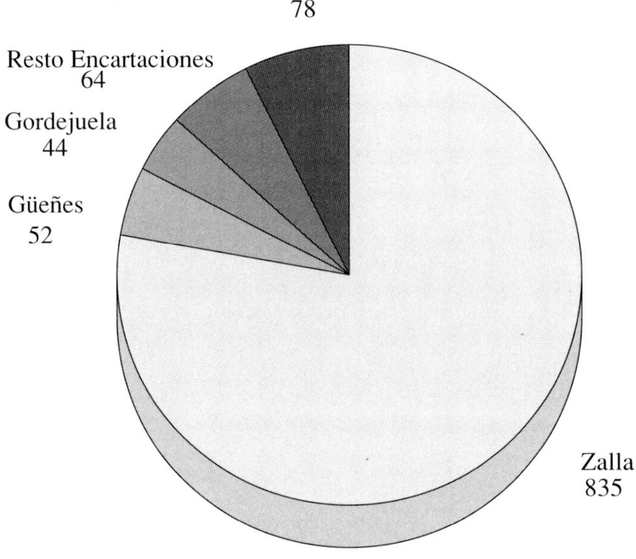

CENSO DE POLICIA (1825)
POBLACION ACTIVA

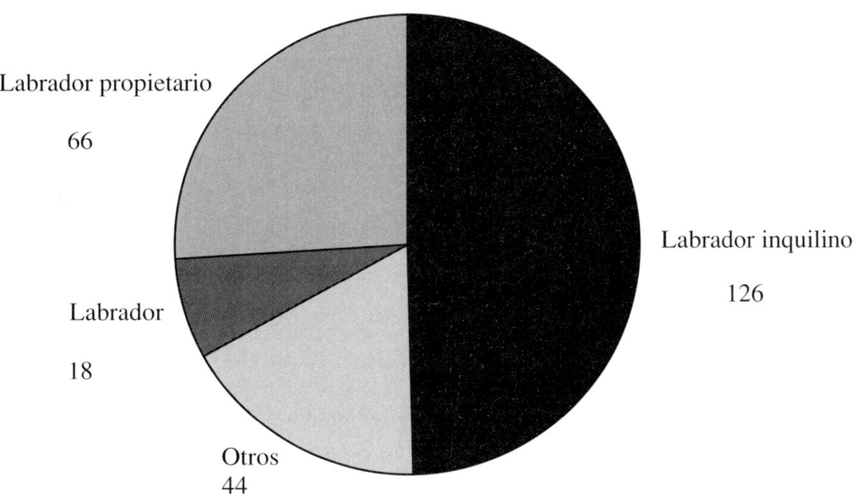

El Censo de 1857 (35) presenta una estructuración de la población por edades intermedia entre el Censo de Floridablanca y las pirámides modernas. Los tramos inferiores son de 0-7 años, 8-15 años, y 16-20 años. Los restantes tramos de edades son decenales, el último para los mayores de 80 años. Da un total de 1.274 habitantes.

Más comprensible, pero en conclusiones más semejante al anterior, es el Censo de 1860 (36), que presenta una acusada triangularidad, fruto de una población joven y pujante. El efecto de la primera guerra carlista queda reflejada en la muesca en el tramo de edades de 21-30 años correspondiente a los hombres. El total de efectivos humanos asciende a 1.443 habitantes. El aumento en tres años de 168 habitantes es atribuible a la gran natalidad, y a una creciente inmigración.

El Padrón de 1900 (en realidad fechado el 31 de marzo de 1899) (37) se caracteriza por su pronunciada triangularidad. A excepción de la mella observable en el tramo de 21-30 años correspondiente a los hombres, como consecuencia de la última guerra carlista, se le puede aplicar en cierta medida las ideas de Arturo Ortega del modelo industrial de inmigración (38). La industrialización marca el paisaje de dos barrios de Zalla en los dos úl-

(35) A.M.C.Z. Carpeta 73, nº 18.
(36) I.N.E. Censo de 1860.
(37) A.M.C.Z. Carpeta 57, nº 3.
(38) ORTEGA, A.: "La población del País Vasco peninsular a través del Censo de 1887. Estructura de edades", en *"II Congreso Mundial Vasco"*, IV, pág. 106.

timos decenios del siglo XIX con la creación de la Papelera en Aranguren (39), y de la fábrica de papel de fumar en La Herrera (40). La amplia base y la estrecha cúspide corresponderían con una alta natalidad y una mortalidad moderadamente alta respectivamente. La acusada tasa de masculinidad obedecería a una inmigración masculina para la industria o a una fuerte emigración a Bilbao de población femenina por demanda de criadas.

Según los datos del presente padrón, la inmigración es patente, a pesar de que el 62% de la población era originaria de Zalla. El resto era originario de las Encartaciones, en especial de Güeñes, pero empiezan a tener relevancia los originarios de las provincias limítrofes de Burgos, Santander y Alava (especialmente de Oquendo). Los originarios de Bilbao son, sobre todo, hombres de negocios.

PIRAMIDE DE POBLACION
CENSO DE 1857

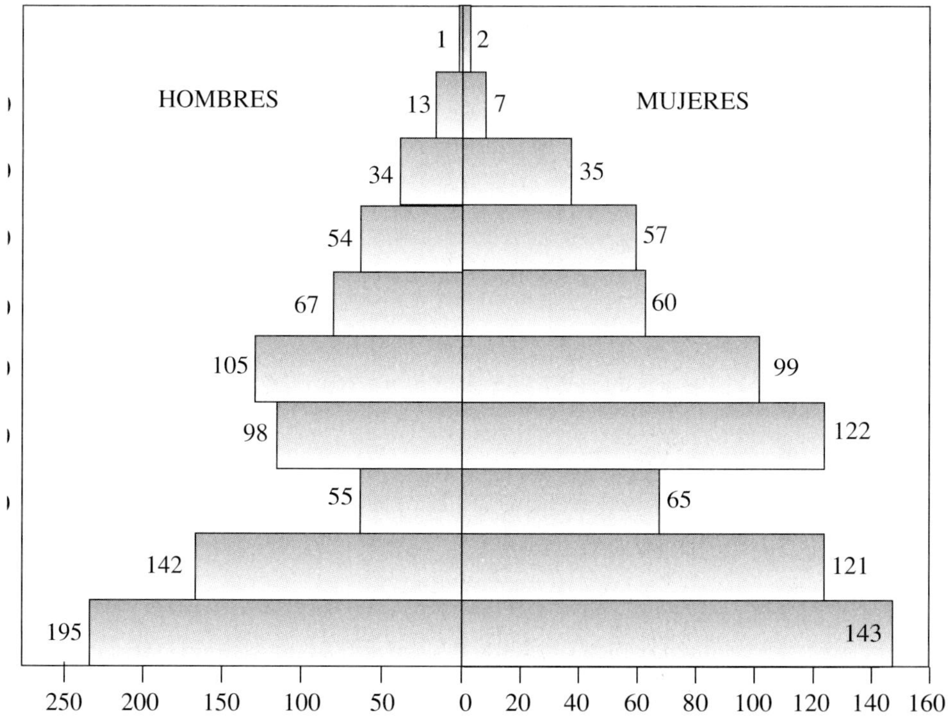

FUENTE: A.M.C.Z. (ELABORACION PROPIA)

(39) ITURRIZA (Aditamento de Azcárraga), pág. 551.
(40) IBIDEM. Pág. 552.

CENSO DE 1857
POBLACION ACTIVA

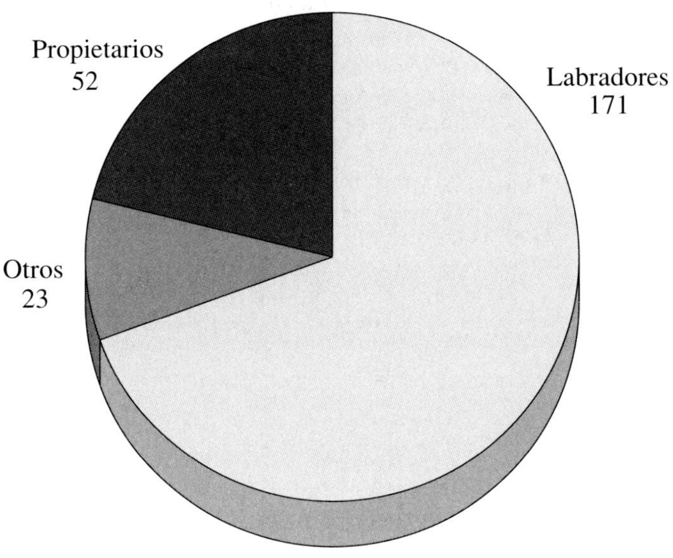

A.M.C.Z. CARPETA 73 Nº 18

PIRAMIDE DE EDADES
ZALLA (1860)

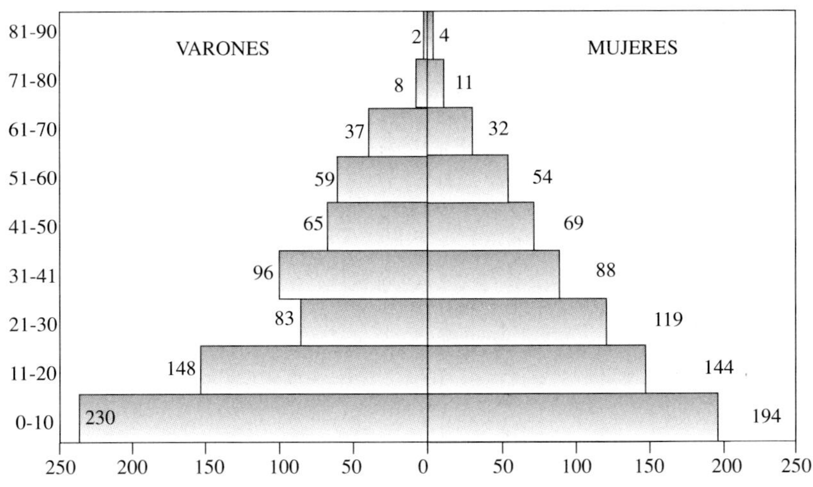

FUENTE: CENSO NACIONAL DE 1860 I.N.E.
TOTAL: 1.443 HAB. ELABORACION PROPIA

PADRON DE 1900

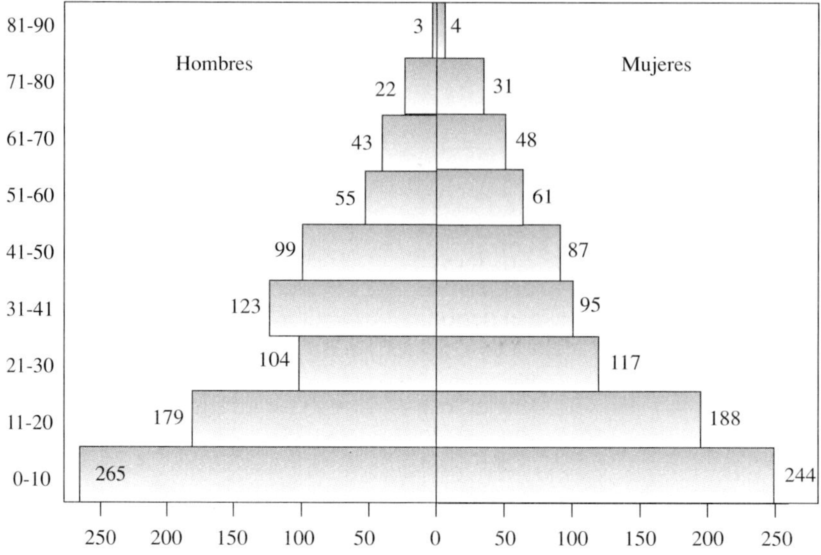

FUENTE A.M.C.Z. CARP. 57 Nº 3

PADRON DE 1900
NATURALEZA DE LA POBLACION

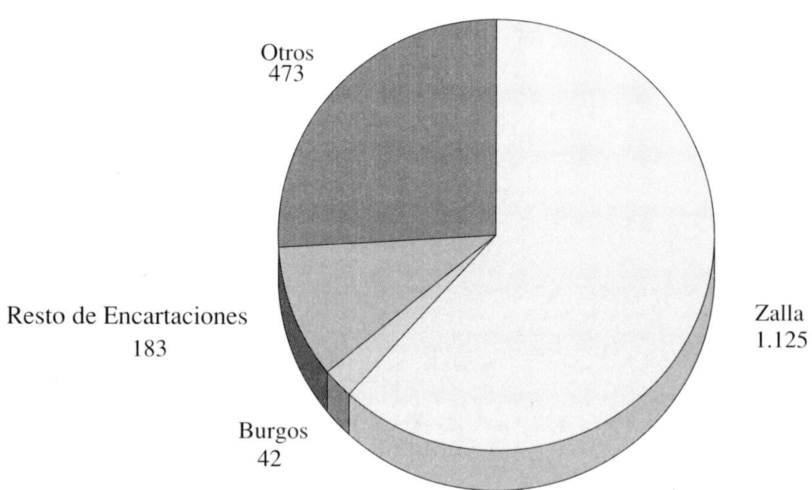

5) CAUSAS DE MORTALIDAD EN EL SIGLO XIX

Hasta fechas relativamente recientes no son cuantificables los datos relativos a las causas de muerte. Los libros parroquiales de los siglos XVI, XVII, XVIII y parte el siglo XIX correspondientes a defunciones se muestran reticentes a mostrarnos de qué enfermedades morían los hombres y mujeres de esos siglos, a excepción de algún año aislado. Esto es debido a que la preocupación de los curas beneficiados es la contabilización de los ingresos que reportaban los derechos de entierros. De ahí que en las partidas de defunción de personas acaudaladas se anotaran las partes del testamento referentes a su voluntad respecto al entierro, limosnas y ofrendas post mortem.

A medida que corre el siglo XIX tal costumbre desaparece, siendo más frecuente consignar la causa de la muerte. Francisco Javier González de Durana ha investigado las razones de la mortalidad en Zalla para el período 1860-1885 (41), y quizá sus conclusiones sean extrapolables al resto del siglo XIX.

Vamos a distinguir entre las causas de la mortalidad infantil y la mortalidad adulta. La mortalidad infantil era alta ó moderadamente alta, extremo que se puede observar en la diferencia que existe entre los escalones de los tramos de 0-10 años y 11-20 años de las pirámides correspondientes al Censo de Policía, de 1860 y 1900. También es visible tal diferencia entre los tramos de 0-7 años y 8-15 años de la pirámide de 1857.

La primera causa de mortalidad infantil era lo que se llamaba "irritación intestinal" que, por su frecuencia tan frecuente de tal síntoma nos hace pensar en la disentería. El hecho de que se propague más fácilmente en climas húmedos apunta fuertemente a tal suposición.

La segunda fuente de mortalidad infantil es el sarampión, hecho que nada extraña, pues las epidemias de ésta generalizaronse a principios del siglo XIX y en la segunda mitad del siglo XIX vemos que sigue causando estragos (42). Significativamente la viruela es la sexta causa de muerte entre los niños, hecho que dice mucho del éxito de las campañas de vacunación (43).

Por otro lado, entre los adultos las causas de mortalidad debíanse a las enfermedades del aparato respiratorio. De entre las cuatro enfermedades más letales, tres eran del aparato respiratorio, concretamente pulmonía, tisis y catarro pulmonar. El clima húmedo en invierno moderadamente frío y la falta de higiene eran temidos aliados de estas dolencias.

Por sí solo el tifus puede erigirse como el favorito del individuo de la guadaña, no sólo en números absolutos, sino por los síntomas que caracterizan el estado terminal de la enfermedad, frecuentes en las partidas de defunción como lamparones, herpes, apoplejía y derrame cerebral.

---

(41) GONZALEZ DE DURANA, Fco.: *"Aspectos demográficos en los concejos de Güeñes y Zalla en el período 1860-1885"*. Tesina de licenciatura inédita. Bilbao, 1974.

(42) PEREZ MOREDA, op. cit., pág. 401.

(43) La primera cita sobre vacunación es de 1831. A.M.C.Z. Carpeta 11, nº 2. Libro de acuerdos. F. 132v.

ECONOMIA

AGRICULTURA

1) FUENTES

Siguiendo a Fernández de Pinedo (1), Zalla se inscribe dentro de la zona septentrional holo-húmeda, cuya orografía intrincada y alta humedad condicionó una agricultura pobre y deficitaria. Fue, como se verá, donde fructificó el maíz, concretamente en el siglo XVII.

Las fuentes de conocimiento de la agricultura zallense son muy escasas y sesgadas, lo que nos da una visión brumosa de esta parcela económica del concejo. Debido fundamentalmente a que la Iglesia de San Miguel de Zalla era una iglesia de patronato laico, bajo el dominio de los Salcedo, los diezmos no se dirigían íntegramente al patronazgo eclesiástico, sino una buena parte de ellos eran apropiados por los llevadores de los diezmos que en el siglo XVIII era el Marqués de Legarda y el Conde de Noblejas (2). En el libro de fábrica de la Iglesia de San Miguel los asientos sobre diezmos no eran íntegros, porque, al ser rematados por los llevadores de los diezmos, la iglesia percibía de ellos una porción fija de cada año en una diligencia de remate. De este modo, el cálculo exacto del diezmo es imposible de calcular y, por ende, el de la producción agrícola total.

2) CULTIVOS

Los principales cultivos son el trigo, el maíz y la vid. A pesar de no ser una tierra idónea, las tierras zallenses se han dedicado preferentemente al cultivo de los cereales panificables (3). De hecho, en los protocolos notariales, en especial en los censos y cartas de venta, cuando se describe el aprovechamiento agrícola de las heredades, se las califica "de pan llevar". El déficit cerealístico era cubierto por importaciones.

---

(1) BILBAO, L.M.; y FERNANDEZ DE PINEDO, E.: *"La evolución del producto agrícola bruto en Vascongadas (1530-1850)"*, en Historia General del País Vasco, VI, pág. 13.

(2) A.G.S.B. Propios y arbitrios.

(3) En el Fuero de Avellaneda de 1394 ya hay referencia al pan. Veáse QUADRA SALCEDO, F.: *"Fuero de las M.N. y M.L. Encartaciones"*. Bilbao. 1916. Pág. 79.

El maíz fue la gran innovación agrícola del siglo XVII, ya que alivió la economía vasca en su conjunto. La referencia más antigua del maíz data de 1642 (4), dato que no significa que no se haya dado antes. No se sabe si la implantación del maíz supuso su triunfo frente a los demás cereales, ya que las primeras cifras de producción son muy tardías, para ser exactos del siglo XIX (5), pero dado que presentaba mayor rendimiento agrícola que el trigo, y su rápida difusión en Bizkaia y Gipuzkoa, es aventurable una rápida expansión por los campos zallenses (6).

La vid es un capítulo muy importante de la agricultura zallense. En todas las heredades hay un mínimo de parras bordeando las mismas, o dedicando alguna parcela entera a ella (7). En Bizkaia la vid penetró en el siglo XV a través del valle del río Cadagua (8).

Una gran parte de la producción de uva se dedicaba a la fabricación del txakolí. Acerca del estado del txakolí poseemos la descripción de Bowles en el siglo XVIII que transcribo íntegramente para comodidad del lector:

"Para txakolí se plantan seis o siete clases de vides. No todos los parajes son a propósito para ellas, pero en los territorios de Orduña y Bilbao, y en muchos lugares de las Encartaciones ví mediana abundancia. Ponen algunas en parrados altos, con los cuales se suelen cubrir los caminos; otras en en parrados dentro de las heredades a una altura que deja espacio para que el dueño se pasee a la sombra (...); pero lo más común son viñas cuyas cepas tienen tres o cuatro pies de alto (...), no piensan más que en hacer mucho sin cuidar de la calidad, que pudiendo ser bastante buena en su género, por lo común es muy inferior. Vendimian antes de tiempo; y así el vino sale áspero, ácido y sin sustancia. El que se hace mejor tienen de lo que llaman agujas; pero si dejasen madurar bien la uva, a fin de que se perfeccionase su jugo, y sin mezclar la madura con la que no lo está o con la podrida, hiciesen el vino con las reglas que usan en los países donde se ha hecho estudio fundamental de esta obra, fermentaría completamente, cobraría vigor, y templándose con el dulce el demasiado raspante y ácido, se haría parecido al vino de Champaña (...). Todo el vino que produce aquel país no basta para cuatro meses de consumo" (9).

La apicultura, aunque sea de menor implantación, ya tiene gran tradición en las Encartaciones.

---

(4) A.H.D.V. Corregimiento. Leg. 345, nº 10: "(...) haya, lleve y recoja todos los dichos frutos de trigo, vino, BORONA, (...) y los demás (...)".

(5) A.G.S.B. ENCARTACIONES. Reg. 1, leg. 1. Allí está la única cifra de diezmos, concretamente de 1818. En ese año se recogieron por tal concepto 8 fanegas y 3 celemines de trigo y 19 fanegas de maíz.

(6) BILBAO, L.M.: *"Crisis y reconstrucción de la economía vasca en el siglo XVII"*, en Historia General del País Vasco, VI, pág. 80.

(7) Pudiendo hacer trabajo de campo, observé en Gobeo la existencia de parras que corren paralelas al seto divisorio de la heredad. En las inmediaciones del Castillo de Piedra, a pesar de la inclinación del terreno, he visto aprovechar un terreno orográficamente poco propicio al cultivo de la vid a orillas del arroyo que baja a Valmaseda.

(8) HUETZ DE LEMPS, A.: *"Vignebles et vins du Nord-Ouest de L'Espagne"* Bordeaus. 1967. Vol. I, pág. 214.

(9) AMADOR CARRANDI, F.: *"Geografía General del País Vasco-Navarro"*. Bilbao. 1980. Vol. V, págs. 383-84.

3) EVOLUCION DE LAS COSECHAS

Al no contar con cifras sobre la producción agrícola, a excepción de unos pocos datos en el siglo XIX, tampoco podemos hacer una medición de la coyuntura económica. Sin embargo, por algunas partidas o referencias de los libros de acuerdos, de decretos y de cuentas podemos conocer algunos momentos malos o de crisis. Por ejemplo, el caso más antiguo de malas cosechas documentada en Zalla es de 1687, en especial en el maíz "por los juncos y malezas que se crían en los granos" (10). En 1692 se realiza una rogativa en la Ermita de San Pedro de Zarikete a consecuencia de malas cosechas (11). Otra procesión se realizó desde la Ermita de San Pedro de Zarikete a la de San Antonio de Padua para aplacar los temporales que se desataron en 1697 (12). En 1699 se prohibe robar maíz bajo pena de 8 ducados de multa y varios días de cárcel (13); este decreto se repite en 1705, extendiéndolo al hurto de cualquier especie vegetal (14), volviéndolo a recordar en 1715 (15) y en 1721 (16). Todos estos datos parecen expresar la crisis finisecular del siglo XVII, y ciertas dificultades en la recuperación económica al principiar el siglo XVIII.

El siglo XVIII en su conjunto parece ser de signo favorable para la agricultura, al menos desde el punto de vista meteorológico. En 1732 sucede un temporal de agua y nieve (17), y en 1754 un invierno rigurosísimo (18). Pero los últimos años del siglo XVIII son de dificultades no sólo meteorológicas como el año húmedo de 1787 (19) sino las fatales consecuencias de la Guerra de la Convención jugaron también su papel en la desorganización de la agricultura (19 bis). A esta debacle se añadió la crisis de 1804 de la que hemos hablado anteriormente, a pesar de que para ese año se esperaba buen cosecha de trigo, maíz y chacolí, pero enseguida hubo que importar 160 fanegas de trigo y 44 de maíz (20).

La guerra civil de 1833-39, además de los desastres bélicos que incidieron negativamente en la agricultura por el avituallamiento del ejército carlista, fue un período de intensa pluviosidad (21).

En general, el siglo XIX significó una serie de cambios muy lentos, debido a que el casero sigue plantando vid a pesar de la superior calidad de los caldos riojanos. A pesar de no tener noticias fehacientes de ello, es lógico pensar que los viñedos zallenses sufrieron los ataques de mildium y filoxera en los dos últimos decenios del siglo XIX (22).

Los árboles frutales, por ser una porción poco significativa en Zalla, tienen poca ex-

---

(10) A.M.C.Z. Libro de actas. Carpeta 1, nº 3. F. 14.
(11) Libro de actas. Carpeta 1, nº 3. F. 135.
(12) A.M.C.Z. Libro de concexo. Carpeta 2, nº 1. F. 72 v.
(13) A.M.C.Z. Libro de concexo. Carpeta 3. F. 42.
(14) A.M.C.Z. Libro de decretos y elecciones. Carpeta 2, nº 2. F. 39.
(15) A.M.C.Z. Carpeta 4. Libro de decretos, elecciones y quentas. F. 152.
(16) A.M.C.Z. Carpeta 5, nº 1. Libro de decretos, elecciones y quentas. F. 43 v.
(17) A.M.C.Z. Carpeta 6, nº 1. Libro de decretos, acuerdos y elecciones. F. 21.
(18) A.M.C.Z. Carpeta 8, nº 1. Libro de ayuntamiento. F. 41.
(19) A.H.D.V. Corregimiento. Leg. 1.113, nº 6. F. 9.
(19 bis) A.G.S.B. Granes. Reg. 2. Leg. 12.
(20) A.G.S.B. Molineros.
(21) A.M.C.Z. Carpeta 11, nº 2. Libro de acuerdos, elecciones y remates. F. 142. Rogativas.
A.M.C.Z. Carpeta 12, nº 1. Libro de acuerdos. F. 111. Rogativas.
A.M.C.Z. Carpeta 12, nº 2. Libro de acuerdos. F. 4 v.
(22) GOMEZ PRIETO, J.: *"Balmaseda"*, pág. 293.

tensión. En la Baja Edad Media el manzano estaba bastante extendido en Las Encartaciones por las menciones de la sidra en los Fueros de esta comarca (23), pero sufrió un retroceso considerable en el siglo XVI (24) del que no pudo recuperarse, no obstante su anterior implantación (25).

1821

998 fanegas de trigo
1.787 fanegas de maíz
131,8 fanegas de cebada
140 fanegas de castaña
131,8 fanegas de alubia
420 arrobas de manzanas
160 arrobas de patata
328 arrobas de lino

Fuente: A.G.S.B. Archivo Alto. Estadísticas varias. Reg. 1 leg. 2 nº 5 y 6.

1823

1.060 fanegas de trigo
1.920 fanegas de maíz
150 fanegas de castaña
130 fanegas de alubia
18 fanegas de avena
10 fanegas de nueces

Fuente: A.G.S.B. Archivo Alto. Estadísticas varias. Reg. 1, leg. 2, nº 7.

1864

1.500 fanegas de trigo
3.900 fanegas de maíz
600 fanegas de legumbres
450 fanegas de castaña
460 fanegas de patata

Fuente: A.G.S.B. Archivo Alto. Estadísticas varias. Reg. 1, leg. 2, nº 10.

---

(23) QUADRA SALCEDO, op. cit., ; pág. 79 (Fuero de Avellaneda de 1394, Ley 13), pág. 83 (Fuero de Avellaneda de 1394, Ley 19), pág. 138 (Fuero Viejo de las Encartaciones de 1503, Título I, ley 18).
(24) BILBAO, L.M.; y FERNANDEZ DE PINEDO, op. cit.; pág. 25.
(25) QUADRA SALCEDO, op. cit.; pág. 163.

PRODUCCION DE TXAKOLI

1821: 275 cántaras (1)
1823: 2.470 cántaras (2)
1849: 3.700 cántaras (5)
1850: 5.300 cántaras (5)
1851: 6.317 cántaras (3)
1853: 1.372 cántaras (3)
1857: 218 cántaras (3)
1858: 1.815 cántaras (6)
1860: 688 cántaras (7)
1861: 488 cántaras (3)
1864: 5.000 cántaras (4)

Fuentes: A.G.S.B.
(1) Archivo Alto. Estadísticas varias. Reg. 1, leg. 2, nº 5 y 6.
(2) Archivo Alto. Estadísticas varias. Reg. 1, leg. 2, nº 7.
(3) Txakolí. Reg. 1, leg. 1, 3, 4 y 5.
(4) Archivo Alto. Estadística varias. Reg. 1, leg. 2, nº 10.
(5) Txakolí. Reg. 3, leg. 1.
(6) Txakolí. Reg. 4, leg. 1.
(7) Txakolí. Reg. 4, leg. 5.

COLMENAS

cera: 325 libras
miel: 487,5 libras
325 colmenas

Fuente: A.G.S.B. Archivo Alto. Estadísticas varias. Reg. 6, leg. 3, nº 1.

En efecto, en los protocolos notariales de los siglos XVII y XVIII en la descripción de las propiedades y de las heredades, aparecen citas de árboles frutales ocupando muy poca extensión de terreno, y dentro de ellos el manzano aparece con poca frecuencia.

4) TECNICAS DE CULTIVO

La rota de las mieses en Zalla no debió diferenciarse mucho del resto del País Vasco, así como tampoco las técnicas de cultivo realizadas con instrumentos de labranza como el mayal para la trilla y la laya para las roturaciones. El lector puede extrañarse por la no utilización del arado, pero su uso resultaba inútil, pues para sembrar se necesitaba cavar profundamente con el arado, y la dureza del terreno no se prestaba para ser trabajado por el arado (26).

La introducción del maíz supuso una revolución en el ciclo de las rotaciones. El maíz se siembra en abril y mayo, y se recoge en septiembre y octubre. Ello permitía ser compatible con el trigo y los cereales de primavera de la siguiente manera. Recogido el tri-

---

(26) FERNANDEZ DE PINEDO, E.: *"Crecimiento económico y transformaciones sociales del País Vasco (1100-1850)"*, pág. 173.

go a últimos de julio, el ganado entraba en los campos a pastar hasta febrero. Desde mediados de abril hasta mediados de mayo se sembraba el maíz, y junto con él habas y alubias que se recogían en agosto; y a principios de octubre se recogía el maíz. En diciembre se sembraba el, trigo y/o escanda, y se segaba en julio o en agosto. La rota continuaba sembrando nabos en setiembre para recogerlos entre enero y marzo, y a continuación se siembra el maíz, y comienza de nuevo el ciclo (27).

Como se ve, con la revolución del maíz el cultivo se intensifica, y para que no empobrezca la tierra se precisa de abonos que la enriquezcan. Además del estiércol procedente del ganado, tradicionalmente se enriquecía la tierra con abono vegetal, compuesto por hojas, restos de árboles, helechos y argomas en descomposición. Por tanto, se recogían del monte comunal y estaban protegidos por el Fuero Viejo de las Encartaciones (28). La revolución del maíz necesitó la semiestabulación del ganado para la consecución del estiércol, pero no pareció suficiente hasta la extensión de la cal.

La cal parece que empezó a utilizarse sistemáticamente en el último tercio del siglo XVII por sus innegables ventajas (29). Facilita la penetración del agua e impide que ésta se estanque. Los iones de la cal se fusionan con los existentes en el suelo, lo que permite la liberación de nitratos y demás elementos fertilizantes que son más rápidamente absorbidos por las raíces de la planta. Evita los "terrones" y sujeta los suelos, aliviando los efectos de arroyada del agua de lluvia sobre las laderas. Pero su abuso es peligroso porque puede terminar arrasando las tierras cultivadas...

Un documento de 1661 es interesante por el tema de la recogida de aguas. En él se incluye un pleito que cuenta que María Sáez de Yarto abrió un canal para que entrara agua en sus propiedades. Para su mayor aprovechamiento cerró una sangradera que hizo desbordar el caudal del canal en los parrales de su vecino Martín de Sarachaga. Esto demuestra la importancia del regadío y aprovechamiento del agua en la agricultura (30).

GANADERIA

La ganadería siempre fue muy importante en las Encartaciones. Los suelos eran poco aptos para el cultivo, por lo que en época bajomedieval se utilizaron para explotación ganadera de la región. Así el Fuero de Avellaneda de 1394 dice: "(...) hay muchas yeguas, rocines, mulas, bues e bacas (...)" (1). En una época de inseguridad por las guerras de bandos, el robo de ganado estaba fuertemente penado (2). Examinando los textos citados en notas, observamos que ya se criaban todas las especies que nos son familiares: vacuno o bovino, lanar, cerda y caballar.

La importancia del ganado desde el punto de vista económico, que vemos perfilándose en la época medieval, es más constatable documentalmente en el siglo XVI. Así en el

---

(27) ANES, G.: *"Tendencias de la producción agrícola en tierras de la Corona de Castilla (s. XVI-XIX)"* en Hacienda Pública Española, nº 55, Madrid (1978), pág. 104.

(28) QUADRA SALCEDO, op. cit., pág. 160.

(29) ANES, G., op. cit., pág. 104.

(30) A.H.U.D. Mayorazgos. Carpeta 16, nº 11.

(1) QUADRA SALCEDO, F.: *"Fuero de las M.N. y M.L. Encartaciones"*. Bilbao. 1916. Págs. 99-100.

(2) IBIDEM, págs. 119, 157 y 164.

Fuero Viejo de las Encartaciones de 1503 leemos la regulación legislativa que afecta al ganado. Se contemplan casos de restitución del ganado muerto, la distinción entre cuatreros y el hecho inconsciente de entrada accidental de ganado en otra propiedad, e incidentes fortuitos (3).

Hasta el siglo XIX tenemos datos cuantitativos sobre el estado de la ganadería. Es razonable pensar que en Zalla, igual que en el resto del País Vasco, sufrió un descenso del ganado en favor de los cereales en el esfuerzo roturador del siglo XVI para poder abastecer a la explosión demográfica que se estaba gestando en esa centuria (4). De los siglos XVII y XVIII no se puede avanzar ni siquiera una conjetura por el vacío documental. Los principios del siglo XIX no debieron ser nada fáciles para la ganadería por la coyuntura desfavorable con que se inicia la centuria, agravándose puntualmente con los desórdenes de la Guerra de la Independencia y la Guerra Carlista (1833-39). El inicio de la segunda mitad del siglo XIX debió ser expansivo para pasar a una estabilización, si damos pábulo a las cifras del Censo de Ganadería de 1848. De esta fecha a la del Censo de Ganadería de 1865 hay un salto cualitativo espectacular: de 92 cabezas de vacuno se pasan a 600, y en el Censo de Ganadería de 1892 se cuentan 511 (5).

El Censo de Ganadería de 1848 sólo da 92 vacas, 53 yeguas, 19 de lanar, y 113 de caprino. Por otra parte, el Censo de Ganadería de 1865 presenta otra decoración: 158 cabezas de caballar, 3 de mular, 69 de asnal, 600 de vacuno, 1.928 de lanar, 641 de caprino y 881 de cerda. El Censo de Ganadería de 1892 da un repartimiento proporcional análogo con una alarmante baja en el caprino: 115 cabezas de caballar, 511 de vacuno, 6 de mular, 21 de asnal, 1.799 de lanar, 44 de caprino y 312 de cerda.

Del análisis de estos tres censos podemos sacar conclusiones acerca del uso del ganado. En el Censo de 1865 el ganado era mayoritariamente estante. El ganado vacuno era cualitativamente la ganadería más importante del concejo por sus múltiples usos. Se seguía utilizando a la pareja de bueyes como animal de tiro para tirar del arado. La vaca, al contrario estaba destinada a la reproducción, y para la producción de sus derivados para el abastecimiento de la ganadería familiar. Sólo la décima parte del ganado vacuno se utilizaba para el consumo de carne. Todas estas razones explican el porqué la mayor parte de los propietarios poseían una o dos cabezas; no eran raros los poseedores de hasta 5 cabezas, pero eran muy pocos los que podían permitirse tener más de 5 cabezas. El Censo de 1892 afirma esta realidad: sólo un propietario tiene más de cinco cabezas de ganado vacuno.

El ganado ovino cuantitativamente era el más importante y abundante. En el Censo de 1865 se contaban 1.928 cabezas de ovino y 641 de caprino. En el de 1892 bajaron a 1.799 y a 44 respectivamente. Se destinaban para su comercialización en Bilbao de lana y carne. Los propietarios tenían mayoritariamente gran número de cabezas de lanar y caprino para fines especulativos. La relativa baja del ovino y la busca del caprino responde a un cambio de tendencia, quizá propiciada por la industrialización que haría abandonar brazos para cuidar el ganado para trabajar en la industria.

Poca importancia tenía el ganado caballar, utilizado para el transporte y la reproduc-

---

(3) IBIDEM, págs. 146-166.

(4) BILBAO, L.M.: *"La expansión del siglo XVI en Vascongadas"* en Historia General del País Vasco, VI, pág. 114.

(5) Las fuentes para el análisis del ganado en el siglo XIX son el Censo de Ganadería de 1848 (A.M.C.Z. Carpeta 48, nº 5 y 14), el de 1865 (A.G.S.B. Ganadería. Reg. 32, Leg. 2), y el de 1892 (A.M.C.Z. Carpeta 61).

ción. En la última decena del siglo XIX serían sustituidos por el ferrocarril como medio de transporte. El relativo número de asnos quizá seguiría sirviendo para acarreo de trigo desde el Valle de Mena a Bilbao.

La gran implantación del porcino obedece a que ha sido el ganado más extendido para el autoconsumo familiar de carne. Se solían adquirir a principio de año para matarlos en el día de San Martín. No solían ser de gran tamaño.

En el Censo de 1865, no obstante, vemos que menos de un tercio de los propietarios tenían más de dos cabezas, cuyo uso sería su comercialización en el mercado. Pero en el de 1892 casi todos los propietarios tienen uno o dos cabezas de porcino, lo que da a entender a un aumento de autoconsumo de este tipo de carne por la proletarización del campesinado.

Lo más frecuente en la época del Antiguo Régimen era que el campesino o pequeño propietario no poseyera una pareja de bueyes para arar la tierra o de un par de cabezas de ganado para sus necesidades; y si las circunstancias le empujaban a necesitar ganado, tenía que recurrir a unos peculiares contratos de aparcería de ganado denominados admeterías o agocheguis "a media pérdida y a media ganancia" según rezaban las condiciones del contrato que solían durar cuatro años. Según este contrato, el propietario cedía al campesino, por lo general dos cabezas de ganado (frecuentemente dos bueyes o una vaca con su cría), después de tasarlas a un precio (que en la práctica era un acto de venta). Expirado el tiempo del contrato, se tasaba de nuevo el ganado o se vendía en el mercado, y si existían beneficios o pérdidas, el campesino tenía que cargar con la mitad de los beneficios o, en caso contrario, con la mitad de las pérdidas por muerte del animal u otro concepto.

Este sistema era verdaderamente feroz con el campesino, pues tenía que cuidar el animal y aportar todo su capital rural para el mantenimiento. Además había que contar mucho con el azar, porque si habían admeterías en coyunturas favorables, era beneficioso para el campesino, pero si se realizaba en época deflacionista, o el animal moría o se perdía significaba la quiebra de la economía rural del campesino, llegando al endeudamiento.

Quizá a muchos sorprenda que las ermitas tuviesen ganado en propiedad, y mucho más que las cediesen en admetería. Pues, respecto a Zalla hay documentación más que suficiente para probar que, al menos, dos ermitas tuvieron ganado propio y que ejercieron este género de contratos.

		SEXO			EDADES					MOVILIDAD		
		MACHO		HEMBRA	MENOS	6 A	30 MESES	4 A 6	MAS DE		TRASTER-	TRANS-
GANADO	TOTAL	ENT.	CAST.		6 MESES	30 MESES	A 4 AÑOS	AÑOS	6 AÑOS	ESTANTE	MINANTE	HUMANTE
CABALLAR	158	18	34	106	12	13	19	30	84	158		
MULAR	3			3	1				2	3		
ASNAL	69	31		38	2	15	13	17	22	69		
VACUNO	600	23	363	214	17	134	119	160	170	572		28
LANAR	1928	71	15	1842	273	677	586	236	156	1828	100	
CABRIO	641	16	14	611	41	192	162	117	129	641		
CERDA	881	269	223	389	426	440	13	2		881		

CENSO GANADERIA 1865
A.G.B.S. REGISTRO 32 LEG. 2

GANADO	CONSUMO	TRABAJOS AGRICOLAS	MOVIM. MAQUINAS	TIRO Y TRANSP.	REPROD.
CABALLAR				43	115
MULAR				3	
VACUNO	65	326		6	203
LANAR	16				1912
CABRIO					627
CERDA					229

El primer caso es el de la Ermita de la Magdalena. Su situación en la ladera del Monte Artegui, a unos 250 metros de altura, presumiblemente con seles aptos para pastar, hacía inmejorable la explotación ganadera. Los receptores más frecuentes de ganado eran Antonio María Mendivil, Marcos y Joseph de Santa Coloma y Joseph de San Cristóbal entre una larga nómina de menciones de contratos. Los receptores los solían dejar pacer en Las Pedrajas, y en el Monte Basoaga como lugares más frecuentes, hecho que apunta en dónde vivían estos receptores (más bien lejos de la Ermita de la Magdalena) y que apunta a la fama ganadera que debió tener la ermita en el concejo y quizá en los concejos vecinos.

La fuente primordial que ayuda a su seguimiento es el libro de fábrica de la Ermita de la Magdalena (6). En ella se repite el modelo de contrato descrita más arriba. Poseía ganado vacuno, y normalmente los contratos incluían una vaca con su cría. Los contratos empiezan a ser constantes en 1762 con referencias tanto en el cargo como en la data. Las anotaciones en el cargo corresponden a los beneficios que recibió la ermita o a los perjuicios que sufrió el receptor, según se mire el punto de vista. La data o descargo contempla la situación contraria, es decir, la cesión al receptor en forma de venta o la compra de nuevas cabezas para reemplazar a las viejas, sacrificadas o muertas.

La relación concluye en 1802 con la extinción de la riqueza ganadera de la ermita. ¿Qué ocurrió para llegar a este final? Sencillamente por la crisis finisecular del siglo XVIII la ermita tuvo problemas financieros para reponer novillos por las vacas viejas, ya que para tener líquido tuvieron que vender algunas cabezas que debieron ser las mejores. La muerte de las vacas viejas o el sacrificio para la carnicería no hizo más que poner la puntilla. En 1802 se dio finiquito con la venta de las dos últimas que, a juicio del concejo, resultaron dañosas.

El segundo caso es el de la Ermita de San Juan de la Hormaza, cuyo desarrollo se puede descubrir en su libro de fábrica (7). Comparativamente con la de la Magdalena su riqueza ganadera es menor. Su situación cercana al Monte Basoaga la hacía idónea para la explotación ganadera.

El examen de su libro de fábrica resulta decepcionante, porque abarca un período corto, el de 1763-1776 para ser más exactos. Además las admeterías no son continuas, sino que se dieron en dos ocasiones: una en 1763-66, y otra en 1774-76 con el receptor Pedro de Villanueva. De lo que se deduce que los contratos efectuados entre el mayordomo de esta ermita y los receptores debieron ser esporádicos.

Más frecuentes y corrientes fueron los contratos de admetería entre los particulares

(6) A.H.E.V. Libro de fábrica de la Ermita de la Magdalena y de su aneja San Antonio de Padua en la Parroquia de San Miguel de Zalla.

(7) A.H.E.V. Libro de fábrica de la Ermita de San Juan de la Hormaza.

laicos. Los casos más antiguos detectados datan de 1640 (8) con contratos de duración de cuatro años y registran el valor tasado de las cabezas cedidas en admetería.

El caso de los grandes propietarios es más espectacular por tener sus propiedades dispersas por el concejo. Como botón de muestra el mayorazgo fundado por la familia San Cristóbal, y que en la primera mitad del siglo XVIII lo posee Francisco Antonio de San Cristóbal, registra entre 1729 y 1752 más de 40 receptores de admeterías (9). De esos 40, 16 salieron perdiendo, 4 salieron ganando, y 6 sin beneficios ni perjuicios; de los 14 restantes no dice nada.

Por desgracia no aparecen más detalles sobre las características del ganado (utilidad, características físicas, causas de compra o venta, etc.). Por lo general, los contratos contemplan la admetería de ganado vacuno (vacas con sus respectivas novillas). Cuando el receptor no podía cubrir las pérdidas en metálico, pagaba en especie.

De la descripción surgida de las fuentes sólo tenemos una visión de la admetería en el siglo XVIII, y cabe sospechar que se trata del estado final de todo un proceso. Respecto a Zalla, no se conservan documentos sobre la ganadería en el Archivo Municipal de Zalla, ni ha sido posible consultar los protocolos conservados en el Archivo Histórico Provincial de Bizkaia por hallarse cerrado al público por traslado de local, en lo referente a los siglos XVI y XVII.

Pero podemos fijarnos en la evolución sufrida en el concejo de Güeñes, que por vecindad debió ser parecida a la del concejo de Zalla (10). El siglo XVI era completamente ventajoso para el receptor, ya que en el contrato cabía la posibilidad de que el receptor comprara las cabezas arrendadas al propietario. La crisis finisecular del siglo XVI y el depresivo siglo XVII provocaron la reacción de los propietarios, suspendiendo la posibilidad de adquisición de ganado por parte del receptor, ya que en épocas de crisis le era más ventajoso al propietario recuperar la ganadería arrendada.

MONTES

1) INTRODUCCION

Antes de entrar en materia, conviene avisar al lector no avisado y no conocedor de la situación geográfica de los montes de Zalla, realizar una somera descripción de ellos, aun habiéndole realizado en el capítulo dedicado al medio físico. Más que una descripción, se trata de hacer una ubicación histórica de dichos montes. Algunos se han citado anteriormente, otros quizá ni siquiera lo conozcan los zallucos. Por tanto, es forzoso ubicar y citar textualmente un fragmento de un interrogatorio realizado en 1848, para meternos en el terreno.

"Pertenecen a esta jurisdicción los montes siguientes: Uno llamado de Aranguren por el que atraviesa la carretera de Bilbao a Balmaseda, cubierto de arbolado.

Otro llamado de Arzabe que pega muy poco terreno con la misma carretera, y también cubierta de arbolado.

---

(8) A.M.C.Z. Carpeta 29, nº 1. Protocolos de Pedro Martínez de Avellaneda. F. 1-18.

(9) A.H.U.D. Hidalguías. Carpeta 1, nº 1.

(10) GONZALEZ CEMBELLIN, R.: *"Güeñes"*. Bolsa de Trabajo inédita. Véase su capítulo dedicado a la ganadería.

Otros llamados la Vortosa, Peñagatos y Mazuco que siguen de esta jurisdicción hasta pegar con la de la villa de Balmaseda al frente de dicha carretera en el espacio de una legua poco más o menos, cubiertos de vortales.

Otros dos llamados Las Pedrejas e Yjalde, dos de encima del barrio de Goveo, también poblado de arbolado que llegan hasta la jurisdicción de la villa de Balmaseda por el espacio de tres cuartos de legua poco más o menos, por los cuales atraviesa la carretera de Bilbao a Balmaseda.

Otros dos montes llamados Cuarto del Hombre y Malabrigo desde la jurisdicción de la villa de Balmaseda hasta el barrio de Rétola por el espacio de media legua de aquella villa, también poblado de arbolado, por el que pasa la carretera de Castro.

Otro desde dicho barrio de Rétola hasta Abellaneda por el espacio de un cuarto de legua llamado El Picón por el que va la misma carretera" (1).

Según Bowles, los montes podían ser de tres clases: los espontáneos o naturales que son los que menos abundan; carrascas y grandes manchones de madroño o borto; y sebes o bosques tallares cercados que se cortan por la cepa (2).

Las especies boscosas más extendidas por Zalla eran el castaño, el roble, el madroño o borto, carrasco, aliso y avellano (3).

El castaño era un árbol muy apreciado según el testimonio de Villarreal de Bérriz, a quien Iturriza copia sin piedad (4).

El roble era muy apreciado por ser material de casas y barcos y ser más fuerte que el castaño (5).

El madroño o borto es un árbol de madera dura y retorcida, pero muy útil para hacer carbón vegetal.

Cualquiera que visite los montes de Zalla, verá que en la actualidad está repoblado de pino de la especie pinnus insignis, fruto de la repoblación efectuada en los años 60, respetando un sotobosque de carrascos y chaparral y borto (6).

2) PATRIMONIO MUNICIPAL

Los montes y terrenos descritos en la introducción eran de propiedad municipal; eran bienes comunales, utilizados por los vecinos sin restricciones, y sin necesidad de tener que

---

(1) A.M.C.Z. Carpeta 46, nº 14, f. 7.

(2) MUTILOA POZA, J.M.: *"El monte y el viñedo en Vizcaya a mediados del siglo XIX"* en Estudios Vizcaínos, V, Bilbao (1974), pág. 110.

(3) A.G.S.B. Montes. Reg. 1.

(4) URIARTE AYO, R.: *"Estructura, desarrollo y crisis de la siderurgia tradicional vizcaína"*. Bilbao. 1988. Pág. 90: "Es el árbol de bosque más precioso y más útil porque, sobre ser un gran alimento su fruta, su madera es la mejor de todas, así para tabla, solibas y otra cualquier cosa de edificación de casas, porque sobre ser hermosa, nunca cría pelilla, y la que resistemos puesta a la inclemencia al sol y al agua; y este árbol crece antes que otros, no cría blanco entre el magro y la corteza como el Roble".
Compárese con ITURRIZA, pág. 103.

(5) ITURRIZA, pág. 103.

(6) La repoblación hecha en los años 60 está atestiguada por un mapa de montes editado por la Diputación Foral de Bizkaia que examinó personalmente en el despacho del aparejador municipal, con el beneplácito de su titular Santiago Zubiaga.

pagar una cuenta al municipio por su usufructo. Las utilidades que los vecinos les daban solían ser para coger madera para fuego, construir casas y cercos, helechos para cama de ganado, helechos y argomas para abono, y un largo etcétera de utilidades.

Sin embargo, el caso de Zalla es otro, pues el municipio no permitía hacer talas sin contar con el permiso del concejo. Así varias veces en las reuniones del Concejo hay quejas de talas indiscriminadas en los montes concejiles (7). Tres cuartos de lo mismo ocurría con los plantíos de árboles en los comunales por parte de particulares. Por ello, los particulares no podían hacer plantíos de árboles en terreno comunal sin licencia del Concejo, porque en la práctica suponía su apropiación, si no se efectuaba con dicho permiso. Muchas veces la apropiación ilegal supone en la práctica la enajenación de bienes concejiles, pues en las ocasiones en que las arcas municipales están sedientas de dinero en metálico, el Concejo consiente en vender los terrenos apropiados al infractor, o cedérselos a cambio de algo (8).

Una propiedad municipal tan celosamente guardada como la comunal responde a que una de las partidas de ingresos más importantes para las cuentas municipales era el montazgo. El montazgo era las rentas que el municipio ingresaba por vender las leñas de los montes para hacer carbón vegetal a los ferrones.

La aprobación de tal operación se realizaba en una reunión del Concejo; en ella se nombraban a dos hombres buenos o a un perito que tasaban la cantidad de leñas que estaban maduras para hacer carbón de ellas. Esta tasación se expresaba en cargas (carga = 240 Kg.). Los precios los ponía el Concejo, aunque había ocasiones en que los ferrones discrepaban del precio, teniendo que realizar negociaciones para llegar a un acuerdo. A la labor de carboneo atraía una población laboral temporaria procedente de campesinos, pequeños propietarios y arrendatarios que les suponía unos ingresos extraordinarios.

Los datos estadísticos adjuntos del montazgo no son todos los deseables porque no todas las talas que se efectuaron son cuantificables, pues en muchos asientos de las reuniones del Concejo o en las cuentas municipales sólo aparecen las cantidades ingresadas, pero no la cantidad de cargas, ni el precio medio por unidad de medida. Sin embargo, la frecuencia de los esquilmos responde a la observada en otras localidades de Bizkaia, o sea, en espacios cortos entre cada 7 y 12 años (9).

La frecuencia de las talas quizá haga pensar en una rápida deforestación de los montes del municipio, a no ser que tanto a nivel municipal como del Señorío se legisló para asegurar la conservación de las masas boscosas.

Un decreto del Concejo de 1718 que se repetirá en 1720, prohibía talar sin permiso del Concejo en los montes concejiles (10). En sección de concejo se lee un decreto del Señorío sobre conservación de árboles y plantas en 1725, cuyo contenido al plantío de tres ca-

---

(7) Los casos son múltiples. Sólo citaré tres ejemplos del siglo XVII: 1653, 1661 y 1690. A.M.C.Z. Carpeta 1, nº 1, f. 13 y 135; y Carpeta 1, nº 3, f. 75v.-76.

(8) Por ejemplo, en 1817 Manuel Quirce se apropió de 3 suelos del común en el Campo de San Pantaleón. Se le consiente en cedérselos, a cambio de que pague los honorarios del perito tasador que midió los terrenos apropiados. En otro asiento del libro de decretos correspondiente a se mismo año, la viuda de Manuel Quirce dio a Joaquín de Labarrieta un terreno a cambio de que el concejo le vendiera otro pedazo de terreno en el Monte Cotizuelo. A.M.C.Z. Carpeta 10, nº 2. Libro de ayuntamiento. F. 21 y 39.

(9) URIARTE AYO, op. cit., pág. 93.

(10) A.M.C.Z. Carpeta 4. Libro de decretos. F. 227.

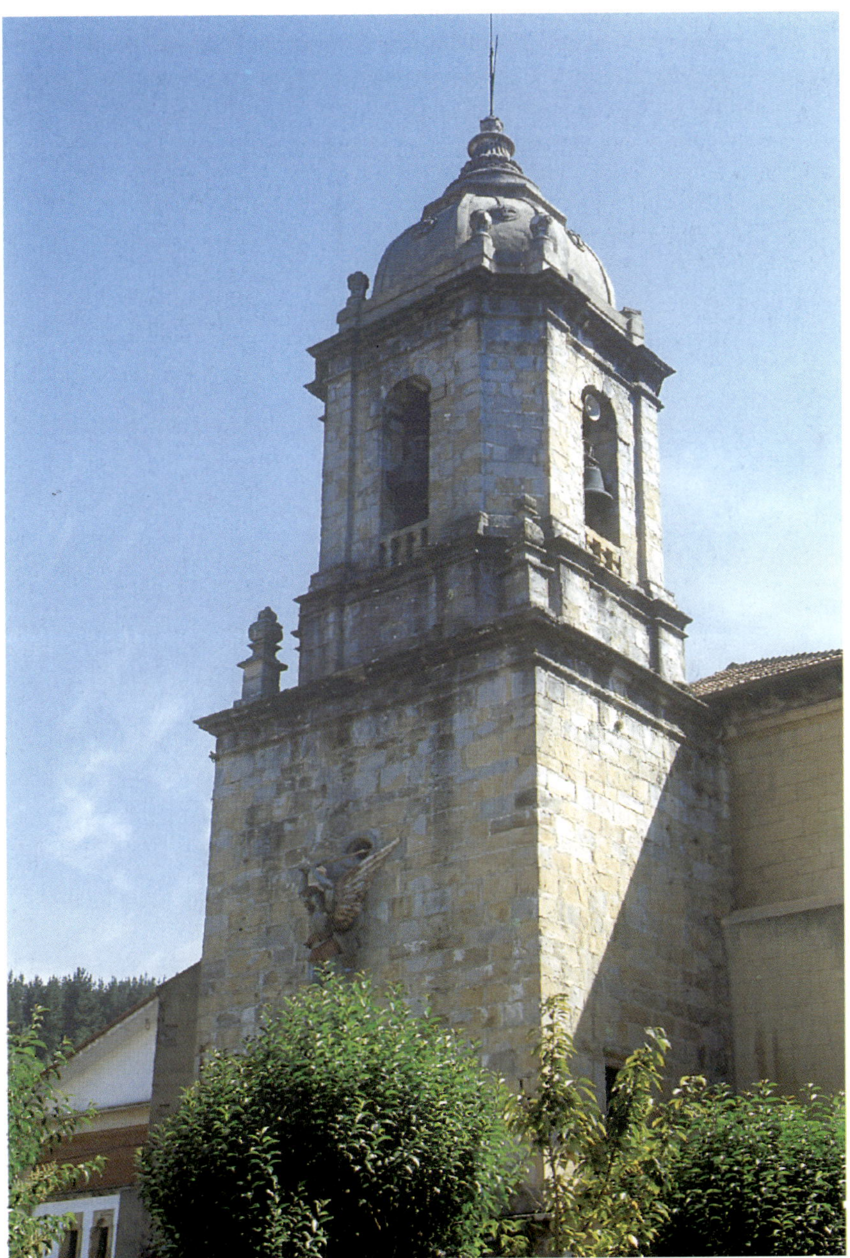

Iglesia de San Miguel de Zalla. Vista de la torre-campanario.

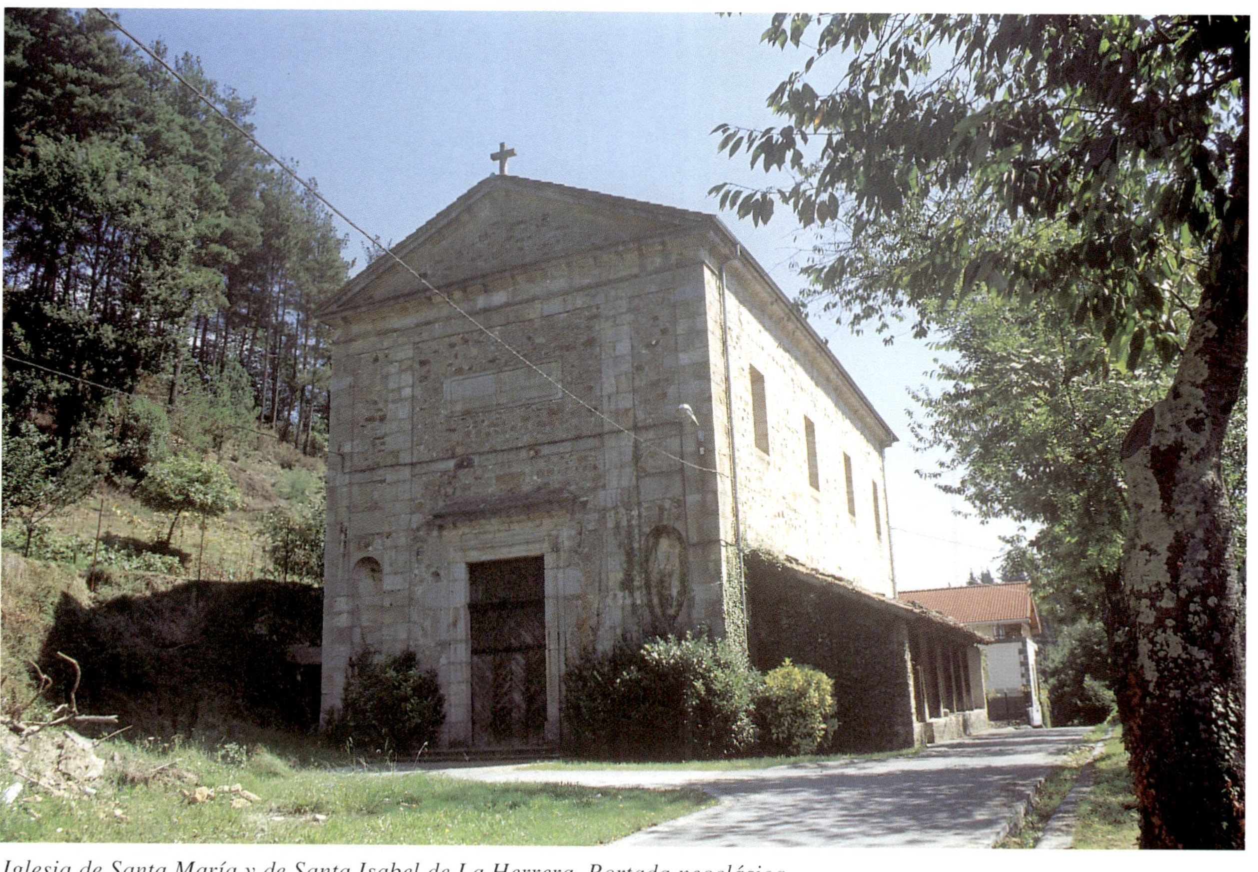

Iglesia de Santa María y de Santa Isabel de La Herrera. Portada neoclásica.

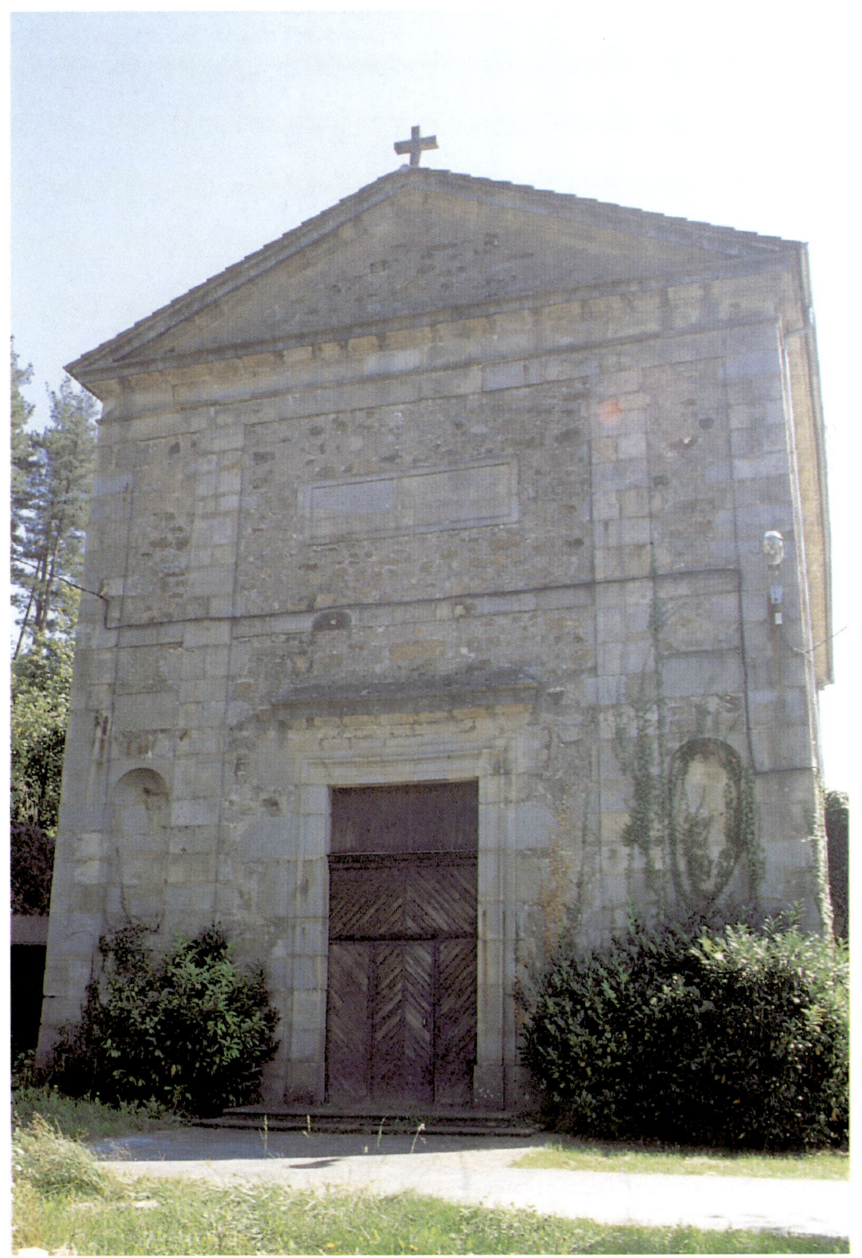

Portada neoclásica de la Iglesia de Santa María y Santa Isabel de La Herrera.

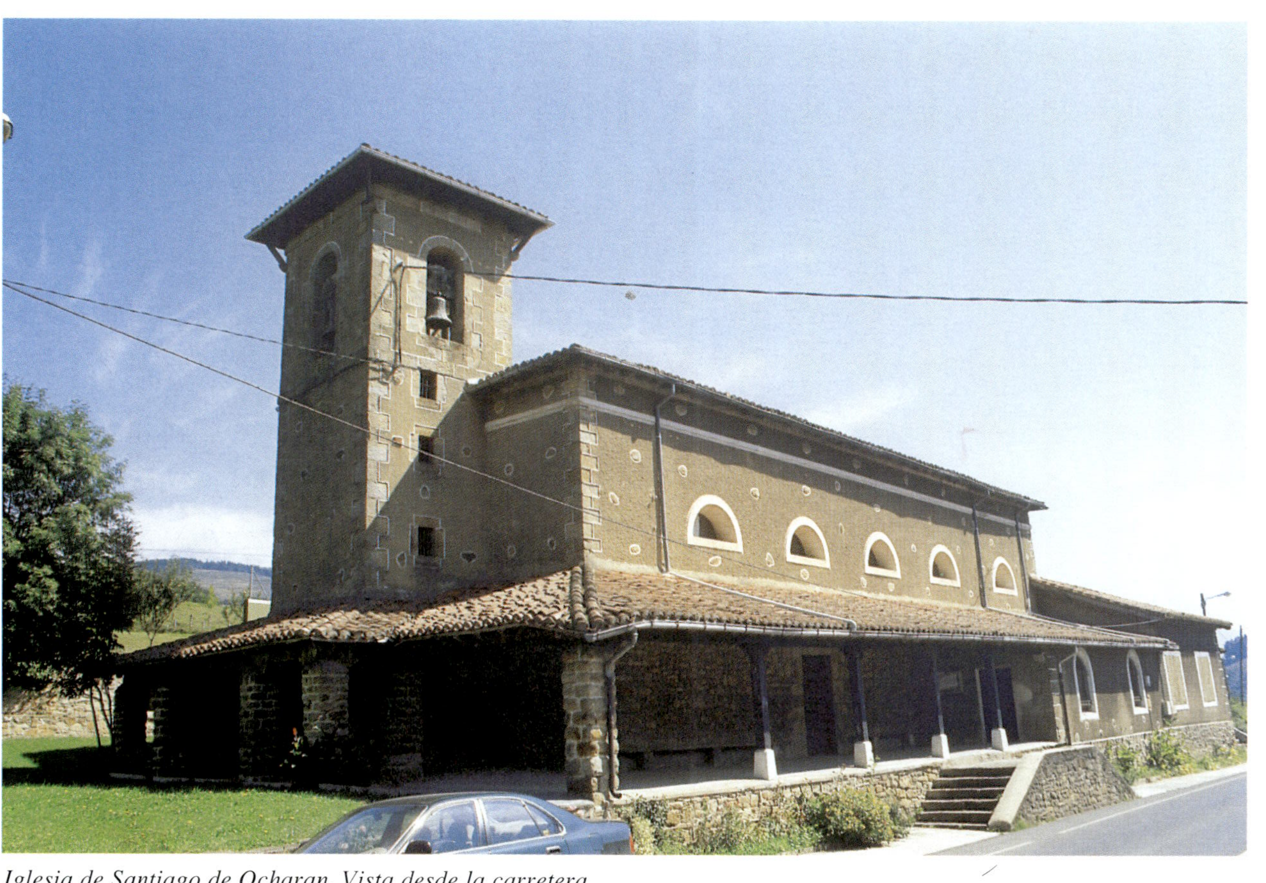

Iglesia de Santiago de Ocharan. Vista desde la carretera.

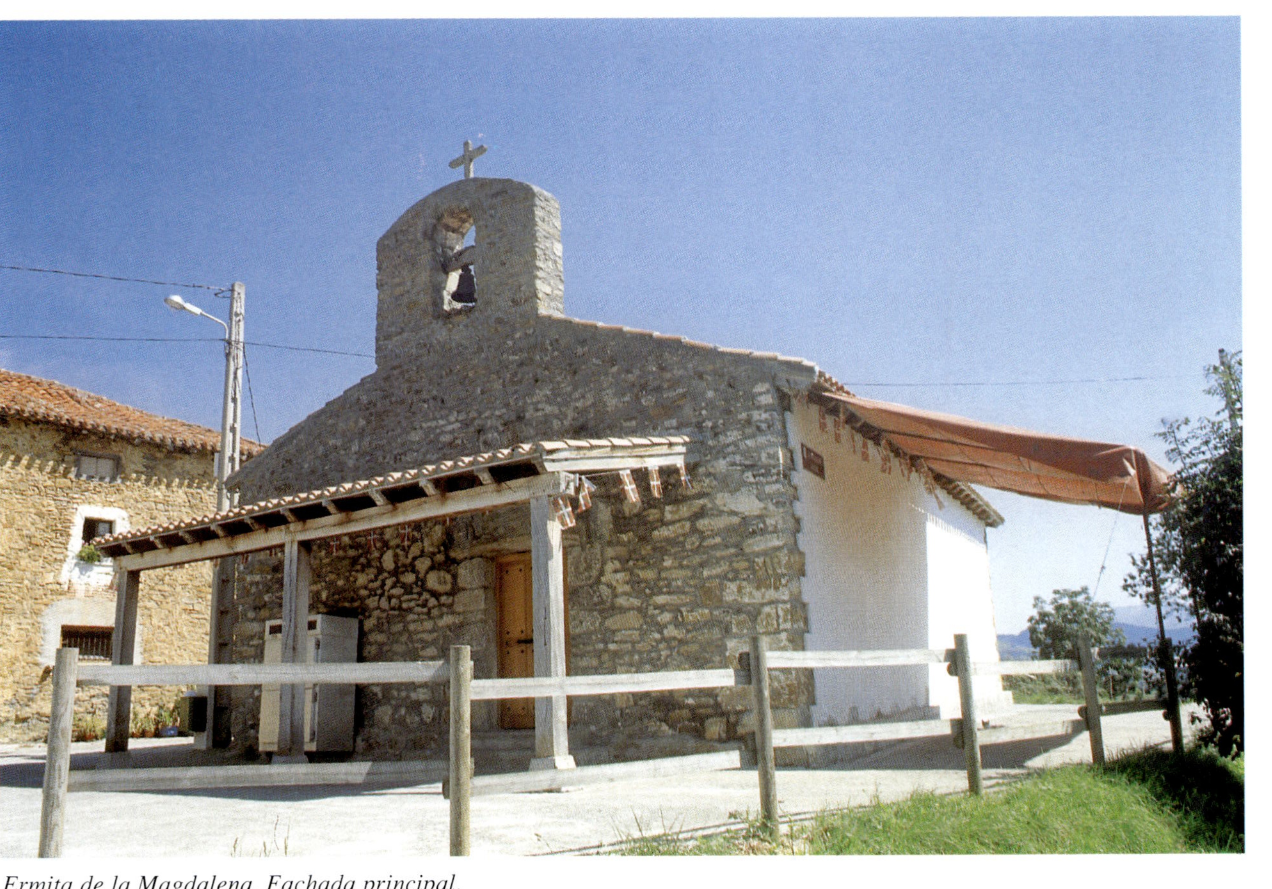

Ermita de la Magdalena. Fachada principal.

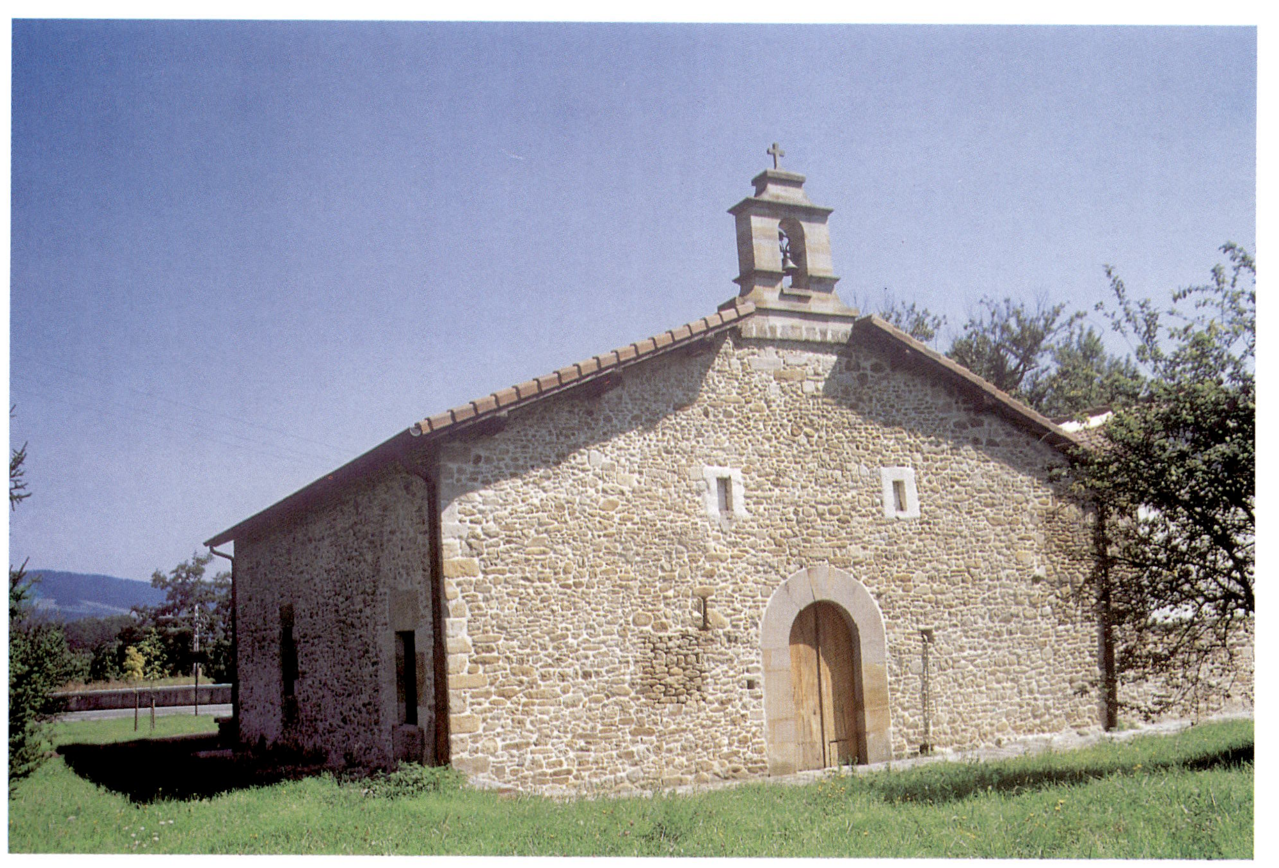

Ermita de San Pedro de Zarikete. Fachada del lado oeste.

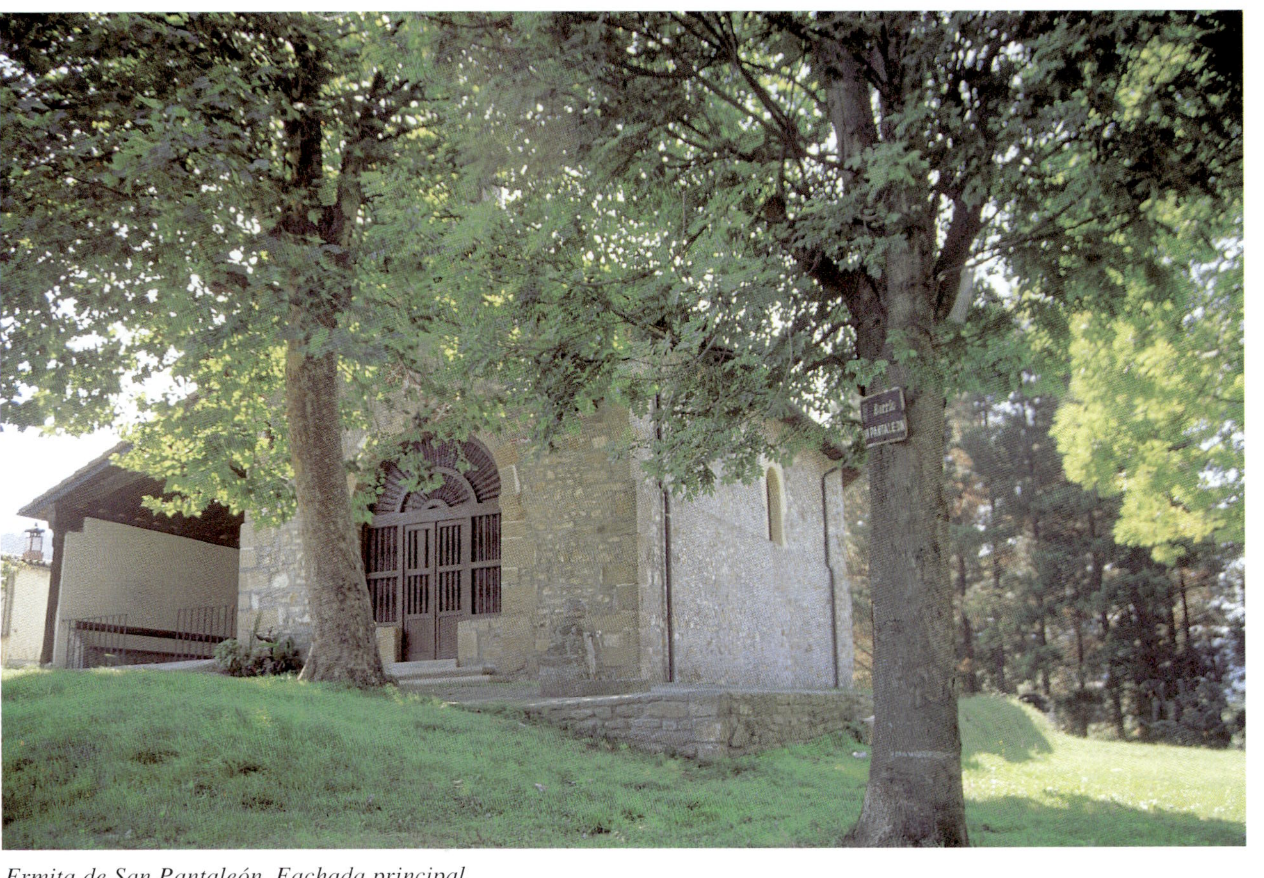

Ermita de San Pantaleón. Fachada principal.

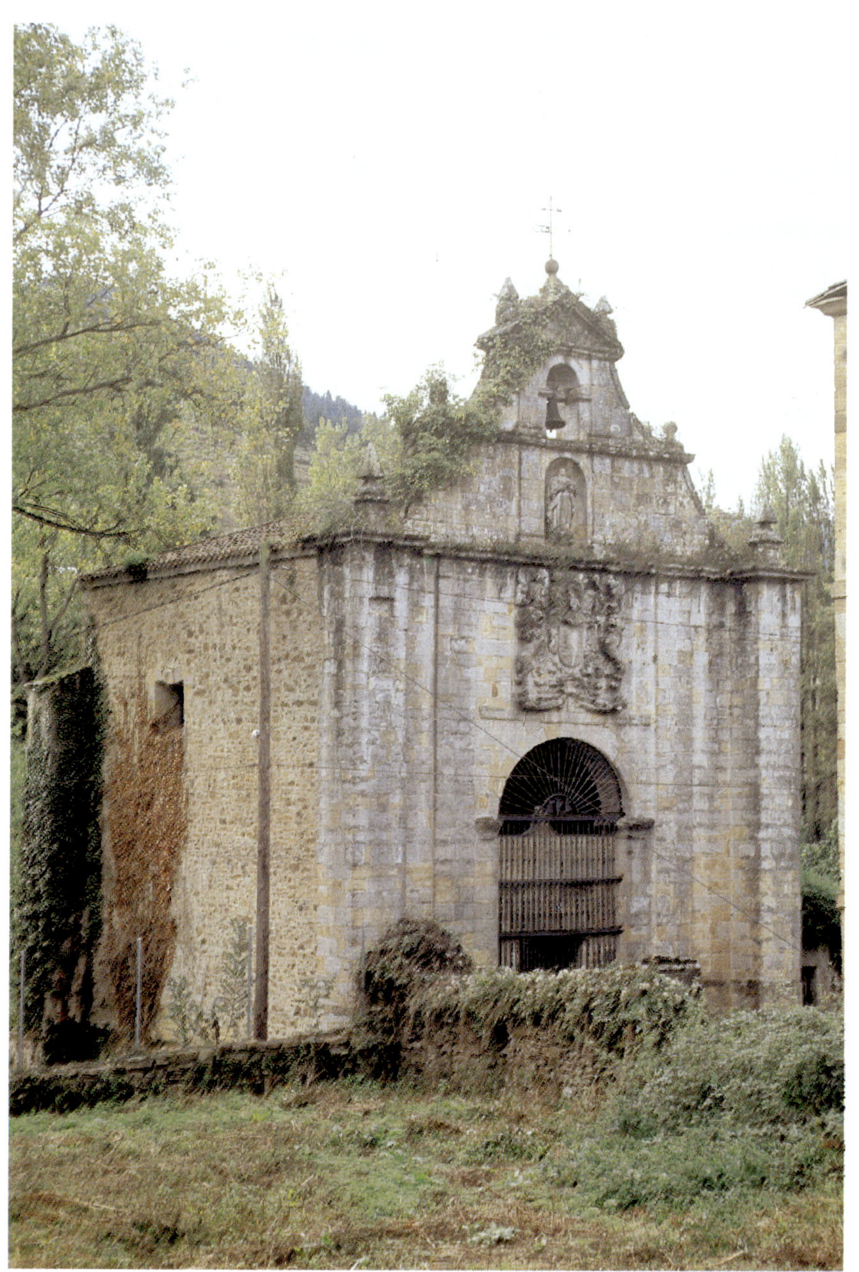

Ermita de San Antonio de Padua (Barrio de La Mella).

jigos por vecino se efectúa al año siguiente (11). Ya por la mecánica de tasar los bosques para hacer talas en vista al montazgo, los hombres buenos y los peritos ponían atención en los árboles pequeños o inmaduros para carbón que había que evitar en el esquilmo (12). Al año siguiente de 1727 se pone en práctica otra repoblación de cajigos por otro decreto del Señorío análogo al anterior (13). En 1737 un decreto municipal prohibe talar árboles por el pie, o arrancar castaños o encinas u otros árboles; en ese mismo decreto, se acuerda la repoblación con majuelos de castaños y otras especies (14). Como se ve, consecuencia de este decreto fue un pleito con Valmaseda, porque los de la villa vecina cortaron bortos, castaños y otros árboles por el pie (15), y por lo mismo surgió otro pleito contra Sopuerta (16).

MONTAZGO MUNICIPAL

28 nov 1666 – 9.000 cargas a 1/4 rls./carga.
19 may 1669– 250 cargas.
8 jul 1690 – 220 cargas a un precio total de 200 rls.
Cuentas 1693 – 176 1/2 cargas a 18 rls./carga.
30 set 1696 – De Peña de Gatos, 200 cargas a 1 real/carga.
12 feb 1702 – De El Mazuco, 4.560 cargas a 1 real/carga.
6 set 1705 – De El Bertal, El Arroyo, La Cuba y Lixarraga, 500 cargas a 28 mrs./carga.
30 abr 1712 – De El Mazuco a 3/4 rls./carga.
Cuenta 1719 – De El Bertal, 430 cargas.
Cuenta 1720 – De La Jara, Ligarzega, y La Cuba, 2.170 rls.
16 feb 1727 – De La Bortosa, 3.300 cargas a 32 cuaros/carga.
20 abr 1732 – De La Bortosa, 804 cargas.
Cuenta 1732 – 3.012 cargas a 36 mrs./carga.
10 ene 1740 – De La Bortosa y Peña Gatos, 2.850 cargas a 1 real/carga.
Cuenta 1747 – De El Mazuco, 11.750 cargas a 1 real/carga.
Cuenta 1753 – 2.400 cargas a 1/2 rls./carga.
Cuenta 1809 – 30 cargas a a5 rls./carga.
Cuenta 1824 – 240 cargas a 3 rls./carga.
29 dic 1839 – 1.160 cargas a 2 rls./carga.

Un gran avance fue la Real Ordenanza de Montes y Plantíos del 31 de enero de 1748; en especial, las órdenes que afectaban a las provincias costeras. Por ella se crean inspectores de montes, quién mandará plantar tres árboles de la especie que crea conveniente; se instalan viveros, colocando normas de instrucción sobre el trasplante del retoño del vivero a tierra de bosque, protección de plantones con estacas; en la ordenanza también se legisla sobre poda y cuidado de los árboles, la tala de los árboles y el precio de las cargas; y un reglamento de multas y sanciones. Esta Real Ordenanza se aplicaba a toda España, y contemplaba una futura regulación para el Señorío de Vizcaya.

(11) A.M.C.Z. Carpeta 5, nº 1. Libro de decretos. F. 210 y 254.
(12) A.M.C.Z. Carpeta 5, nº 1. Libro de decretos. F. 179-180 y 274.
(13) IBIDEM, F. 288V.
(14) A.M.C.Z. Carpeta 6, nº 2. Libro de ayuntamiento. F. 189.
(15) A.M.C.Z. Carpeta 7, nº 1. Libro de ayuntamiento. F. 157-159.
(16) A.M.C.Z. Carpeta 11, nº 1. Libro de decretos. F. 188.

No se sabe si esta Real Ordenanza fue un estímulo para Zalla. De todas formas, en 1751 un decreto municipal aprueba hacer un plantío de dos robles por vecino, y que para ello son necesarios los viveros. El orden de la repoblación se ordena por cuadrillas. La de Terreros lo realiza en el Monte Cotizuelo, para ser más explícitos en el lugar conocido como Las Barreras; los de Allendelagua hacen lo propio en El Juncal y Recaguren; los de Mimetiz en los montes Bagola, Urquijo y Carrascal; y los de Baldehaedo ayudan a los de Terreros en el Monte Cotizuelo, por razones de proximidad (17).

En 1753 se pone en práctica una orden del Señorío consistente en la repoblación de robles, asignando a cada vecino un majuelo de chirpas (18).

Una Real Ordenanza de Montes es aprobada por Juntas Generales en Gernika en 1786, pero la Guerra de la Convención no permitió ponerlo en práctica (19). Este hito permite hablar de una desforestación que se agravó con la Guerra de la Independencia y la Primera Guerra Carlista, pues, para salir del marasmo económico que suponía el aprovechamiento y aprovisionamiento de las tropas, se aprobaron numerosos esquilmos de montes.

Esta preocupación se plasma en un decreto conservacionista de 1828 en el que sólo se hará tala para aprovisionar de carbón a los ferrones; y cualquier vecino que tale leña fuera de esta excepción será multado con 8 ducados, cuatro para el denunciante y los otros cuatro para caminos (20).

No obstante, a mediados del siglo XIX se nota un cambio en el signo de los tiempos. Ya no se hace la saca de carbón para los ferrones sino a particulares que puedan pagar con garantías, quizá por la crisis de la industria siderúrgica tradicional. En 1844 se vendió la saca de leña a José de Arenaza, y en 1846 a Fernando de Ortiz ante la protesta de los ferrones (21). Hasta 1865, sigue habiendo documentación que habla de esquilmos de montes (22).

3) PATRIMONIO PARTICULAR

Gran parte de lo expuesto hasta aquí del esquilmo, carboneo y conservación del bosque se puede aplicar a la propiedad particular que poseía bosque, aplicando sus parámetros a la propiedad privada de la explotación forestal.

Para conocer la extensión de la propiedad de montes entre los particulares contamos con dos fuentes documentales completamente inesperadas. La primera es una tasación efectuada en 1797 (23), y la segunda es un inventario de fecha indeterminada pero atribuible a las primeras décadas del siglo XIX (24). Su desglose está en los cuadros-resumen.

En la tasación de 1797, descuella sobre todos los demás las propiedades boscosas del

---

(17) IBIDEM, f. 257.

(18) IBIDEM, f. 392.

(19) MUTILOA POZA, op. cit., pág. 105.

(20) A.M.C.Z. Carpeta 11, nº 2. Libro de acuerdos. F. 60.

(21) A.M.C.Z. Carpeta 12, nº 2. Libro de acuerdos. F. 126, y Carpeta 12, nº 3. Libro de acuerdos, F. 37 y 39.

(22) El esquilmo de monte más reciente encontrado está en A.G.S.B. Cuentas y presupuestos municipales. Reg. 1174. Cuenta 1864-65. Cargo.

(23) A.H.U.D. Concejos. Carpeta 1, nº 12.

(24) A.M.C.Z. Carpeta 35, nº 46.

Marqués de Legarda con 380 pies de árboles y castaños en Los Nocedillos, y 466 castaños nacidizos en el Monte de La Jara.

El segundo documento es un catastro de montes en la cuadrilla de Terreros sin fecha, pero datable de fines del siglo XVIII o principios del siglo XIX, a juzgar por los nombres de los propietarios que aparecen escritos. Destaca la presencia de los grandes propietarios, algunos ya conocidos como los mayorazgos de Urrutia y Villa-Urrutia, otros de nuevo cuño como Francisco Gaspar de Novales, José de Santamaría, y algunos propietarios modestos con dos casas como Pablo de Sarachaga, y muchos propietarios más modestos como Marcos de Taramona y otros. De todas formas, el inventario deja muchos huecos como el hecho de saber si siempre tener mucha superficie de monte equivale a ser sinónimo de gran propietario. Esta pregunta sólo es contestable haciendo una cata exhaustiva a los protocolos de esta época.

Durante la guerra carlista de 1833-1839 ocurrió un hecho extraordinario en la saca de montes de los bosques particulares. Los notables de Zalla se vieron obligados a realizar contribuciones extraordinarias al concejo para el mantenimiento de las tropas carlistas. Una de las medidas que se tomaron fue el esquilmo de los montes de los particulares que adeudaban dichas contribuciones por el sistema de subasta.

Como muestra relataré las condiciones del remate de los montes de Joaquín del Hierro y de Mariano de Urrutia en 1836 (25).

En el primer caso se remataron 220 cargas de carbón, a condición de que el rematante entregara el importe del esquilmo en metálico a 4 1/2 reales la carga, y se subastó en tres pujas. En el segundo caso, en el de Mariano de Urrutia, se tasaron 1.180 cargas de carbón con las mismas condiciones que el caso anterior.

También existieron montes que estaban bajo la jurisdicción del cabildo eclesiástico, pero por el importe y cantidad de los esquilmos no debieron ser muy significativo su peso específico dentro de los montes del municipio, máxime aún cuando se efectuaban muy de vez en cuando. Las parroquias propietarias de estos montes eran las de Santa María y Santa Isabel de La Herrera y Santiago de Ocharan y también en cantidad apreciable la Ermita de la Magdalena.

(25) A.M.C.Z. Carpeta 2, nº 2. Libro de remates.

MONTES DE LA CUADRILLA DE TERREROS

DUEÑO	LUGAR	SUELOS	ARBOLES
JOSE SANTAMARIA	ORTIGAL	62	40
	SOBRE LONGAR	62	46
	CRUZ DE LA PEÑA	70	58
	ARROYO DE LA LAMA	108	70
	CALLEJA LADRON	114	80
	SEL DE LA CUESTA	82	79
	TOTAL	498	373
J. VILLA	LOS EDILLOS	160	82
	EL ABAL	56	70
	CORNEJO	110	56
	BAJO LAS LLOSAS	72	43
	ARROYO DE LA LAMA	86	58
	BOLUMBURU	106	45
	EL PINO	124	72
	LAS PEDRAJAS	95	76
	IJALDE	74	38
	LLANO DE MURGA	160	84
	TOTAL	1.043	624
MARIANO URRUTIA	IJALDE	180	96
	LAS PEDRAJAS	126	85
	PEÑA DE LA HERRERA	134	72
	FRENTE LA HERRERA	142	81
	LAS POCILLAS	72	43
	EL ARBOL GRANDE	16	7
	TOTAL	670	384
F. RUIZ	EL ABAL	106	38
	CORNEJO	112	63
	BAJO LAS LLOSAS	130	100
	ARRIBA DEL MOLINO	152	87
	FRENTE LA BAQUERA	92	107
	TOTAL	592	395
PABLO SARACHAGA	EL ABAL	82	73
	ZERRO DE LAS ABEJAS	212	128
	EL PINO	94	72
	LAS SULAS	150	130
	ARRIBA DEL MOLINO	70	18
	TOTAL	608	421
MONJAS DE QUEJANA	LAS HERRERIAS	164	60
	ARRIBA DEL CAMINO	106	72
	TOTAL	270	132
VDA. ARCE	LA PEÑA	108	84
	ZOLITA	72	47
	ARRIBA DEL MOLINO	51	37
	LAS POCILLAS	200	53
	TOTAL	431	221

DUEÑO	LUGAR	SUELOS	ARBOLES
DIEZ DE SOLLANO	BAJO LAS LLOSAS	107	52
	EL ABAL	47	22
	EL ZERRO	52	38
	LAS HERRERIAS	36	24
	LA XARILLA	56	47
	ZERECILLO	35	46
	FRENTE ZERECILLO	46	32
	BAJO LA CALLEJA	20	15
	TOTAL	399	276
JOAQUIN CABAREDA	LA XARILLA	86	50
	ZEREZILLO	35	16
	PARADA DE ZEREZILLO	12	5
	TOTAL	133	71
F. GASPAR NOVALES	LA CALLEJA	64	16
	LA PRESA	30	18
	LA XARILLA	52	38
	LAS BENERAS	18	6
	LA BAQUERA	110	70
	TOTAL	274	148

DUEÑO	LUGAR	PIES	ARBOLES
J. RAMOS	EL ORTIGAL	130	90
	LOS ARBOLES RICOS	110	83
	LA ALMA	126	32
	TOTAL	366	205
B. PEREZ	LA BAQUERA	40	31
	LOS EDILLOS	50	42
	REPITA	46	50
	TOTAL	136	123
MARCOS TARAMONA	LA BAQUERA	60	52
	LOS EDILLOS	40	15
	TOTAL	100	67
M. GONZALEZ	LA XARA	50	16
	LA LAMA	18	9
	TOTAL	68	25
FERMIN ACASUSO	LA LLAMOSA	120	110
	PUENTE DE CULIBRA	50	40
	BAJO LA BRENA	130	121
	TOTAL	300	271
J. ACASUSO	LA MOSA	200	126
	ZOQUITILLA	36	28
	EL PASAJE	30	16
	TOTAL	266	170
J. ACASUSO	LA PARADA	21	10
	PEÑUELA DE IÑIGO	56	21
	TOTAL	77	31

DUEÑO	LUGAR	SUELOS	ARBOLES
EMETERIO ESCOBAL	PEÑA GATOS	56	22
	BAJO PORTAL ARRIBA DE CASA	82	26
	PUZOLA	42	16
	TOTAL	180	64
JUAN SEIZ	LLANILLA	120	52
	FRENTE CASA	80	38
	ORILLA DEL RIO	32	14
	TOTAL	232	104
BALTASAR ARECHAGA	LA OJUELA	24	8
	FRENTE CASA	46	15
	TOTAL	70	23
M. SAN CRISTOBAL	PEÑA DEL LONGAR	100	40
	CUESTA DEL ARROYO	120	80
	LA PASADA DEL REGATO	100	52
	LOS CAMPILLOS	50	8
	LA ESQUINA	20	7
	FUENTE SALADA	60	20
	TOTAL	450	207
F. LAYSECA	PEÑA DE LA CRUZ	30	20
	CUESTA DEL ARROYO	21	8
	TOTAL	51	28
CASA DE MONTELLANO	BENDITO	400	326
	ARRIBA DEL CAMINO	162	94
	TOTAL	562	420
SIMON		100	70
A. ESCONDRILLAS	BENDITO	134	80
J. YARTO	LA XARILLA	50	20

DUEÑO	LUGAR	SUELOS	PIES
J. YARTO	PADILLA	90	34
F. UNZAGA	URQUIJO	326	270
VICARIO DE ORDUÑA	URQUIJO	400	280
YGNACIO ZEREZABAL	URQUIJO	30	20
M. SAN CRISTOBAL	LAS FUENTES	42	16
GARAI / URTECHO	LAS FUENTES	42	16
EMETERIO CASTAÑIZA	PEÑA DE LA CRUZ	22	14
JOAQUIN LLANO	BALDEMOLLINA	150	126
ALEXANDRO GARZIA	NOZEDAL	224	180
HEREDEROS JOSEPHA	LOS HEROS	456	328
GARAI / SAN CRISTOBAL	PADILLA	36	8
MIGUEL LARREA	ARRIBA DEL CAMPILLO	64	18

INDUSTRIA TRADICIONAL

1) FERRERIAS

Antes de hablar acerca de las ferrerías en Zalla, creo conveniente hablar al lector sobre la estructura y funcionamiento de una ferrería para que pueda entender con mayor claridad este hecho tan presente en la historia económica de Zalla (1).

El corazón de la ferrería era el horno, que se apoyaba en una base de piedra. Los fuelles alimentaban de aire al fuego del horno. El mazo es la evolución del martillo del herrero; es fundamentalmente una gran cabeza de hierro forjado, sostenido por un mango que cae sobre el yunque, produciendo la percusión. Tanto el fuelle como el mazo podían ser impulsados por una rueda hidráulica. El mazo tenía como misión golpear el hierro salido del horno. La rueda hidráulica normalmente era de palas. El yunque tenía como apoyo otra masa de hierro para que por el golpeteo incesante no hunda al yunque en la tierra. La fuerza hidráulica provenía del agua del río que era encauzado en canales y contenidas por presas.

El trabajo de la fundición del hierro era muy penoso. Se calcinaba el mineral, y a continuación se introducía en el horno a una temperatura de 1.300º C. El hierro liberado se depositaba en el fondo del horno. Por medio de una barra, el fundidor acercaba la masa incandescente a la tobera donde la temperatura alcanzaba su máximo valor. Las escorias se extraían por un orificio de la pared del horno. A continuación, el hierro se sacaba trabajosamente del horno, se colocaba bajo el mazo, y por golpes se homogeneizaba, adquiría dureza, y se desprendían las escorias que aún le podían quedar.

La jornada laboral era muy extensa. Trabajaban todos los días de lunes a sábado, 14 horas diarias. El domingo era el día festivo. Precisamente en la madrugada de domingo a lunes los aprendices bajaban a encender el horno para que estuviera preparado al amanecer.

La ferrería daba trabajo a un gran número de personas, especialmente en labores subsidiarias como el carboneo. El carboneo consistía de varios pases en la técnica de hacer carbón. La madera escogida se cocía en una carbonera vertical con una chimenea en el centro. Las ramas más finas se depositaban en las inmediaciones de la chimenea, y las más gruesas en el resto de la corona circular de la carbonera. La ignición empezaba por la chimenea. Desde el momento en que se encendía, se cubría la chimenea para favorecer el proceso de carbonización desde el centro a la superficie y de arriba abajo. A medida que la carbonera se va gradualmente hundiendo, la carbonización progresa y sale humo por todas partes. Para evitar la desigual carbonización de la madera, se procuraban tapar las grietas y los agujeros.

Cuando se acababa la cocción, dejaba de salir humo, y se abrían respiraderos por los que salía el humo atrapado y que se volvían a tapar. Después se enfriaba. El tiempo de cocción era diverso, según la calidad de la madera, del carbón obtenido, la calidad de la carbonera; lo que sí es seguro es que tan laborioso trabajo duraba varios días. Preferentemente se hacía el carboneo en lugares cercanos a la ferrería.

Según Iturriza, había en Zalla dos ferrerías, un martinete y nueve molinos y aceñas

---

(1) Para este primer apartado para más información, véase DIEZ DE SALAZAR, L.M.: *"Ferrerías en Guipúzcoa"*, Haranburu. San Sebastián. 1983.

(2), dato que repite el Diccionario de Madoz (3), y coinciden con la relación de ferrerías de 1828 (4). Pero disienten de otras cifras de fechas no muy lejanas. Así en 1799 y 1803 sólo se nombra un martinete (5), y en 1814 dos ferrerías y dos martinetes inutilizados (6). Por tanto, la pregunta surge como inevitable: ¿cuántas ferrerías había en Zalla?

La documentación del Archivo del Ayuntamiento de Zalla nombra a cuatro ferrerías: La de Valdemollina (7) que debió estar en el mismo lugar que la fábrica de Fabio Murga en Valmaseda, Terreros y La Mella (8), y la de Bolumburu (9). De la primera ferrería no poseemos datos históricos reseñables, sólo se le conoce de nombre.

Las restantes ferrerías son mejor conocidas. Las citadas históricas más antiguas de ellas son de fines de siglo XV (10). La de Terreros entraba dentro de los derechos que poseía Juan de Urrutia de Avellaneda (11). Juan III de Urrutia terminó de adquirirla y realizó en ella algunas reformas (12).

La ferrería de La Mella fue levantada por Santiago de Urrutia y Villa (13) y adquirió los derechos de aprovechamiento del río Cadagua desde Valmaseda a Gobeo. Más abajo se construyó un martinete en 1787 (13 bis).

Por desgracia, de las ferrerías no se han conservado documentos referentes a la producción de hierro, a excepción de algunos datos sueltos (14). Mayores datos arrojan las cifras del carboneo, todas ellas son del carbón llevado a la Ferrería de Bolumburu:

1788 – $515^{1/2}$ cargas a 3 rls./carga (15).
1792 – $1.001^{1/2}$ cargas (15).
1793 – 295 cargas (incompleto) (15).
1798 – $2.342^{1/2}$ cargas (15).
1801 – 1.096 cargas a 2 rls./carga (16).
1815 – $1.749^{1/2}$ cargas a 4 rls./carga (17).
1816 – $469^{1/2}$ cargas (18).
1817 – 896 cargas (18).

---

(2) ITURRIZA, pág. A627.
(3) MADOZ, XV, págs. 452-453.
(4) A.G.S.B. Diputación General de Bizkaia. Correspondencia 1810-1832. Las ferrerías son las de Terreros y Bolumburu, el martinete sin identificar.
(5) A.G.S.B. Frutos y manufacturas. Reg. 1.
(6) A.G.S.B. Estadísticas territoriales. Reg. 4.
(7) A.M.C.Z. Carpeta 1, nº 1. Libro de decretos. F. 13.
(8) A.M.C.Z. Carpeta 3. Libro de concejo. F. 151.
(9) IBIDEM.
(10) GARCIA DE CORTAZAR, J.A.: *"Vizcaya en el siglo XV"*, pág. 135.
(11) URRUTIA Y LLANO, J.M.: *"La Casa Urrutia de Avellaneda"*, pág. 46.
(12) IBIDEM, pág. 332.
(13) IBIDEM, pág. 181.
(13 bis) A.H.D.V. Corregimiento. Leg. 1248, nº 19.
(14) A.G.S.B. Subsistencias. Reg. 4, leg. 2, nº 3. En 1838 la Ferrería de Bolumburu producía 600 quintales de hierro, y la de La Mella otros 600.
(15) A.H.U.D. Cuentas. Carpeta 2, nº 2.
(16) A.H.U.D. Cuentas. Carpeta 2, nº 5.
(17) A.H.U.D. Cuentas. Carpeta 3, nº 1.
(18) A.H.U.D. Cuentas. Carpeta 3, nº 2.

1824 – 159 cargas a 7 rls./carga (19).
1850 – $957^{1/2}$ cargas a 9 rls./carga (20).
1851 – 802 cargas (20).
1853 – 263 cargas a $8^{1/4}$ rls./carga (21).

Solamente en el caso de 1798 sabemos dónde se cocía el carbón en diversos lugares de Zalla como Bortedo, El Torquillo, Muñeran, El Jardín, El Corso, Arzabe, Beti, Revilla, Zaballega, Zariqueti y Lasarte. En los demás casos no hay constancia de ello, aunque se plausible que alguno de los lugares antedichos conocieran con frecuencia las labores de carboneo.

De las cifras de carbón transportados a la Ferrería de Bolumburu sólo tenemos números totales. Por tanto, no se conoce si eran leñas procedentes de comunales, de propiedad privada o de propiedad eclesiástica, o incluso si venían de otros concejos vecinos. Aunque las cifras no sean continuas en el tiempo, la actividad de esta ferrería lo es, al menos hasta mediados del siglo XIX.

El carboneo ocupaba a una mano de obra estacional procedente de arrendatarios bajo contrato a favor del dueño de la ferrería. En el contrato el carbonero se comprometía a cocer un número de cargas de carbón tanto tiempo como durase la cocción. En bastantes casos se cocieron más de la cantidad estipulada (22). En algunos casos si no se alcanzaban las cargas de carbón comprometidas, se le rebajaba un tanto (23). La paga de los jornales se realizaban en tres plazos: "el primero al tiempo que sea concluido la poda de dicho carbón, el siguiente cuando esté toda la leña en las oias, y el tercero y último a su ultima entrega en una de las referidas ferrerías" (24). En momentos de crisis el carboneo se hacía urgente para los arrendatarios, ya que pedían la paga adelantada al ferrón para poder realizar el carboneo (25).

También entre la población laboral estacional había transportistas del carbón y de madera, que se les pagaba a fines del siglo XVIII por término medio a real por carga transportada (26). Quizá por la avanzada desforestación a mediados del siglo XIX no se permitió que entraran carretas en los montes durante el esquilmo, para llevar la madera a los lugares del carboneo, so pena de 40 ducados de multa, obligando, por tanto, a transportar los sacos a cuestas (27).

Los propietarios o ferrones eran detentadores de mayorazgos. En el caso de Zalla los dueños de las ferrerías de La Mella y Terreros eran los herederos del mayorazgo fundado por Juan de Urrutia de Avellaneda, y el de Bolumburu al linaje de Villa-Urrutia.

No sabemos si el capital comercial entró en las ferrerías de Zalla, aunque lo más pro-

(19) A.H.U.D. Mayorazgos. Carpeta 25, nº 6. Papel suelto.
(20) A.H.U.D. Mayorazgos. Carpeta 25, nº 5.
(21) A.H.U.D. Mayorazgos. Carpeta 24, nº 3. Papel suelto.
(22) A.H.U.D. Cuentas. Carpeta 2, nº 2. Cuenta 1788.
(23) A.H.U.D. Mayorazgos. Carpeta 25, nº 6. Papel suelto.
(24) IBIDEM.
(25) A.H.U.D. Cuentas. Carpeta 3, nº 2. En él una carta del arrendatario de un molino pide al ferrón que adelante 200 reales para poder cocer 300 cargas de carbón que tenía comprometidos, y a cambio le promete llevar 150 cargas de carbón extra.
(26) A.H.U.D. Cuentas. Carpeta 2, nº 2. Cuenta 1798.
(27) A.M.C.Z. Carpeta 12, nº 3. Libro de acuerdos. F. 97.

bable , por la falta de citas, es que los propios ferrones se hicieran cargo de su administración y ellos mismos gestionaran la producción para la exportación.

En algunos casos la rentabilidad de las ferrerías era dudosa. Por su situación a orillas del río, estaban expuestos a las inundaciones cuando se desbordaban los ríos. Las reparaciones en tales casos eran cuantiosas (28). En otras ocasiones, delegaban tal labor a los administradores o los arrendaban a una renta anual en metálico (29).

Aunque no se haya encontrado documentación específica respecto a la evolución de la industria siderúrgica en Zalla, no hay razones para pensar que tuvieron una evolución diferente de las del resto de Vizcaya.

Durante el siglo XVI la tecnología de las ferrerías era avanzada para su época. Pero la competencia sueca e inglesa, las innovaciones tecnológicas del horno alto en el siglo XVII y su desarrollo en el siglo XVIII condicionó el desarrollo de la industria siderúrgica de la exportación del hierro vasco. Pudo haber una oportunidad de innovación tecnológica en el País Vasco en el siglo XVII, pero se rechazó la introducción del horno alto, por lo que el proyecto se implantó en Liérganes (Cantabria).

El estancamiento tecnológico provocó una crisis en la industria ferretera vasca, ya que la tecnología tradicional demostró ser muy costosa y muy poco rentable a fines del siglo XVIII. Entonces se pasó de una industria de exportación a una industria de transformación, al menos en el caso de Zalla (30). La crisis de fines del siglo XVIII continúa en el siglo XIX (31) a pesar del continuo funcionamiento de la ferrería de Bolumburu. Al quebrar la industria siderúrgica y al no haber una transformación tecnológica, la industria siderúrgica tradicional fue languideciendo hasta desaparecer.

2) MOLINOS

Antes de profundizar en el tema conviene relatar al lector acerca de los elementos constitutivos de un molino. Había dos tipos de molinos: la aceña y el molino de eje vertical.

La aceña era un molino hidráulico situado dentro del cauce del río. La rueda de madera estaba colocada verticalmente, y era impulsada por el agua por arriba, por gravedad o por debajo a presión. Además poseía una serie de paletas o cangilones en su circunferencia

---

(28) A.H.D.V. Corregimiento. Leg. 75, nº 18. F. 1-2. Joseph de Villa Urrutia tenía cogida la palabra de Dionisio de Mollinedo para cubrirle los gastos de reparación de la Ferrería de Bolumburu que ascendía a varios miles de reales. A la muerte del referido Mollinedo intentó llevar a efecto lo apalabrado, pero por no tener constancia escrita de ello, perdió el pleito contra los testamentarios de Mollinedo.

(29) URIARTE AYO, R.: *"Estructura, desarrollo y crisis de la siderurgia tradicional vizcaína (1700-1840)"*. Bilbao. 1988. Pág. 146.

(30) A.G.S.B. Frutos y manufacturas. Reg. 1. En 1799 y 1803 funciona un martinete que fabrica sartenes, cazos y parrillas, palas y tamboriles. Este dato hace pensar en una reconversión de fabricación de materia prima a otra de transformación.

(31) A.G.S.B. Estadísticas territoriales. Reg. 4. En 1814 en Zalla se cuentan dos ferrerías: una está parada y otra produce 250 quintales anuales "para que no se arruine el edificio". También se citan dos martinetes "de clavazón y clavillaje" inutilizados, pues "hace más de 14 años que no trabajan". Estos datos demuestran la crisis del sector a principios del siglo XIX.

exterior. La rueda giraba de tal modo que la energía hidráulica la transmitía a un eje horizontal, que por una serie de engranajes, hace mover la muela, dando lugar a la molienda. Tenía las desventajas de las riadas y el sobrecaudal.

El molino de eje vertical era el más extendido en el País Vasco. En ella el agua gira la rueda horizontal de forma tagencial, golpeándole lateralmente. Existían las variantes de presa, en el que el molino se construía a la misma altura de la presa, y la de represa que por medio de un depósito permitía acumular la energía hidráulica para poder aprovecharla de forma más racional.

Los elementos principales del molino son:

– Las compuertas colocadas entre la presa y la entrada del canal para que entrara el agua al molino, o a la salida para facilitar la salida del agua al río. Su misión era regular la cantidad de agua que entraba o salía del molino. Servía de protección de las avenidas de los ríos.

– El enrejado servía de filtro para que las ramas y desperdicios no entraran al calce del molino para que no dañaran la rueda hidráulica.

– La antepara era el cauce artificial creado para la rueda hidráulica del molino.

– La rueda hidráulica recibe la fuerza del agua que la transmite a un eje, que hace mover la rueda del molino por unos engranajes.

– La tolva es un recipiente en forma de tronco de pirámide invertida de donde cae el grano para depositarla en la muela. La caída del grano está regulada por la cítola y la tarabilla.

– Las presas controlaban, almacenaban y contenían las aguas del caudal del río. Todavía existen en el río Cadagua múltiples presas desde Valmaseda a Alonsótegui.

En Zalla la explotación de los molinos estaba en manos de los mayorazgos. Así el Molino de Zalla estaba en manos de los Salcedo (32), y los de Longar y Dessa en el de los Arzabe, heredero de los de San Cristóbal y Pedro de Recalde (33).

Debido a sus grandes costos de mantenimiento, era frecuente que la propiedad del molino fuera divisera o compartida entre varios propietarios, normalmente dos o tres; y cada uno lo administraba en un tiempo dentro del año proporcional a su parte poseída. Los propietarios frecuentemente tenían que atender a sus respectivas haciendas y, por tanto, no podían administrar directamente los molinos. Por ello, los arrendaban.

Conocemos el caso del arrendamiento del Molino de Longar en la segunda mitad del siglo XVIII (1736-1815) (34). La propiedad estaba dividida en tres porcioneros o propietarios. Al principio del período eran Juan Manuel Arzabe, Mª Bautista de San Cristóbal y Francisco Bezi, este último sustituido poco después por Juan de Bezi de Marroquin. Los contratos de arrendamiento eran anuales y renovables. Los arrendatarios solían ser labradores y pagaban las rentas semanales en especie, concretamente en trigo y en maíz. Este hecho es llamativo, pues a estas alturas del siglo XVIII lo normal es que las rentas de los arrendamientos y aparcerías se perciban en metálico; el pagarles en especie habla por sí mismo de estructuras arcaicas y arcaizantes en la sociedad del Antiguo Régimen en Zalla.

---

(32) A.H.D.V. Corregimiento. Leg. 1060, nº 3. Sin foliación numerada. Aproximadamente en el folio 4.

(33) A.H.U.D. Cuentas. Carpeta 2, nº 1.
A.H.U.D. Mayorazgos. Carpeta 19, nº 2.

(34) A.H.U.D. Cuentas. Carpeta 2, nº 1.
A.H.U.D. Mayorazgos. Carpeta 23, nº 13 y Carpeta 25, nº 1.

No debieron ser raros los casos en que dos socios arrendaban al mismo tiempo molino y ferrería. Es el caso de Pedro García y José Ignacio Gallatebeitia que arrendaron el molino situado en Aranguren, propiedad de José Salcedo, y se comprometieron a construir un martinete, posiblemente en las inmediaciones del molino, para producción de clavos, clavazones y otros productos de industria de transformación en 1786. El período de arrendamiento era de 6 años a razón de 1.300 reales anuales y 15 celemines de trigo semanales, corriendo los reparos a cuenta de los arrendatarios, así como de su mantenimiento. Para la construcción del martinete, el propietario José de Salcedo aporta de su bolsillo una inversión de 35.000 reales. Después de haber pasado un tiempo a partir del comienzo del contrato, los arrendatarios subarrendaron el molino a Pedro de Montehermoso. El subarrendamiento debió ser necesario, para que los socios pudieran atender con mayor eficacia la administración del martinete (35).

Las avenidas de aguas provocaban grandes daños en los molinos. Así el de Longar se vio afectado por uno en 1775 (36). Resulta interesante leer documentos acerca de la construcción de una aceña (37), molino y presa en Lusa (38). En la erección de las mismas era importante atenerse a unas normas en la construcción (39) y levantar presas con medidas exactas, según aconsejaba el carpintero o el perito (40). Cada molino tenía varias muelas. Por ejemplo, el de Dessa tenía tres, dos para trigo y la otra para maíz (41).

Acerca de la intensidad productiva de los molinos poco se sabe. El único dato comprobado es el del estado de los molinos en Zalla fechado en 1847 (42). Según este informe, funcionaban nueve molinos, a saber: La Mella, Ijalde, Bolumburu, Gobeo, Longar, La Cantera, Dessa, Aranguren, y Calziban, todos ellos en el río Cadagua excepto el último en la Fuente de Ubieta, en el barrio de Maruri. Todos trabajaban todo el año, excepto el de Calziban que sólo lo hacía cuatro meses, por la naturaleza del caudal de la Fuente de Ubieta (hoy Arroyo de Maruri). Cada una molía 48 fanegas de trigo y 150 de maíz al año, excepto el de Calziban con 12 de trigo y 22 de maíz al año.

---

(35) A.H.D.V Corregimiento. Leg. 1248, nº 19. F. 1-10.

(36) A.H.U.D. Cuentas. Carpeta 2, nº 1. Cuenta con Francisco de Sobrado.

(37) A.H.U.D. Mayorazgos. Carpeta 14, nº 35. Contrato de Juan López de Puga con el carpintero Francisco de Orcasitas.

(38) A.H.U.D. Mayorazgos. Carpeta 16, nº 25.

(39) A.H.U.D. Mayorazgos. Carpeta 15, nº 39. Estaba prohibido que un propietario que esté aguas abajo respecto del propietario de un molino construya otro, porque el molino situado aguas abajo perjudica al que está situado aguas arriba. Esta prohibición es efectiva cuando los dos molinos están muy próximos.

(40) A.H.U.D. Mayorazgos. Carpeta 16, nº 29. Francisco de San Cristóbal reedificó una presa una vara más alta que la presa originaria, y provocó daños en las propiedades y molino de Martín de Sarachaga.

(41) A.H.U.D. Mayorazgos. Carpeta 23, nº 1.

(42) A.M.C.Z. Carpeta 48, nº 13.

ABASTOS

1) TRIGO Y MAIZ

El Señorío de Bizkaia fue una circunscripción tradicionalmente deficitaria en trigo, que se importaría de La Bureba a través del Valle de Mena. Los precios probablemente eran rematados, ya que los únicos datos continuos que se conservan son los precios anotados en el libro de cuentas de la Cofradía del Rosario (1).

Quizá a mediados del siglo XVII la invasión de langosta de Castilla y ciertos años del siglo XVIII en que los meneses revendieron el trigo fueron momentos difíciles para el abastecimiento del trigo (2).

Quizá la evolución de los precios en Zalla fuera parecida a la de Villaro en el siglo XVIII (3) por tratarse, al igual que Zalla, una anteiglesia de interior y de lugar de paso. El último decenio de esta centuria abre un período de inflación con bruscas subidas y bajadas ocasionadas por la Guerra de la Convención, la crisis de 1804 y la Guerra de la Independencia. La posguerra sigue siendo de precios relativamente altos, aunque se puede observar en el gráfico una búsqueda de un equilibrio, equilibrio que se consigue pronto.

El maíz, quizá por ser un cereal que desde su implantación daba mayores rendimientos que el trigo, tendría un mejor comportamiento en los precios. De hecho en el período estudiado 1790-1835 el maíz siempre era más barato, y curiosamente no sufrió la crisis de 1804, por ser un cereal que no dependía de las fluctuaciones del trigo castellano y por ser un cereal exclusivo de la zona holo-húmeda. El maíz se destinaba a los molinos harineros para ser molidos sus granos y con su harina hacer el pan de maíz.

2) CARNICERIAS

Las carnicerías se regulaban por un sistema de remate propio, extensibles a la carne de vaca, cebón y carnero, y con referencias a sebo, callos y menudillos. El ganado de cerda no se menciona porque era un animal de autoconsumo en el caserío.

Zalla, por su gran extensión, poseía dos redes de carnicerías, una en Villanueva, y la otra en Rétola.

El remate del abasto era anunciado por un bando colocado en la puerta de la Iglesia de San Miguel. Las carnicerías eran propiedad municipal, puesto que se arrendaban el abasto de las carnes a personas particulares, cuyas rentas anuales se pagaban a las arcas municipales. Se concedía el arrendamiento de las carnicerías por el sistema de subasta en tres pujas que duraban tanto como se mantenía encendida una vela.

---

(1) A.H.E.V. Parroquia de San Miguel de Zalla. Cofradía del Rosario (1790-1835).
(2) GOMEZ PRIETO, op. cit., pág. 273.
(3) LEJARRETA, P.: *"Precios en Villaro (1627-1879)"*. Deusto. 1974. Tesina de licenciatura.

PRECIOS DEL TRIGO Y DEL MAIZ

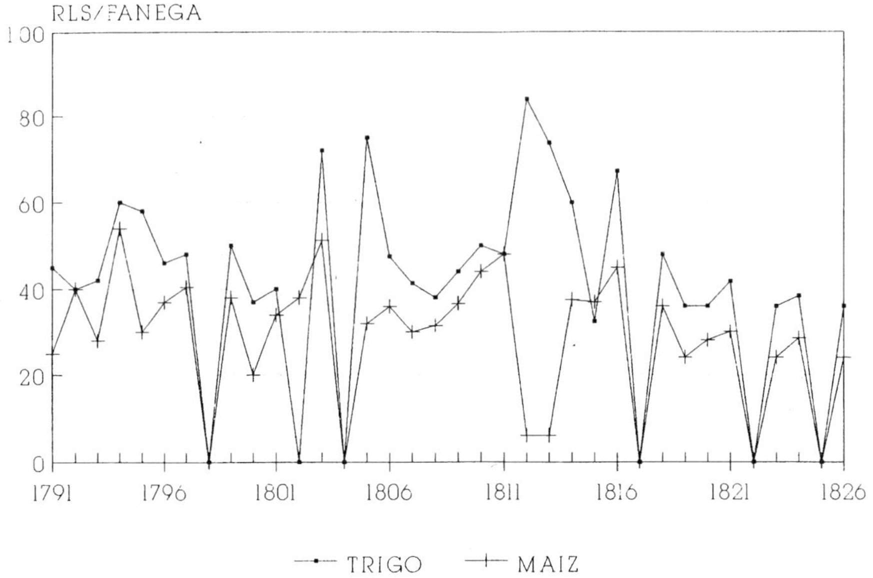

A.H.E.V.: COFRADIA DEL ROSARIO. LIBRO.

Si un particular conseguía el arriendo de una de las carnicerías, atenía que atenerse a las siguientes condiciones:

– Abastecer a los vecinos de carne durante todo el año.

– Matar al ganado en la carnicería.

– Antes de matar el ganado, hacerle una revisión médica.

– En caso de traer carneros, solían ser de raza castellana.

– El plazo para matar vacas empezaba en junio y acababa en Carnaval del año siguiente. Para el de cebón de Pascua al 24 de junio.

A partir de 1738 las condiciones se amplían a:

– Las cabezas de las reses no se aprovechan, excepto los sesos.

– Para limpiar los callos, se precisa de una persona que contratará el arrendatario de la carnicería después del remate.

– Una vez fijado el precio de venta, no se podrá encarecer el precio, mientras dure el arriendo, bajo multa de 20 ducados, para evitar fraudes (4).

En el siglo XIX se adicionan nuevas condiciones:

– Se podrá matar ganado sólo de día, seguramente para evitar fraudes.

– Se reparte el cuarto trasero con el cuarto delantero.

– El técnico que lave los menudos, debe tener en el suelo tres agujeros para que salga por allí el agua utilizada en la limpieza de los mismos.

---

(4) A.M.C.Z. Carpeta 6, nº 2. Libro de ayuntamiento. F. 216.

– Usos de pesas y medidas.
– Permiso para matar cebón en víspera de Carnaval y en el día de San Miguel (5).
Más tarde se añaden en 1831:
– El regidor no admitía la carne de cebón que no reunía las condiciones para su consumo.
– Horario de matadero en verano desde las seis de la mañana a las siete, y en invierno desde las siete de la mañana a las ocho de la tarde.
– La carnicería surte de sebo hasta el mediodía del domingo.
– Las mujeres no podían intervenir en la carnicería.
– La venta de carne se efectuaría preferentemente para los zallenses dejando al forastero en último lugar.
– Si alguna cabeza se descornaba o rompía una pierna y ello no afectaba a la buena calidad de la carne, se permitía su entrada para ser sacrificado (6).
En cuanto a la idea del volumen del abasto de carnes, hay un dato orientativo de 1709 en el que el proveedor de carnes ha de matar 700 libras de vaca al año (7).
Las condiciones para 1854 son las siguientes:
– La subasta se efectúa en dos pujas.
– No ha de poder entrar carne foránea.
– Se podrá matar el ganado sólo de día, previo reconocimiento de las reses por el facultativo.
– Desde sábado de carnestolendas hasta el mes de junio inclusive ha de matar carne cebada, y desde este mes carne sin cebar hasta el fin del arrendamiento (8).
Durante un tiempo debió de cobrarse el derecho de la pata hendida, pues en 1730 en una reunión del Concejo se presentó una memoria de los abastecedores de carne, recomendando no abonar dicho impuesto. Este demostraba que el ganado venía del Valle de Mena (9).
Los precios de la carne, en general, por ser precios fijos y rematados en subasta, no sufrían grandes cambios de un año para otro, excepto en épocas de crisis como en la Guerra de la Convención, la Guerra de la Independencia y la 1ª Guerra Carlista, como se puede observar en la gráfica.

3) TABERNAS

Las tabernas vendían vino que se consumía en el concejo. Había dos tipos de vino a la venta: el txakolí y el vino foráneo. El txakolí, como se vio en el capítulo dedicado a la agricultura, es el vino autóctono y era el primero que se destinaba a la venta, tan pronto como se efectuara la vendimia. Poco después de recoger la cosecha de uva y txakolí, se arrendaban las tabernas y se fijaban los precios de venta.

Dado que el arrendamiento de estos establecimientos se fijaba por regla general en noviembre, el txakolí se ponía automáticamente a la venta, y sólo se podía consumir hasta que se acabaran las existencias. Como la cosecha anual era corta, duraba seis o siete meses. Es

(5) A.M.C.Z. Carpeta 10, nº 2. Libro de ayuntamiento. F. 105.
(6) A.M.C.Z. Carpeta 20, nº 2. Libro de remates.
(7) A.M.C.Z. Carpeta 2, nº 2. Libro de decretos. F. 210.
(8) A.G.S.B. Arbitrios municipales. Reg. 196, leg. 2.
(9) GOMEZ PRIETO, op. cit., pág. 281.

entonces cuando se daba permiso para distribuir a las tabernas para la venta el vino foráneo, siguiendo el mismo procedimiento de subasta que el txakolí que era el mismo para los abastos de carne.

PRECIO DE LA CARNE
VALOR MRS./LIBRA

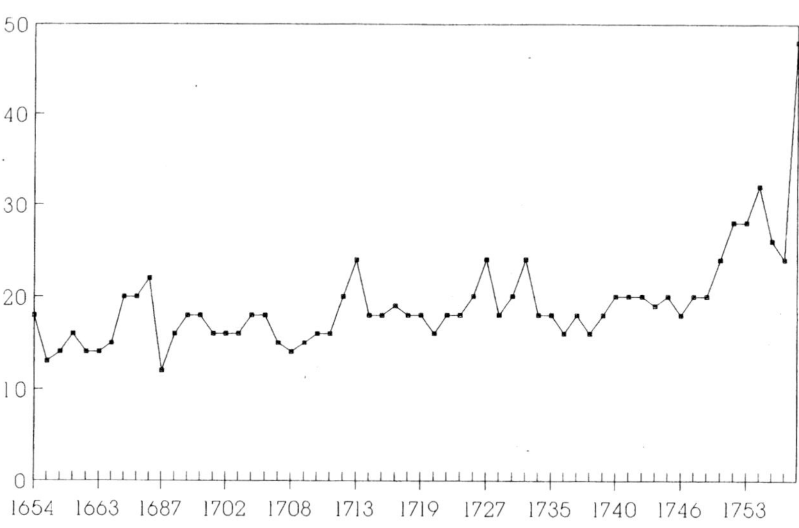

VACA

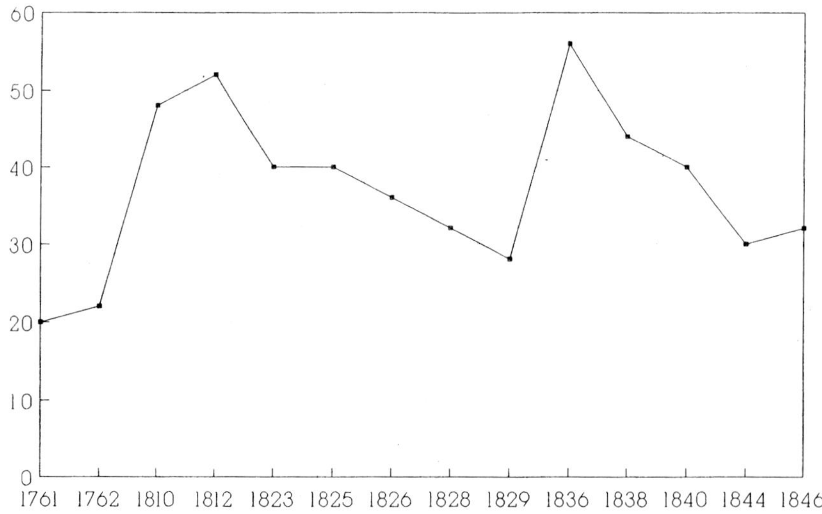

VACA

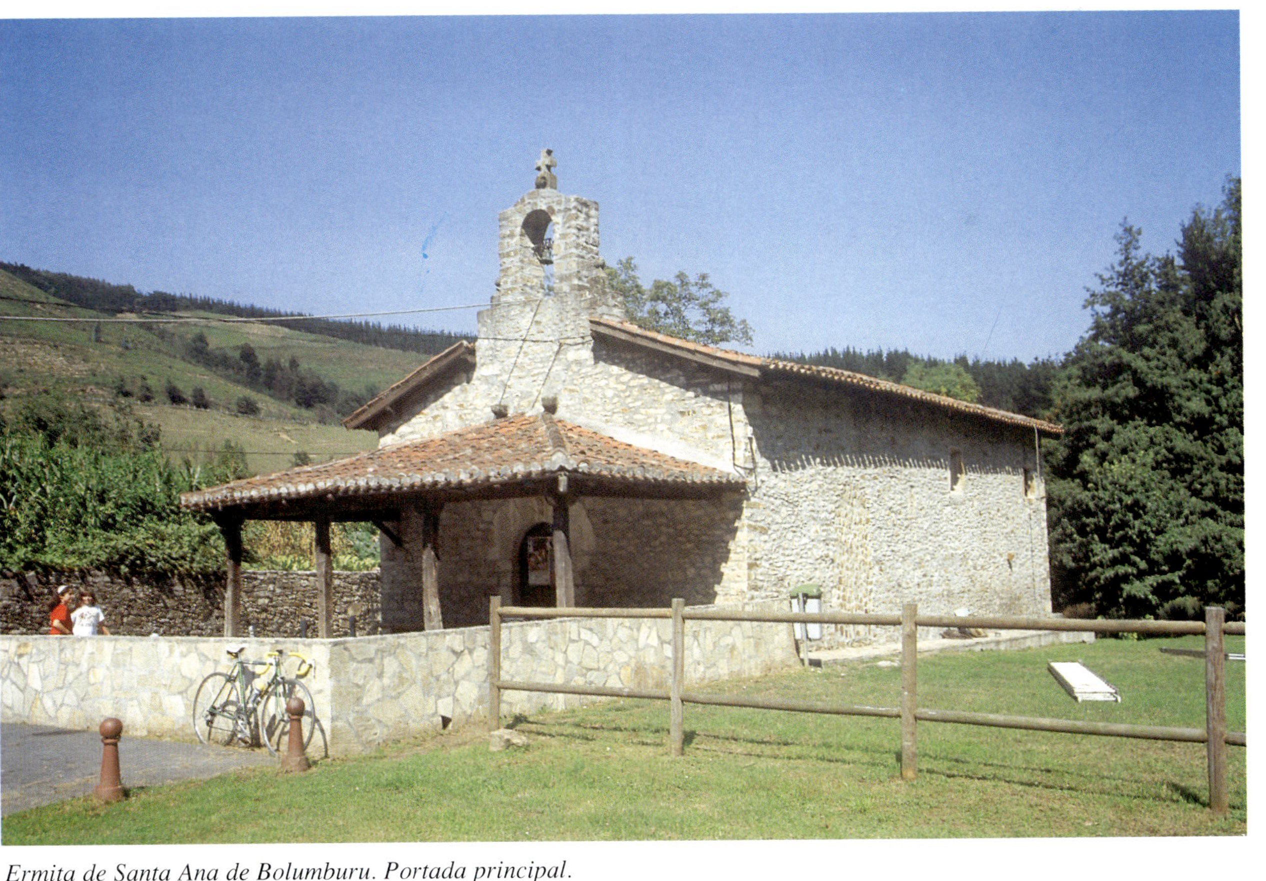

Ermita de Santa Ana de Bolumburu. Portada principal.

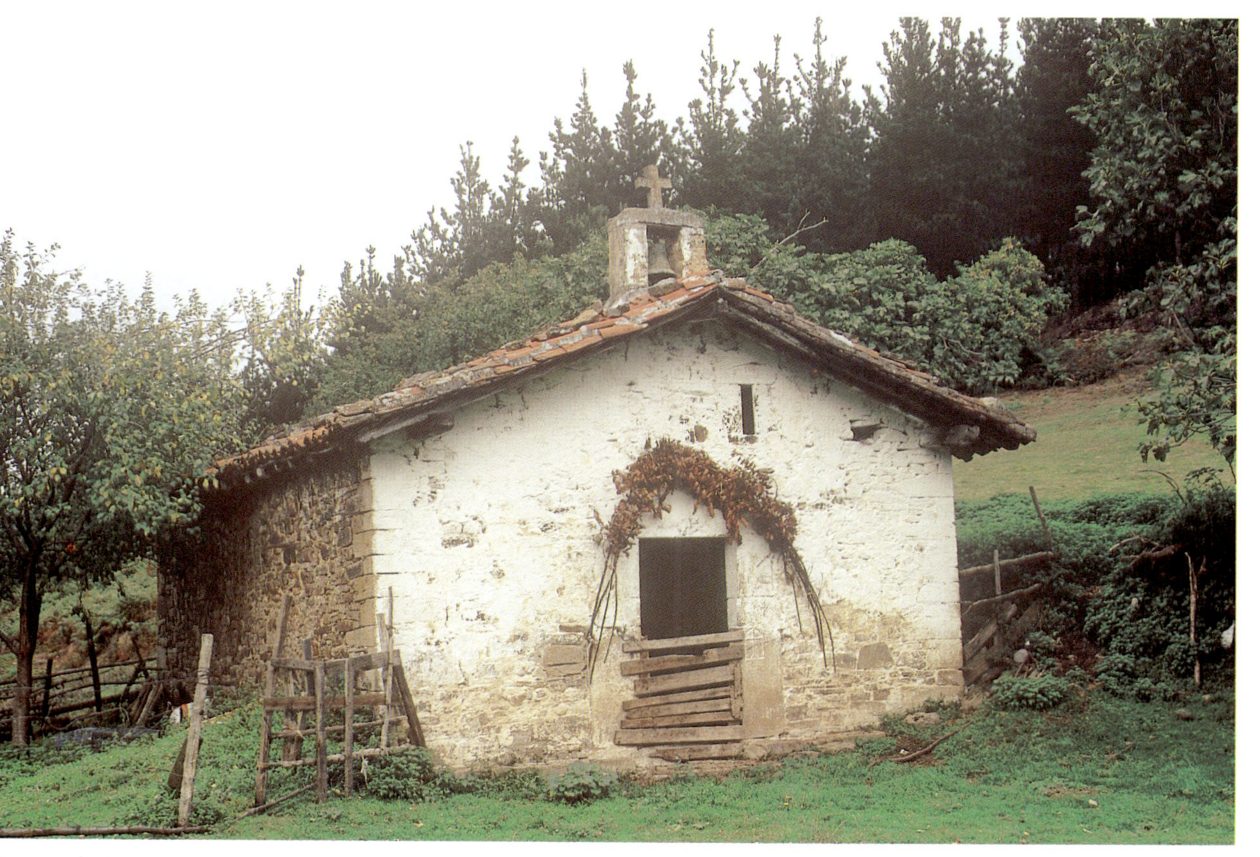

Ermita de San Isidro de Zokita.

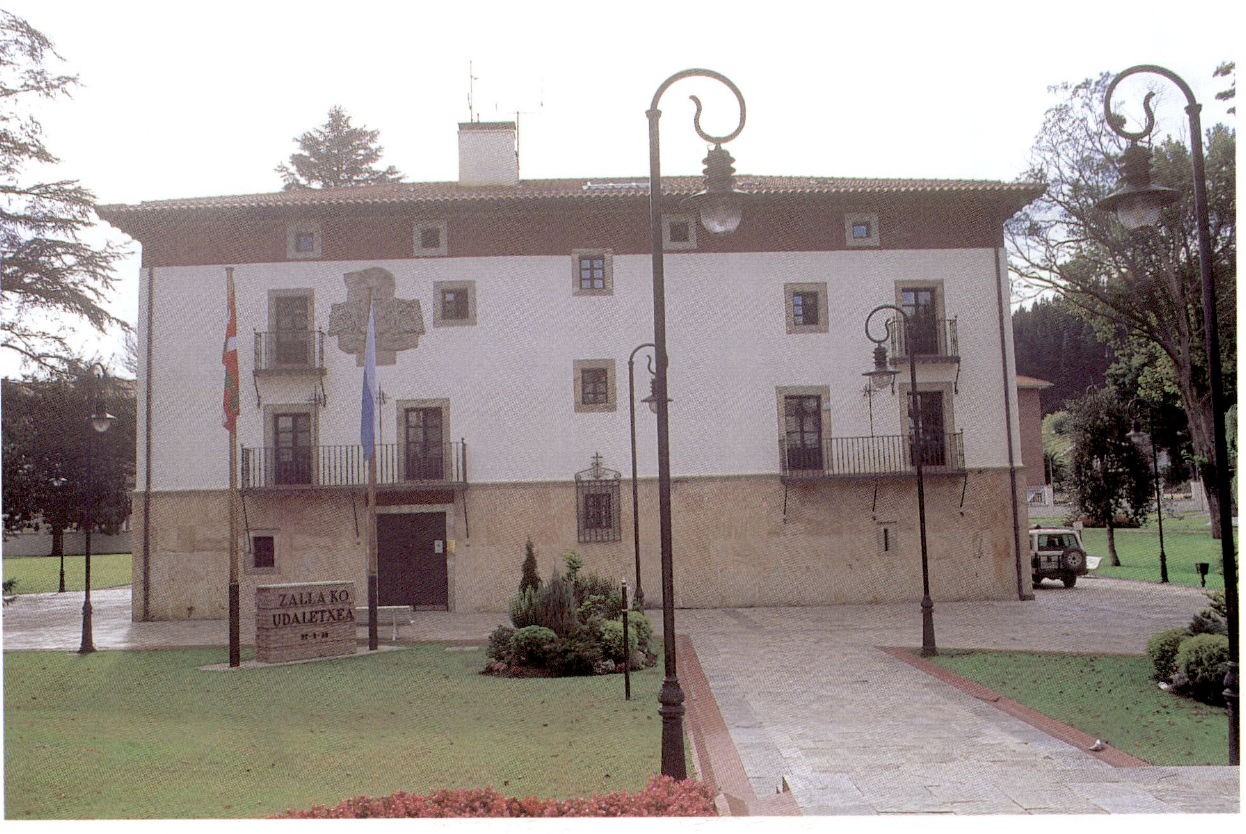

Palacio de Murga (Ayuntamiento actual).

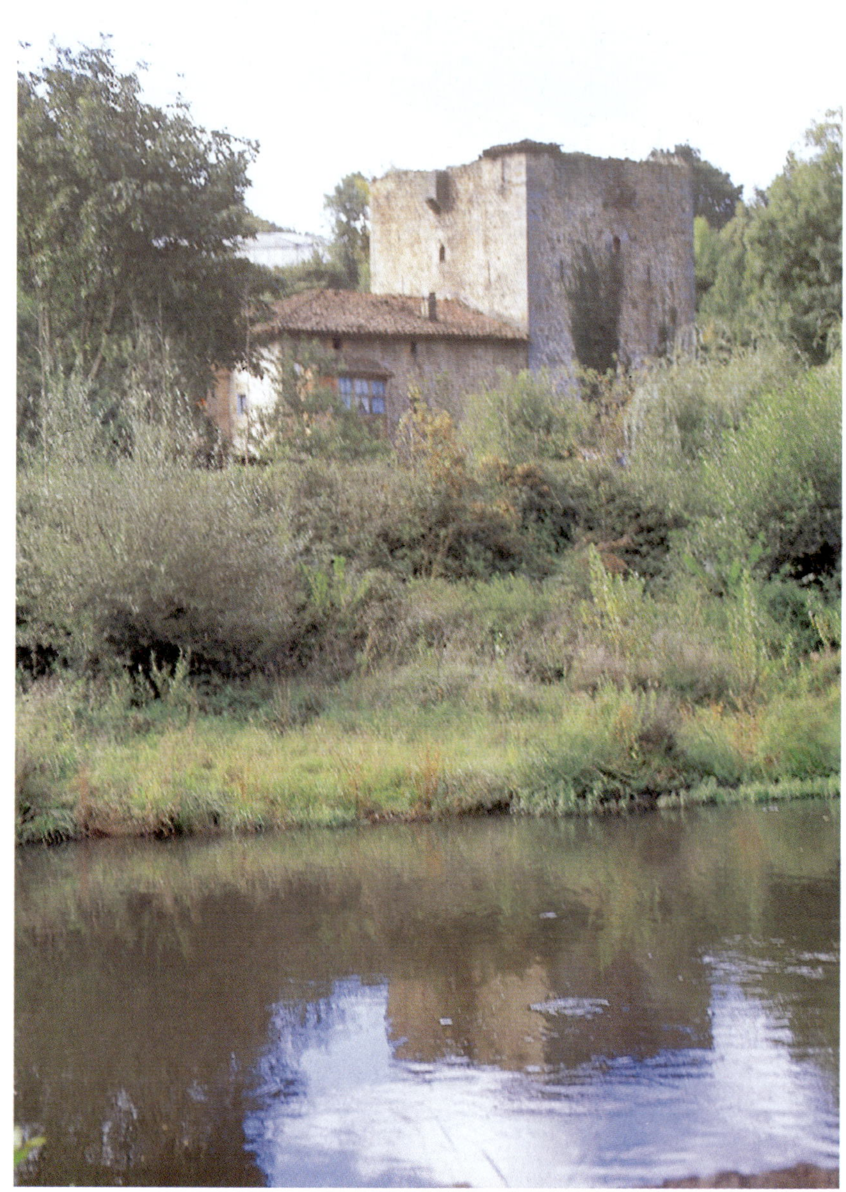

Torre de Terreros. Vista desde la otra orilla del río Cadagua.

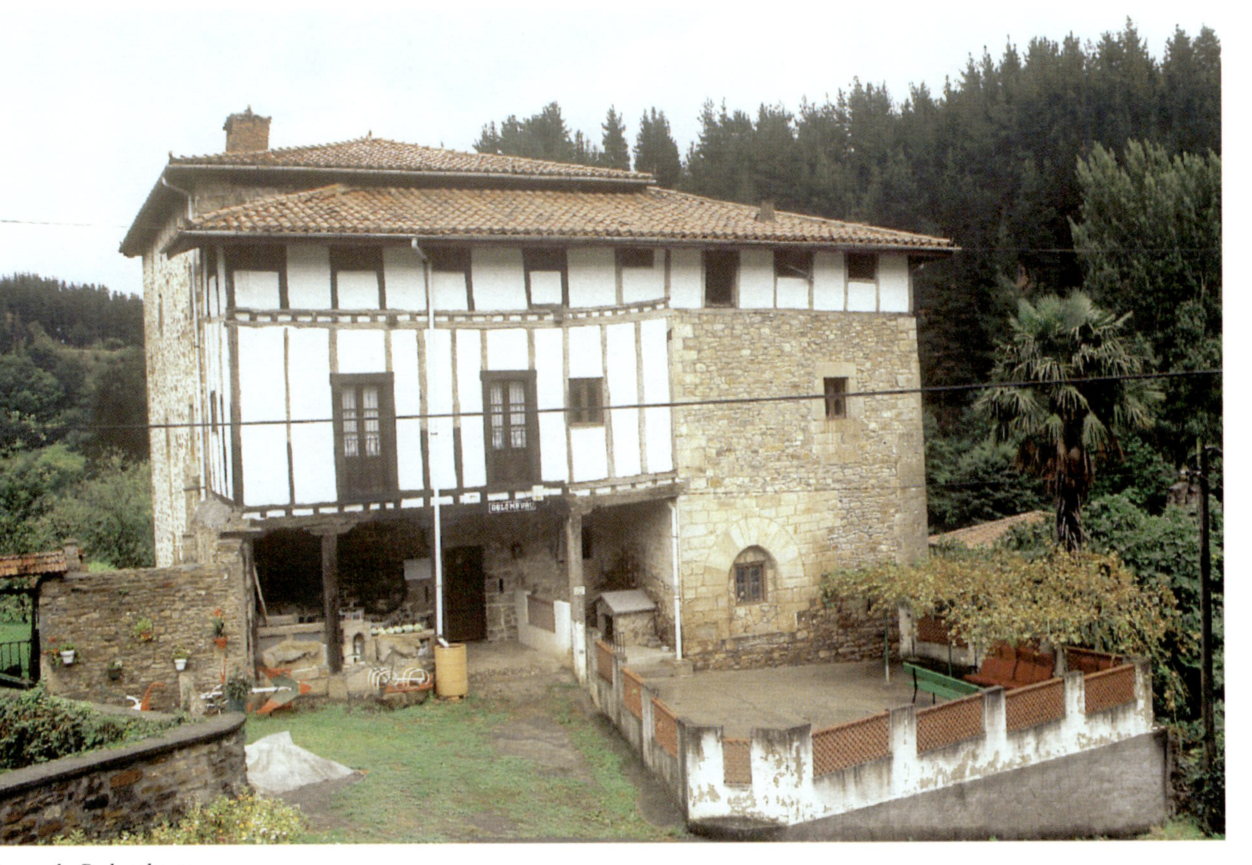

Torre de Bolumburu.

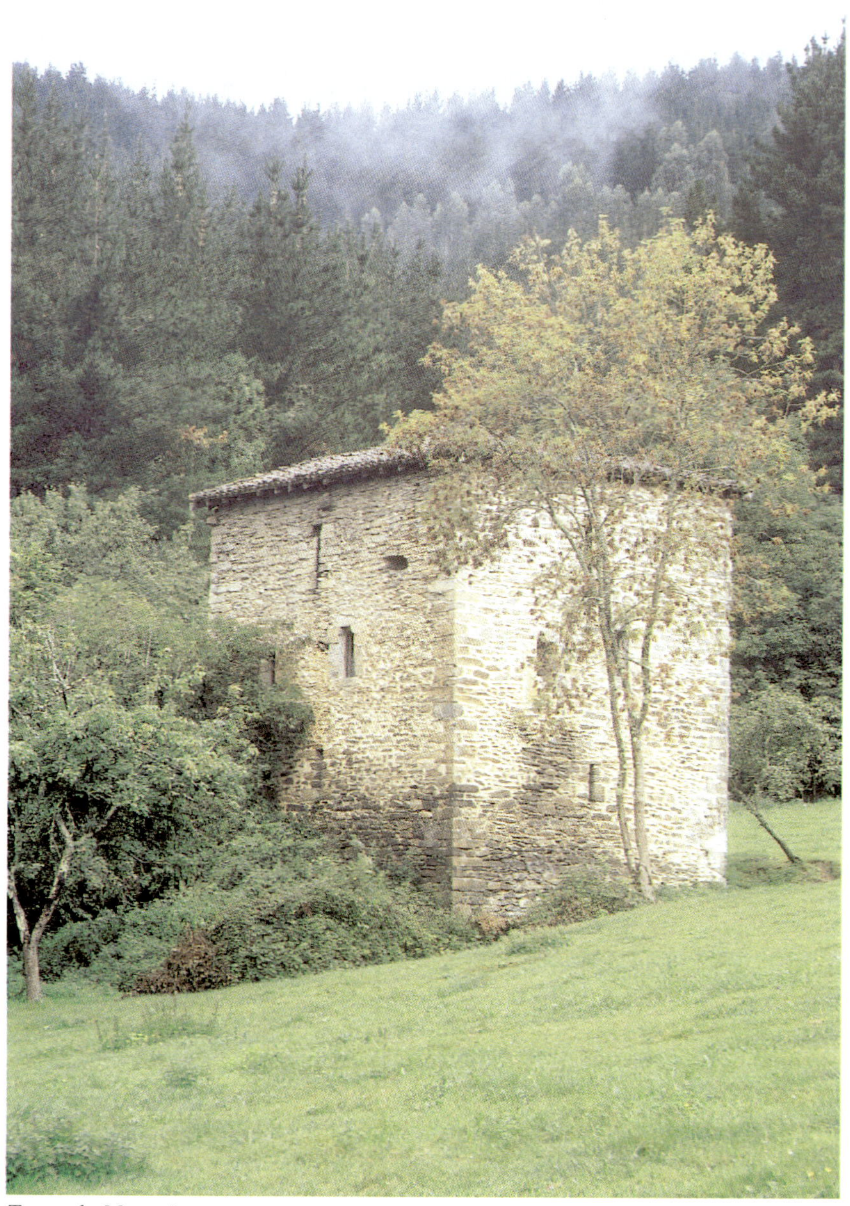

Torre de Maruri.

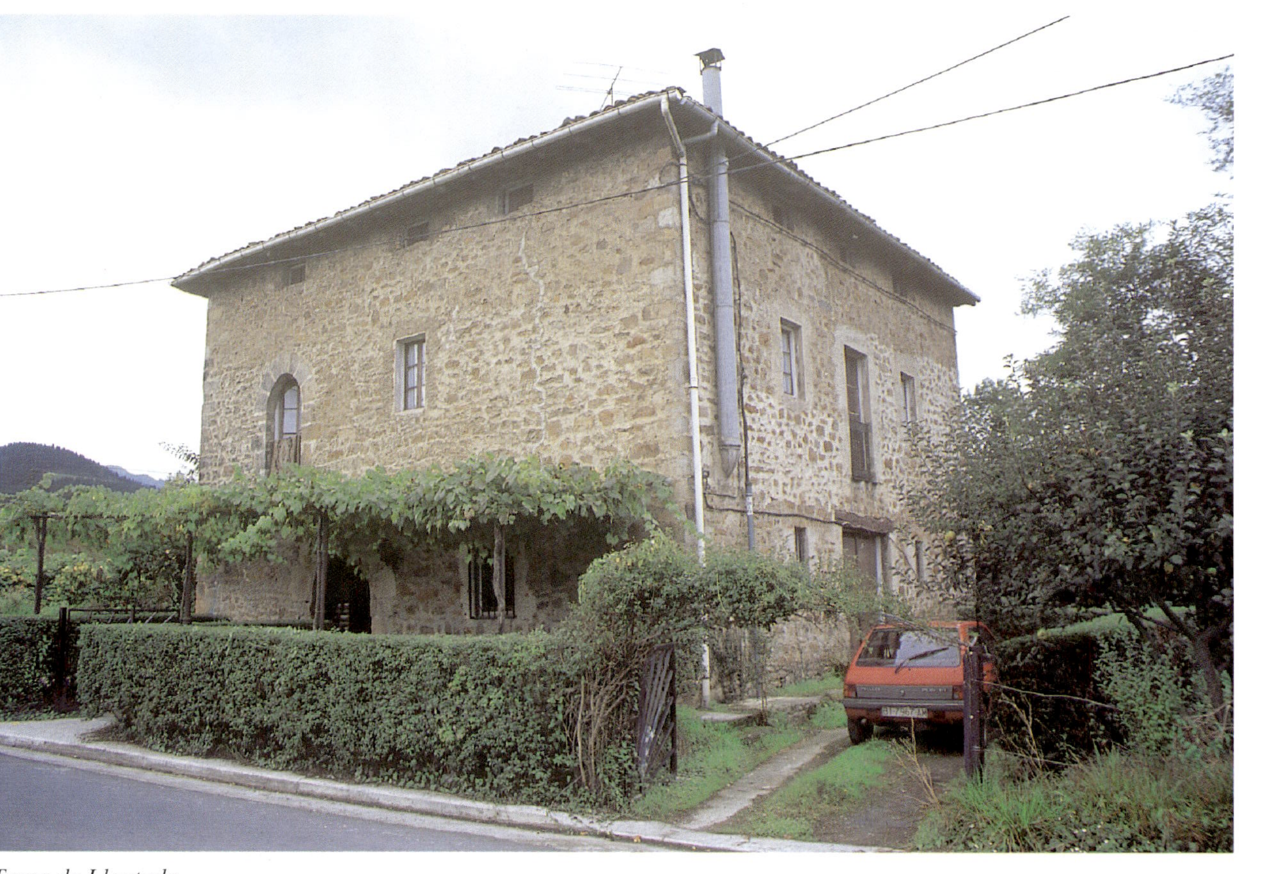

Torre de Llantada.

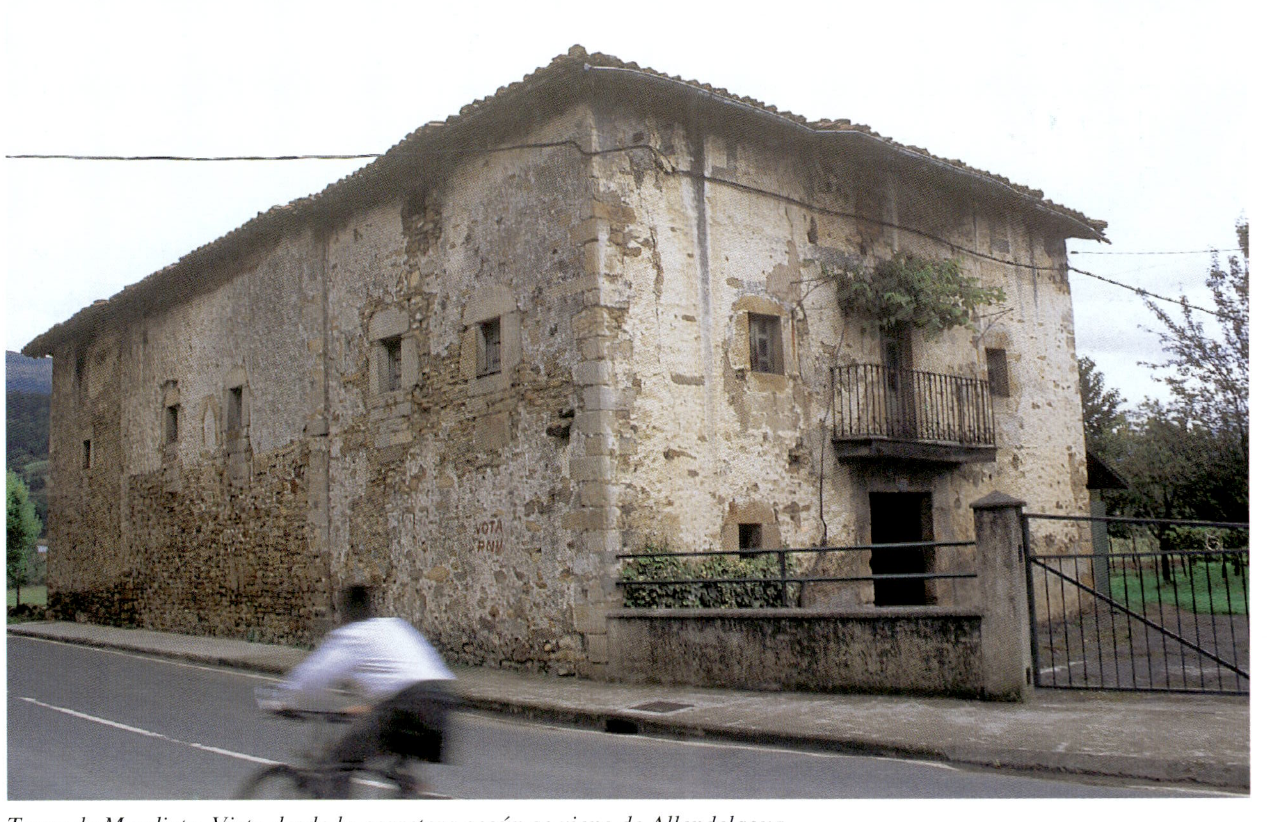

Torre de Mendieta. Vista desde la carretera según se viene de Allendelagua.

La procedencia del vino foráneo era de La Rioja y de Castilla, preferentemente de Medina de Pomar. Los precios de venta del vino foráneo eran por tradición dos cuartos más caros que en Oquendo, por lo que solían enviar personas a dicho lugar y al Valle de Ayala para enterarse de los precios locales de allí (10).

El número de tabernas fue variando con el tiempo. Al principio eran cuatro, una por cada cuadrilla para el consumo exclusivo del txakolí hasta que se agotara la cosecha. Luego estaban los de La Piedra y Avellaneda exclusivamente para venta de vinos foráneos durante todo el año (11) ampliándose o variando la apertura de otras en Retola o Casas del Camino (12) pero lo normal es que fueran dos. En el siglo XVIII se abren Avellaneda y Retola (13), Ocharan y La Herrera (14), alternando con Ocharan y Avellaneda. Después de la Guerra de la Independencia se abre la de Aranguren para los mismos fines (15). En 1846 se nombran tabernas para venta de vino foráneo durante todo el año a las siguientes tabernas con sus jurisdicciones de venta respectivas (16).

– Desde el límite con Valmaseda hasta el Cuarto del Hombre.

– Desde el Cuarto del Hombre y Casas del Camino hasta Malabrigo, hasta el Regato de Las Pontoncillas.

– Desde Las Pontoncillas hasta El Pico, incluyendo la antigua taberna de Ocharan. En esta jurisdicción se situaban las tabernas de Rétola y Ocharan.

– Desde el límite con Valmaseda hasta La Herrera inclusive. En esta jurisdicción se situaban las tabernas de La Herrera y Nocedal.

– Desde El Picón hasta el límite con Sopuerta es el dominio de la taberna de Avellaneda.

Las tabernas que venderán a partir de 1846 txakolí durante el primer semestre del año son con sus respectivas jurisdicciones de venta:

– Puente de Zalla: desde Lusa hasta la Iglesia de San Miguel y vecindad.

– Ybarra: Llantada, Berroja, Longar, San Pedro y Gobeo.

– Allendelagua: desde Llantada hasta el límite con Güeñes.

El arrendador de la taberna se comprometía a suministrar y a vender vino exclusivamente en las tabernas, ya que estaba prohibido que particulares vendan vino por cuenta propia (17) o que se revenda vino a la taberna (18) o de una taberna a otra (19).

Las anteriores condiciones de venta de vino por el tiempo se ampliaron llegando a mediados del siglo XIX una regulación de la venta (20) de entre las que destacamos las siguientes:

– El remate se hará en dos pujas, la última mejorará la puja anterior en un 10% por lo menos.

---

(10) A.M.C.Z. Carpeta 3. Libro de concexo. F. 29.
(11) A.M.C.Z. Carpeta 1, nº 1. Libro de decretos. F. 127.
(12) A.M.C.Z. Carpeta 1, nº 2. Libro de concexo. F. 51 y 86v-87.
(13) A.M.C.Z. Carpeta 2, nº 1. Libro de concexo. F. 96.
(14) A.M.C.Z. Carpeta 6, nº 2. Libro de ayuntamiento. F. 28.
(15) A.M.C.Z. Carpeta 1, nº 2. Libro de acuerdos. F. 74.
(16) A.M.C.Z. Carpeta 12, nº 3. Libro de acuerdos. F. 51.
(17) A.H.D.V. Corregimiento. Leg. 1507, nº 5.
(18) A.H.D.V. Corregimiento. Leg. 31, nº 11.
(19) A.M.C.Z. Carpeta 3. Libro de concexo. F. 135.
(20) A.G.S.B. Archivo Bajo, arbitrios municipales. Reg. 196, leg. 2. Remate de abastos y arbitrios de 1854.

– Arbitrio de 4 reales por cántara de vino.

– Se permite a particulares vender vino al por mayor siempre que sea la cantidad superior a una cántara, pagando al arrendatario en los puestos establecidos.

– El precio de cántara de vino podrá ser hasta 9 reales más cara que la que venga de fuera.

– Además se le permite el despacho de mistela y málaga.

Los impuestos sobre el consumo de vino son algo relativamente reciente, y que nacieron en el siglo XIX como consecuencia del Plan de Iguala para la construcción del camino de Valmaseda, y después se convirtieron en arbitrio municipal, la cual salía al público remate con las siguientes condiciones (21) en el caso del vino foráneo:

– Sisa sólo para el vino foráneo.

– El conductor de vino lo debe conducir al almacén para el reconocimiento de su calidad.

– El rematante surtirá de vino a las tabernas.

A lo largo de la historia del concejo legisló acerca de las irregularidades en la venta de los vinos. Así se denuncian casos de venta simultánea de txakolí y vino foráneo (22), imponiendo multas fuertes con días de reclusión en la cárcel a los que vendían fuera de las tabernas a título particular (23), pero las quejas más frecuentes eran acerca de la mala calidad del txakolí, y la mezcla del vino foráneo con el txakolí, por lo que los decretos acerca de la inspección de los carrales de vino no eran raros (24). No obstante, particulares podían vender por cuenta propia mosto y txakolí cocido (25).

Hasta muy avanzado el siglo XIX duró el arrendamiento de las tabernas. Las primeras veces a favor de la libre circulación del vino foráneo provienen de Cenicero (Rioja Baja) en 1833 en una petición dirigida al Señorío de Vizcaya, a lo que Zalla se opone en las Juntas Generales de Gernika (26). En 1847 la iniciativa viene de lo propios arrendatarios, puesto que los valmasedanos intentan persuadirles de que no paguen la sisa, pero la propuesta fue rechazada en una reunión del Concejo (27). Después de un vacío documental apreciable, encontramos la venta del vino totalmente liberalizada en algunos puestos de venta a fines del siglo XIX (28).

A pesar de todas estas vicisitudes, los mayores problemas que tuvo el concejo de Zalla con las tabernas fueron los repetidos pleitos con Valmaseda y Sopuerta por la transgresión de concordias o acuerdos firmados con ellos respecto a la fijación de las tabernas dentro de sus respectivos límites.

Desde 1607 Zalla tenía una taberna en La Piedra adonde iban los valmasedanos a beber, habida cuenta de las pesadas prohibiciones que había sobre el consumo del vino en Valmaseda (29).

---

(21) A.M.C.Z. Carpeta 20, nº 2. Libro de remates.
(22) A.M.C.Z. Carpeta 1, nº 1. Libro de decretos. F. 135.
(23) A.M.C.Z. Carpeta 4. Libro de decretos. F. 227.
(24) A.M.C.Z. Carpeta 8, nº 2. Libro de decretos. F. 233.
A.M.C.Z. Carpeta 75, mº 12. Cuenta 1819.
(25) A.M.C.Z. Carpeta 4. Libro de decretos. F. 6.
(26) A.M.C.Z. Carpeta 11, nº 2. Libro de acuerdos. F. 173v.
(27) A.M.C.Z. Carpeta 12, nº 3. Libro de decretos. F. 63.
(28) A.M.C.Z. Carpeta 61, nº 1. Declaración de industria y comercio.
(29) GOMEZ PRIETO, op. cit., págs. 287 y 289.

En 1682 Zalla firmó una concordia con Valmaseda. Por ello Zalla se comprometía a quitar la taberna de La Piedra, mientras durase el consumo de la cosecha de txakolí. A cambio de ello Valmaseda daría a Zalla todo lo concerniente al abasto de vino, aceite, ballena, pescado, salmón, cecial, trigo al mismo precio que en Valmaseda. Zalla, además de quitar la taberna de La Piedra, se comprometía a no poner taberna para venta de vino foráneo en La Herrera, La Mella y Casas del Camino; también los vecinos de Zalla podían vender su maíz, lienzo y castaño en Valmaseda sin ningún impuesto o arbitrio añadido (30).

Desafortunadamente, poco tiempo duró el convenio. En 1691, hay pleito con Valmaseda por la taberna de La Piedra (31) y en 1695 se continuó porque, a juicio del Concejo de Zalla, Valmaseda violó su parte sobre abacerías (32). Según Valmaseda, fue porque unilateralmente Zalla puso una Taberna en el Castillo de Piedra para venta de vinos foráneos (33).

En 1728 hubo otro conflicto con Valmaseda, ya que Zalla abrió una taberna en La Herrera, siendo acusado de haber roto de nuevo la concordia (34). Más tarde, en 1780, Valmaseda denunció otra vez a Zalla de vender vinos en La Piedra, Angostura y Nocedal, debido a que eran lugares montuosos, despoblados, que no tenían ningún control para evitar excesos. Para colmo de males, eran lugares muy próximos a Valmaseda por su acceso por La Tejera (35).

A pesar de haberse firmado en 1784 otra concordia análoga a la de 1682 (35 bis), hubo nuevos pleitos en el siglo XIX, de los que el más notable tuvo lugar en 1817. La causa fue que Valmaseda puso una taberna de vino clarete en La Piedra, contraviniendo así a la concordia. Como contramedida Zalla puso otra en el Castillo de Piedra, hecho que se convirtió en un arma de dos filos, ya que Valmaseda consiguió Real Previsión contra Zalla por este proceder (36).

Aunque no se conozca el texto de la concordia firmada entre Zalla y Sopuerta firmada en 1720 (37), sospechamos que su enunciado trataba de regular el uso de las tabernas de Rétola y Avellaneda por parte de Zalla. En 1724 se estudia redactar otra concordia entre ambos concejos en el que se estipularía que no se vendiera vino foráneo en las tabernas de Rétola, Avellaneda, Casas del Camino y La Herrera hasta que no se agotaran las existencias de la cosecha de txakolí del año de ambos concejos. Después de diversas negociaciones Sopuerta propone el arrendamiento conjunto de la taberna de Avellaneda a partes iguales con Zalla, pero el Concejo de Zalla rechaza esta proposición (38).

En 1736 hubo un intento de acuerdo entre Zalla y Sopuerta para arrendar conjuntamente las tabernas de Avellaneda, Rétola y Casas del Camino pero no fructificó en ninguna concordia (39). Este sería el último intento conocido, ya que no pudo conseguirse acuerdo con Sopuerta sobre el abasto del vino foráneo.

---

(30) A.M.C.Z. Carpeta 5, nº 1. F. 334-340.
A.M.C.Z. Carpeta 75, nº 12. F. 77-82.

(31) A.M.C.Z. Carpeta 1, nº 3. Libro de actas. F. 11v-112.

(32) A.M.C.Z. Carpeta 1, nº 3. Libro de actas. F. 229v.

(33) GOMEZ PRIETO, op. cit., pág. 289.

(34) A.M.C.Z. Carpeta 5, nº 2. Libro de ayuntamiento. F. 24.

(35) GOMEZ PRIETO, op. cit., pág. 289.

(35 bis) A.H.U.D. Mayorazgo. Carpeta 26, nº 1.

(36) A.M.C.Z. Carpeta 10, nº 1. Libro de decretos. F. 276. C. 10, nº 2. F. 13.

(37) A.M.C.Z. Carpeta 4. Libro de decretos. F. 332v.

(38) A.M.C.Z. Carpeta 5, nº 1. Libro de decretos. F. 150-154.

(39) A.M.C.Z. Carpeta 6, nº 2. Libro de ayuntamiento. F. 140 ss y 147 ss.

Un pleito puntual pero que debió traer mucha cola en su momento acaeció en 1719 con el Teniente de las Encartaciones, pues éste pretendía abrir una taberna en el Castillo de Piedra. Zalla argumenta que tal apertura iba contra el fuero "que dispone que cada vezino puede bender todo bastimento en una casa salvo si la mayor parte del conzejo lo preybiere" (40). Estaba claro que el Concejo dijo que no, y esta negativa produjo el pleito.

POSTURA DE VINOS CHACOLIES
VALOR CUARTOS/AZUMBRE

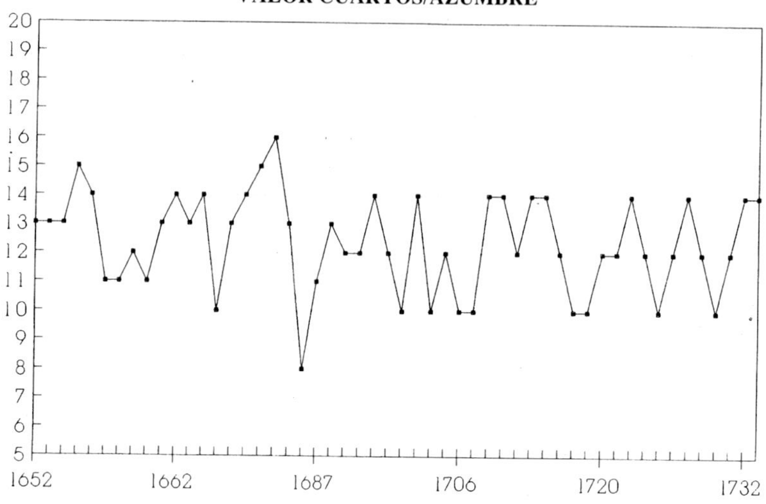

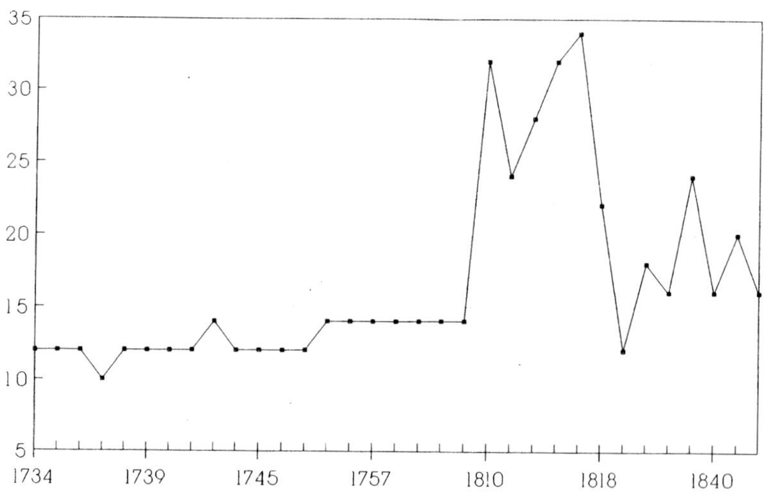

(40) A.H.D.V. Corregimiento. Leg. 44, nº 37, f. 4v.

Sobre la evolución de los precios del txakolí huelgan comentarios porque tienen un comportamiento parecido a los de la carne.

4) ABACERIAS

El abasto de aceite, ballena y pescado en Zalla como algo propio de él no es continuo en los siglos XVII y XVIII. Se regirían por el sistema de arrendamiento análogo al de las tabernas, puesto que en 1666 encontramos el primer dato del remate de una abacería (41). En la década de 1690 se prevén dos puestos de abacerías en Gobeo y La Piedra (42). En 1736-37 se coloca un puesto que vende el género a los mismos precios que en Valmaseda (43). En 1750 se aprecian las primeras referencias sobre la venta de mistela y aguardiente (44).

Estos pocos datos quizá respondan a que, a pesar de los pleitos que hubo con Valmaseda a causa de las tabernas exteriores de Zalla, la villa cumplió con su parte de la concordia.

Cuando vemos de continuo unos puestos de abacerías es en el siglo XIX. En efecto, en 1823 se decreta que se coloquen cuatro abacerías, una por cada cuadrilla, para la venta de aceite, grasa, bacalao, aguardiente, y velas de sebo, vendiéndose a cuatro cuartos más caro que en Bilbao (45).

Las abacerías se arrendaban por el sistema de subasta, y siguiendo el remate de 1831, se prestaban a las siguientes condiciones:

– El rematante debe aprovisionar al concejo de todo género en todo el tiempo del arrendamiento.

– Sólo el rematante podía vender en exclusiva dicho género bajo multa de 10 ducados.

– Los precios fijados serán cuatro cuartos más caros que en Valmaseda en cuanto al aceite, el bacalao, sebo, grasa y velas; y el aguardiente 4 reales por azumbre más caro que en Valmaseda.

– Cada abacería abarca la jurisdicción de cada cuadrilla.

– El rematante de la abacería de Puente de Zalla había de pagar los honorarios del tamborilero para la romería del Carmen, y los de Allendelagua y Terreros por mitad los del tamborilero para la romería del Rosario.

– El rematante de cada abacería debía pagar el arrendamiento en cuatro plazos (46).

Sólo se constata una infracción a tales condiciones, en el que un particular pone una abacería enfrente de la Iglesia de San Miguel, haciendo competencia desleal al arrendatario de la abacería de Puente de Zalla. El concejo le conmina que dé los géneros al arrendatario del citado puesto (47).

Ya a fines del siglo XIX, las abacerías desaparecen, siendo sustituidos por ultramarinos y otro género de tiendas (48).

---

(41) A.M.C.Z. Carpeta 1, nº 2. Libro de decretos. F. 89.
(42) A.M.C.Z. Carpeta 1, nº 3. Libro de actas. F. 98.
(43) A.M.C.Z. Carpeta 6, nº 2. Libro de ayuntamiento. F. 93 y 156.
(44) A.M.C.Z. Carpeta 11, nº 1. Libro de decretos. F. 218.
(45) A.M.C.Z. Carpeta 10, nº 2. Libro de ayuntamiento. F. 171.
(46) A.M.C.Z. Carpeta 20, nº 2. Libro de remates.
(47) A.M.C.Z. Carpeta 10, nº 2. Libro de decretos. F. 209.
(48) A.M.C.Z. Carpeta 61, nº 1. Declaración de industria y comercio (1894).

5) OTROS PRODUCTOS

No se citan otros productos para el abasto como la leche y las hortalizas, que seguramente fueron productos de autoconsumo familiar. El abasto de la sal es una incógnita por ser un condimento cotidiano y aún mucho más la actitud de los zallenses ante la machinada del estanco de la sal de 1631, por no haber llegado a nosotros los libros de decretos anteriores a 1650.

ECONOMIA ECLESIASTICA

1) SAN MIGUEL DE ZALLA

La Iglesia matriz de San Miguel absorbió la mayor parte de los ingresos y gastos del cabildo eclesiástico. Según se desprende de la gráfica del período estudiado, siempre tuvo superávit, incluso en los momentos más críticos como pudieron ser la Guerra de la Convención y la Guerra de la Independencia. No obstante, los pocos gastos que se observan a partir de 1820 son sospechosos de subvaloración, aunque también es verdad que en esta época el cabildo eclesiástico no se preocupó de realizar gastos en la remodelación o reparaciones del edificio religioso como en el siglo XVIII.

A continuación haremos una descripción de las principales partidas de ingresos (cargo) y gastos (data).

En el cargo destacan con luz propia tres partidas: Remate de los diezmos, réditos de censos y derechos de entierro.

Los diezmos como tales ingresos netos no existen, ya que se encargaban de su recaudación los arrendadores o llevadores de los diezmos, bien personalmente, bien a través de sus administradores. Como la Iglesia de San Miguel era divisera o de propiedad particular, y no eclesiástica, eran estas personas reseñadas las que se encargaban de su recaudación. Los ingresos, por tanto, de diezmos netos no existían, sino que eran rematados, y el ingreso que la parroquia recibía del total de los diezmos era variable, aunque quizá fueran la mitad del total. Los ingresos procedentes del remate eran brutos, o sea, que no se especificaba procedencia de los diezmos, por lo que nos es imposible que nos den cifras en cuanto a la producción por contabilizarse en reales el total.

El segundo concepto importante de los ingresos eran los réditos de los censos, cuya cuantía se puede medir en torno a los 350 reales anuales. Los censos eran una forma de préstamo más extendido antes de la creación de la banca moderna. Se caracterizaban por ser préstamos hipotecarios de particular a particular con un 3-5% de interés anual según las épocas. Se diferenciaban de los préstamos bancarios actuales en que no existía un plazo de amortización, es decir, que el prestatario pedía quedarse con el préstamo sin un plazo fijo, conformándose tan sólo con pagar los intereses anuales. El prestatario podía devolver el total de la deuda cuando quisiera, normalmente en un momento en que pueda devolverlo todo de una vez o en dos plazos. A este acto de devolver todo lo prestado al prestamista se denominaba redención del censo. Para legitimar este acto acudían ambas partes a levantar un "contrato" ante notario, explicando que el prestatario prestaba tanta cantidad de metálico, y el prestatario hipoteca sus propiedades inmuebles a modo de aval.

La naturaleza de este tipo de préstamo conduce a que una familia se vea endeudada de por vida, transmitiendo incluso el pago de los réditos a varias generaciones. Sin embargo estos préstamos no eran inofensivos, ya que basta una época de crisis económica para subvertir las economías familiares de los prestatarios para verse acosados por los acreedores. Entonces se celebraban los concursos de acreedores, y según lo adeudado, embargaban los bienes hipotecados, según constataban en la escritura en que se formalizó el censo. De ahí que no es de extrañar que por los grandes ingresos de la parroquia el cabildo eclesiástico prestara censos a particulares, teniendo de sus réditos o intereses una fuente fija y duradera de ingresos.

Otro ingreso menor de cuantía, pero de gran significado por sus ecos religiosos son los derechos de entierro, que se percibían de los enterramientos de los notables o de los parientes de los notables. La preocupación de consignar estos derechos en los registros eclesiásticos viene del siglo XVI. En las primeras partidas de defunción aparecen copiadas cláusulas del testamento del finado para controlar la contabilidad de este concepto y las limosnas piadosas que encargaban en ella al testamentario. Después el control vino consignado en los libros de fábrica que distinguían entre los derechos de los entierros de adultos y el de los párvulos. El entierro de los pobres en un principio lo sufragaba la cofradía.

La Iglesia de San Miguel no tuvo propiedades propias de forma significativa, quizá por ser propiedad divisera o de propiedad privada. Llegó a tener unas pocas heredades de poca extensión o cuantía a consecuencia de los concursos de acreedores que se prodigaron a fines del siglo XVIII y a principios del siglo XIX por impago de los réditos de los censos. Como no podían explotarlos directamente, optaron por su arrendamiento que daban unos ingresos complementarios de poca cuantía.

**ECONOMIA ECLESIASTICA
SAN MIGUEL DE ZALLA**

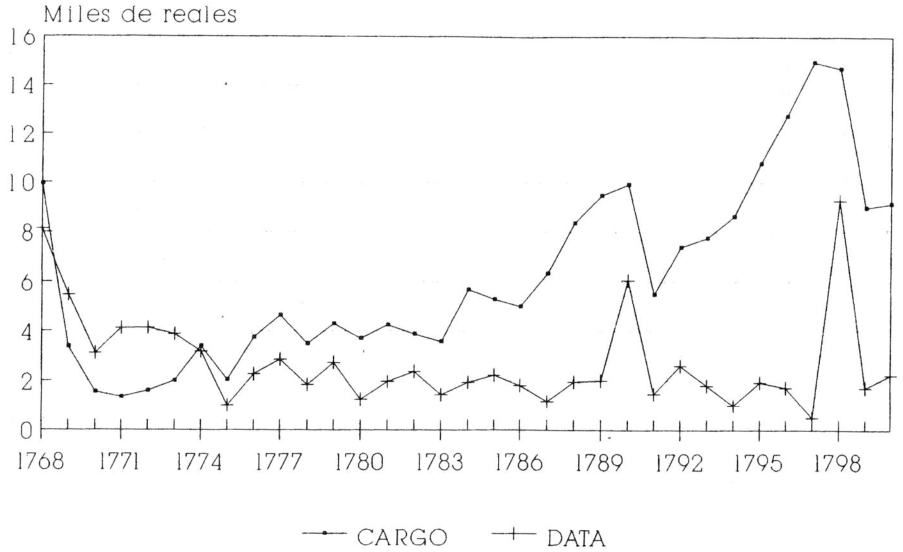

ECONOMIA ECLESIASTICA
SAN MIGUEL DE ZALLA

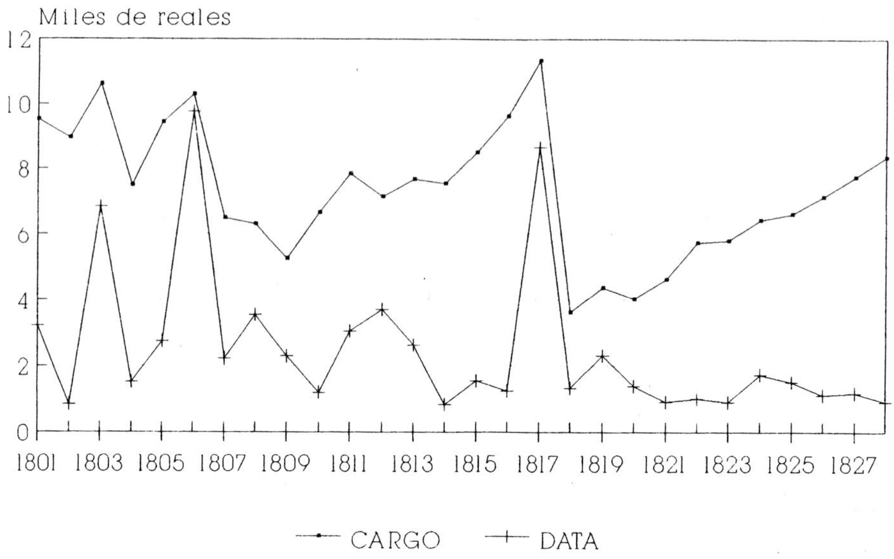

Los gastos más frecuentes eran los relativos al mantenimiento del culto de la Iglesia y las reparaciones del edificio religioso. Entre los primeros destacan el aceite y la cera para tener iluminado el Santísimo y encender las velas y cirios respectivamente. Dentro de este apartado cabe también destacar los concernientes a los gastos de las festividades religiosas locales y compra de ornamentos litúrgicos y vasos sagrados.

Las reparaciones y el mantenimiento general del edificio religioso eran otro grupo de partidas de gastos que comprendían el retejo, llaves, puertas, reloj, etc. También abundan gastos extraordinarios destinados a grandes remodelaciones que se verán más a fondo en el capítulo dedicado a la arquitectura religiosa del patrimonio monumental de Zalla.

2) LA HERRERA

A pesar de ser una parroquia aneja, muestra una estabilidad envidiable con continuos superávits en el período estudiado, con momentos de fuertes ingresos. Los datos de gastos a partir de la Guerra de la Independencia son sospechosos de subvaloración, aunque se puede aplicar la salvedad apuntada cuando se expuso esto mismo en la Iglesia de San Miguel.

La principal fuente de ingresos eran los réditos de los censos, siendo anualmente unos ingresos fijos y seguros para la parroquia. Ingresos subsidiarios eran los derechos de entierro, el montazgo y dos heredades, una en Ocharan y otra en El Campo, ambas de escasa rentabilidad.

Las partidas de los gastos son análogos a las de la parroquia matriz.

3) SANTIAGO DE OCHARAN

Santiago de Ocharan presenta en sus balances un déficit como tendencia general de larga duración en el período estudiado, a pesar de algunos años de superávit. Las primeras series del déficit se muestran claramente en los dos últimos decenios del siglo XVIII. La cuenta fechada en 1781 señala unos grandes ingresos, pero también por unos grandes gastos, particularmente en el dorado del altar mayor (1). Fenómenos semejantes se observan en 1788, por los gastos de un confesionario, a pesar de un legado testamentario de 1.200 reales (2) en 1808 (3). Bien parece que en estos tres años las finanzas de esta parroquia acusaren el fenómeno que los economistas actuales llaman ilusión monetaria.

ECONOMIA ECLESIASTICA
LA HERRERA

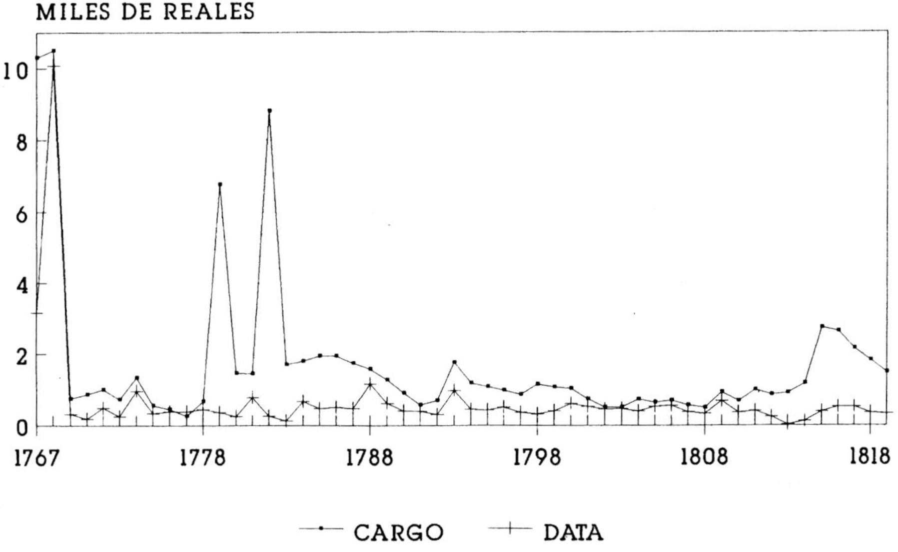

(1) A.H.E.V. Parroquia de Santiago de Ocharan. Libro de fábrica. F. 23.
(2) IBIDEM, f. 36.
(3) IBIDEM, f. 105v-106.

ECONOMIA ECLESIASTICA
OCHARAN

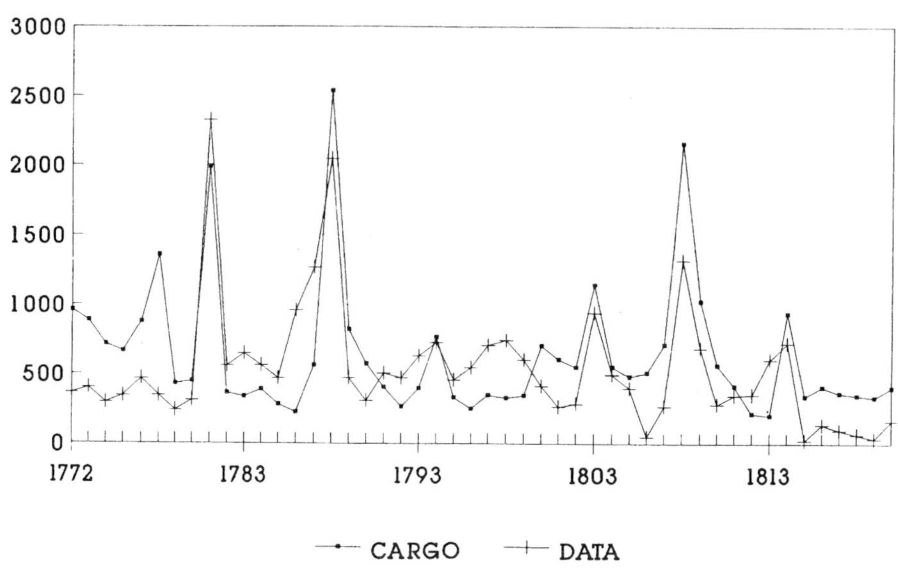

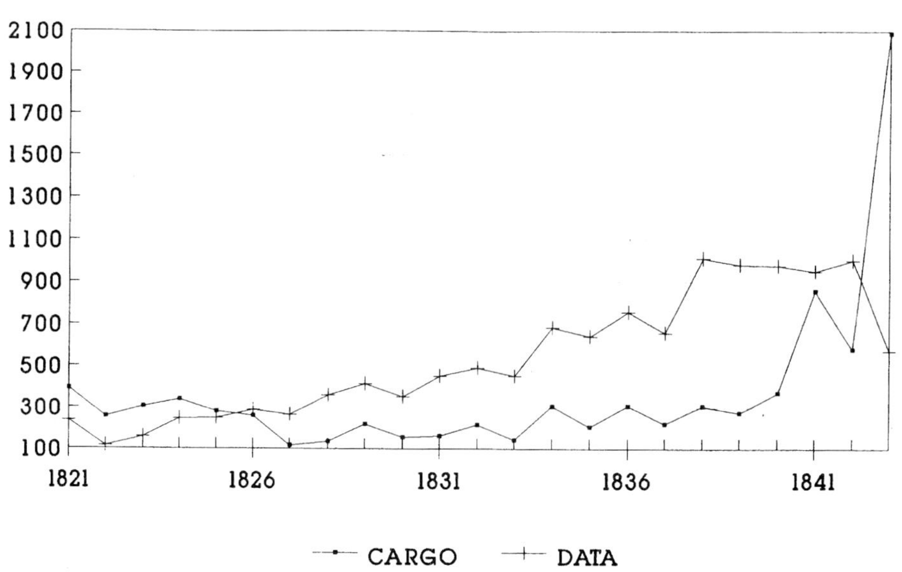

Los gastos fueron constantes, no sólo por las continuas obras de mantenimiento y reparación del edificio religioso sino también que los ingresos provenientes de los réditos de los censos no eran una base firme. Y eso que la contabilidad de la reedificación de la Iglesia de Santiago de Ocharan se llevara aparte. El período 1800-1825 es de bonanza económica, pero a partir de 1825 se observa un déficit crónico del que parece ya no se recuperará. La razón es que a partir de 1810 dejan de percibir los réditos del censo impuesto contra los Cinco Gremios Mayores de Madrid y las rentas de la capellanía que arrendó Francisco de Basualdo. Por si fuera poco, los ingresos por derechos de entierro son poco significativos.

La contabilidad de la reedificación de la Iglesia de Santiago de Ocharan muestra un cuadro de ingresos y gastos cuya diferencia es igual a cero.

4) CAPELLANIAS

La economía de las ermitas no es interesante porque de sus cuentas se desprende una tendencia a la autosuficiencia. De ahí que no existan ni grandes superávits, ni grandes déficit, aparte que siempre manejaron pequeñas cantidades de metálico, si se compara con el desembolso de las parroquias.

Todas las capellanías fueron creaciones laicas, y algunas de ellas nacieron a instancia de las principales familias del concejo.

Así en la Ermita de Santa Ana de Bolumburu había dos capellanías fundadas por Diego de Villa e Iñigo Hurtado de Mendoza, con cargo de 2.000 ducados invertidos en censos.

Juan de Terreros fundó otra capellanía en la Iglesia de La Herrera de capital de 2.000 ducados en bienes raíces, y Domingo de Acasuso otras dos capellanías de capital de mil pesos cada uno.

En la Ermita de San Antonio de Padua Juan Martínez de Achuriaga fundó otra capellanía con carga de 100 misas rezadas anuales con capital de 1.500 ducados anuales (4).

En la Parroquia de Santiago de Ocharan Francisco y Antonio de Basualdo fundaron una capellanía con cargo de 10 misas rezadas anuales con capital que genera 66 reales de réditos totales (5).

En la Iglesia de San Miguel de Zalla se fundaron dos capellanías, una fundada por Juan de Palacio con carga de tres misas mensuales, y otra por Pedro Ortiz de Gobeo sobre capital de 10.676 reales que se distribuyen en 500 ducados en censos y 3.290 reales en bienes inmuebles (6).

Como se puede derivar de las descripciones de estas capellanías, fueron obras pías que los notables del concejo residentes en Zalla o en México fundaban en su pueblo natal por vía de testamento, en donde se detallaba el capital que le debía sustentar, el número de misas a celebrar y su periodicidad. Una vez que se ponían de acuerdo el testamentario con el administrador de la capellanía, esta fundación se ponía en marcha. Parte del capital se invertía en censos y otros en bienes raíces susceptibles de ser arrendados. No llegaron a tener poder económico destacable, pues no se citan ni en las fogueraciones, ni en la Riqueza Territorial de 1795.

(4) A.H.E.V. Parroquia de Santa y Santa Isabel de La Herrera. Libro de fábrica. F. 2-4.
(5) A.H.E.V. Parroquia de Santiago de Ocharan. Libro de fábrica. F. 17v.
(6) A.H.E.V. Parroquia de San Miguel de Zalla. Libro de fábrica, nº 1. F. 18 y 35.

A lo largo del siglo XIX las capellanías sufrieron cambios por la reestructuración del Plan de Congruas Beneficiales de 1833 y la supresión de las Capillas Patrimoniales en 1868 (7).

LA VIDA MUNICIPAL

1) LAS INSTITUCIONES

El gobierno y administración del municipio lo realizaba el Concejo, que se componía de todos los vecinos e hidalgos del municipio. Por tanto, ser hidalgo era condición para ser vecino de pleno derecho. Lo que hay es el empadronamiento, el avecindamiento tenía unas connotaciones que hay que buscarlas en la época en que se desarrollan. Para que una persona forastera pudiera ser vecino, tenía que demostrar varias cosas sometiéndose a un expediente de hidalguía. En ello tenían que demostrar que eran cristianos viejos, o sea, que no tenían contaminación de sangre judía, mora, gitana o de cualquier otra sangre extraña, y probar su origen vizcaíno, por aquello de la Hidalguía Universal de los vizcaínos.

En los avencidamientos efectuados en Zalla, no hacía falta pasar por tan engorrosos procedimientos. En unas ocasiones era suficiente presentar el árbol genealógico, como en el caso de Sebastián de La Cruz Aedo, oriundo de la Casa y Solar de Aedo en Zalla (1). En la mayor parte de los casos, sin embargo, bastaba presentar la fe o copia de la partida de bautismo al Concejo para que lo aprobaran; es el caso de mi sexto abuelo Lorenzo Blas de Villar que presentó su fe de bautismo firmada y sellada por el escribano de Gordejuela (2).

No es de extrañar, pues, que el Concejo en múltiples decretos instara a los forasteros o residentes no avecindados a probar sus hidalguías.

El Concejo se celebraba en domingo, después de la celebración de la misa mayor, en la puerta de la Iglesia de San Miguel. Al Concejo le correspondía la elección de los cargos municipales.

En el Concejo se trataba de las siguientes materias:

- Pleitos judiciales, en especial la decisión de incoar o proseguir un pleito incoado y paralizado.
- Arreglo de caminos.
- Decretos y ordenanzas municipales.
- Revisión de la contabilidad municipal.
- Fiscalidad.
- Beneficencia.

Los regidores (en número de cuatro u ocho según las épocas) se encargaban de hacer cumplir las ordenanzas y ejecutar los decretos del gobierno municipal. Como tales tenían como misión:

- Realizar informes de los daños observables en los caminos.
- Vigilar que se cumplan las condiciones del arrendamiento de los abastos.
- Vigilancia de los bosques.

---

(7) GOMEZ PRIETO, op. cit., pág. 195.

(1) A.M.C.Z. Carpeta 1, nº 1. Libro de decretos. F. 137.

(2) A.M.C.Z. Carpeta 8, nº 1. Libro de ayuntamiento. F. 57.

– Vigilancia del orden público.
– Cobranza de los repartimientos fiscales.

La función más llamativa del alcalde era el ejercicio de la administración de la justicia en sus jurisdicciones civil y criminal. El alcalde era nombrado por el rey quien le concedía la vara de alcalde como símbolo de autoridad. En líneas posteriores veremos cómo evoluciona. El alcalde conocía los pleitos en primera instancia. Sus decisiones podían apelarse al Corregimiento de Bizkaia, y de éste al Juez Mayor de la Sala de Bizkaia de la Real Chancillería de Valladolid.

El síndico procurador general era el representante del concejo en causas públicas como en juicios y en las Juntas Generales de Avellaneda. De ahí que el Concejo siempre le diera un poder de representación al síndico procurador general para acudir a tales eventos. También se encargaba de la contabilidad de las cuentas municipales.

El escribano tomaba fe y redactaba las decisiones de los Concejos en los denominados libros de actas, de decretos, de acuerdos o de ayuntamiento, los arrendamientos de los abastos en los libros de remates.

2) EL PODER MUNICIPAL EN EL SIGLO XVII

Como se ha dicho, el alcalde tenía la autoridad de la administración de justicia en primera instancia, tanto en la jurisdicción civil como en la criminal. Además juega un papel simbólico importante: es detentador de la vara de justicia y autoridad del concejo (3). Al igual que en el resto de Europa, los cargos burocráticos y municipales estuvieron sujetos a la venalidad, o sea, a la venta de cargos.

El caso de Zalla no es diferente de la tónica general. Felipe III concedió en 1612 la vara de alcalde a Pedro de Lezama a título honorífico y vitalicio y hereditario. Tal situación terminó en 1692 en que murió María de Lezama, la última poseedora (4). Lo peor no era eso sino que su esfera de interés no era el concejo, sino medrar en la Corte. El absentismo hizo que el alcalde nombrara a una persona del concejo de su confianza para que lo sustituyera, después de ser ratificado por el rey. Por tanto, se puede concluir que ser alcalde era un honor y un reconocimiento social, además de la percepción de algunas rentas (5). En Zalla durante el absentismo de Lezama su sustituto fue Francisco de Salcedo entre 1634 y 1660, lo que crea unos intereses completamente opuestos a la comunidad.

A pesar de las teóricas divisiones de competencias entre el alcalde y el Concejo, en la práctica no existía tal división, pues el alcalde es la principal autoridad local y está presente en todas las reuniones del Concejo e influía marcadamente en las decisiones (6). Esto revela que las resoluciones no se toman por votación más que excepcionalmente, sino por coacción, miedo y tráfico de influencias.

Además, el sistema electivo no era nada democrático, sino que eran los cargos salien-

---

(3) MARTINEZ RUEDA, F.: *"Reorganización municipal y conflicto social en Zalla (1650-1750)"* en Ernaroa, VI, Bilbao (1991), pág. 243.

(4) A.M.C.Z. Carpeta 2, nº 1. Libro de decretos. F. 1.

(5) MARTINEZ RUEDA, op. cit., pág. 245.

(6) A.M.C.Z. Carpeta 1, nº 1. Libro de decretos. F. 24-25. "(...) no se atreverán los vecinos a dar su voto con libertad y por el temor que tienen de su rigor". Así expresaba un vecino respecto de Francisco de Salcedo.

tes quienes nombraban a las nuevas autoridades locales, acción supervisada por el alcalde quien tomaba juramento a los electores, pudiendo el mismo alcalde rechazar la elección efectuada (7).

Así vemos tres grupos en el poder municipal:

– Los dueños de las ferrerías y de mayorazgos ocupando un lugar preeminente.

– Un segundo grupo ocupado por los notables que ocupan los cargos electivos del concejo.

– La mayoría que sólo asiste a las reuniones del Concejo.

3) LAS ORDENANZAS DE 1694

El sistema de elección de alcalde provocó tensiones en el municipio, ya que la mayor parte de la asamblea ni cortaba, ni pinchaba; los notables o estamentos medios tenían un poder menguado frente al poder omnímodo del alcalde. La reivindicación principal de los vecinos era que el poder municipal fuera compartido por todos los vecinos mediante elección anual del alcalde. Dado que la vara de alcalde sólo podía ser concedida por el rey mediante su compra, el concejo no tuvo otra solución que comprar la vara de alcalde (8), recurriendo a un censo (9). En 1694 Carlos II concedió a los vecinos de Zalla la facultad de elección anual de alcalde (10).

En 1694 se redactaron unas ordenanzas para la elección de los cargos públicos para que todos tuvieran participación en tal acto (11). Reunidos los vecinos el último día del año o en el día de Año Nuevo, se sortea de entre las cuadrillas a cuatro electores, uno de cada cuadrilla. Cada elector propone dos nombres para ser candidatos a alcalde y síndico procurador. Una vez nombrados los ocho candidatos, se ponían por escrito sus nombres en unos papeles y se metían en una boina al principio, y más tarde en un cántaro. A continuación un joven o un niño sacaba de la boina o del cántaro, tres papeletas que, según se iban sacando, los nombres cantados corresponderían con los cargos de alcalde, teniente de alcalde y síndico procurador general.

Inmediatamente, el regidor primero saliente de cada cuadrilla elegía a dos regidores y a uno o dos colectores de la Santa Cruzada (según épocas) de su cuadrilla.

Así el cuadro institucional se componía de alcalde ordinario, teniente alcalde, síndico procurador general, ocho regidores y cuatro u ocho colectores de la Bula de la Santa Cruzada según épocas. Con el paso del tiempo se eligió a un alcalde cuarto, ya que el teniente de alcalde era el segundo alcalde, y el síndico procurador general era el tercer alcalde. La elección del cuarto alcalde se institucionaliza a partir de 1733 (12), y en el siglo XIX se eligen ocho alcaldes, antes de la instauración del municipio liberal (13).

---

(7) A.M.C.Z. Carpeta 1, nº 2.; y Carpeta 1, nº 1. F. 1-2.
(8) A.M.C.Z. Carpeta 1, nº 3. Libro de decretos. F. 173.
(9) A.M.C.Z. Carpeta 2, nº 3. Libro de decretos. F. 206.
(10) A.M.C.Z. Carpeta 2, nº 1. Libro de decretos. F. 2.
(11) A.M.C.Z. Carpeta 3. F. 179-184.
(12) A.M.C.Z. Carpeta 6, nº 1. Libro de decretos. F. 199-200.
(13) La primera elección de ocho alcaldes más antiguo fue en 1815, aunque por el vacío documental 1762-1810 no se descarta que se realizara con anterioridad por primera vez antes de la Guerra de la Independencia. A.M.C.Z. Carpeta 10, nº 1. Libro de decretos. F. 169.

Pero el sistema electivo permitía un grave problema: que sólo podían ser elegibles aquellos que supieran leer y escribir. Dado que sólo los que tenían cierta posición social reunían estas condiciones, esto conduciría a una corta lista de candidatos elegibles.

4) EL PODER MUNICIPAL EN EL SIGLO XVIII

La compra de la vara de alcalde para el concejo supuso el quebranto de muchas economías familiares y que, a pesar de las ordenanzas de 1694, el puesto de alcalde seguía en manos de los notables del concejo. Al menos estos aspectos se encuentran presentes cuando en 1700 se eligieron dos candidatos que no sabían leer ni escribir. Los notables protestaron ante esta elección, y a esta protesta le siguió el tumulto de todo el Concejo; de hecho, muchos vecinos renegaban de la autoridad local porque muchos veían en ella una figura represiva (14). Ese año no se pudo realizar la elección, por lo que Francisco de Salcedo y Montano recurrió al Corregidor de Bizkaia para zanjar la cuestión. El 10 de enero de 1700 se repitió la elección bajo la supervisión del Juez de Comisión del Corregidor (15).

Este problema se enreda mucho más con las preeminencias y honores que justificaban los Salcedo por medio de presumir que era un pariente mayor. Pero el Concejo no admite sus privilegios honoríficos de patrono de la Iglesia de San Miguel de Zalla y el disfrute de asientos privilegiados y sepulturas en dicha Iglesia.

La participación mayoritaria en las elecciones por haber comprado el municipio la vara de alcalde y la defensa de la libertad de la comunidad atacaban lo privilegios exclusivos de una familia, y demandaban que el poder fuera compartido por más personas (16). Las nuevas élites hacen causa común con el concejo contra los Salcedo, para que esta familia no enturbie la vida política del municipio, interponiendo continuamente pleitos judiciales. La consecuencia fue que Antonio de Bezi adelantó un censo al municipio para poder pleitear contra los Salcedo. En correspondencia, en las elecciones los electores le nominaron para ser alcalde varias veces. En 1735 Salcedo perdió el pleito contra el Concejo por ventas de vinos y otras acusaciones nimias que tenían como objeto presionar al municipio.

5) EL PODER MUNICIPAL EN EL SIGLO XIX

Durante una porción del siglo XIX continuó el sistema electivo heredado del siglo XVIII. Hubiera sido interesante saber qué cambios habría supuesto el trienio liberal en el organigrama del gobierno municipal pero nos es desconocido, porque los libros de decretos de dicho período fueron llevados a la Diputación de Bizkaia. Quizá se haya aplicado un modelo que contemplaba un alcalde, dos regidores y un síndico, autónomos en teoría, ya que el alcalde tenía el poder ejecutivo y el ayuntamiento las mismas competencias del si-

---

(14) A.M.C.Z. Carpeta 3. Libro de concexo. F. 154ss..

(15) A.M.C.Z. Carpeta 3. Libro de concexo. F. 170.

(16) Este desembocó en un costoso pleito acerca de que Salcedo reclamaba un asiento de privilegio en la Iglesia de San Miguel. Como represalia Salcedo presionó al Concejo, interponiendo contra él numerosos pleitos.

glo anterior, pero en la práctica el centralismo no dejaba desarrollar las teóricas competencias del municipio (17).

Restablecido el gobierno absoluto, la Real Cédula de 17 de octubre de 1824 reguló el sistema de elección (18), después de dos años sin celebrar alcalde. El sistema consistía en un sistema intermedio entre el tradicional y el liberal, con el nombramiento de tres alcaldes y tres síndicos generales, y este nombramiento, se efectuaría cada dos años.

Las elecciones del 1 de enero de 1826 supusieron una vuelta al sistema tradicional, reflejado en la actitud de todos los vecinos de alegría por el retorno a las ordenanzas de 1694, puesto que tanto el modelo liberal como el de 1824 recortó la autonomía municipal.

La 1ª Guerra Carlista sólo fue un freno a la imposición del municipio liberal que se aplicaría por primera vez en Zalla en 1841 con el nombramiento de un alcalde constitucional que ejerce el poder ejecutivo y ocho regidores que componen una asamblea deliberante con voz pero sin voto, ya que el alcalde es quien toma la última decisión (19). Pero en las siguientes elecciones se vuelve al sistema tradicional (20). Ya desde entonces no se vuelven a registrar en los libros de acuerdos del ayuntamiento los resultados de las elecciones.

COMUNICACIONES

1) LOS CAMINOS

Desde la época romana el centro de las Encartaciones fue núcleo de importancia para la comunicación entre la costa cantábrica y la meseta castellana. Así lo atestigua inmediatamente un miliario romano del siglo III d. de C., encontrado en Ocharan que, sin duda, era uno de los mojones señalizadores de la vía Pisoraca-Castro Urdiales (1).

Esta vía partía de Pisoraca (en la actualidad Herrera de Pisuerga), bajaba de Bercedo al Valle de Mena, llegaba a Valmaseda por El Berrón, y seguía por Zalla a través del barrio de La Mella (2).

En la Edad Media el recorrido Bilbao-Valmaseda era una de las variantes del Camino de Santiago, y continuaba por El Berrón hacia el Valle de Mena. Desde el siglo XIV, el viejo Camino de Santiago con el paso del tiempo se convertiría en Camino o Calzada Real de la Aduana de Valmaseda. A su paso por Zalla atravesaba los barrios de Ybarra, Bolumburu, La Herrera, La Mella y llegaba a Valmaseda por Valdemollina (3).

---

(17) CASTRO, C.: *"La revolución liberal y los municipios españoles (1814-1868)"*. Madrid. 1979. Págs. 82-86.

(18) A.M.C.Z. Carpeta 10, nº 2. Libro de ayuntamiento. F. 201.

(19) A.M.C.Z. Carpeta 12, nº 2. Libro de acuerdos. F. 76.

(20) A.M.C.Z. Carpeta 12, nº 2. Libro de acuerdos. F. 106-107.

(1) RODRIGUEZ COLMENERO, A. y LOPEZ ROJO, M.: *"Nuevos miliarios de Maximine de la vía Pisoraca-Castro Urdiales aparecidos en Vizcaya"* en Kobie, IX, Bilbao, (1979), págs. 209-216.

(2) BALPARDA, G.: *"Historia crítica de Vizcaya y sus fueros"*, I, pp. 88-90.

(3) TORRECILLA, Mª José; BARRIO LOZA, J.A. y AGUIRRE, I.: *"Guía del Camino de Santiago en Bizkaia"*. Bilbao. 1991. Pág. 32.

Desde fines de la Edad Media, tanto órdenes a nivel estatal, como del Señorío de Bizkaia, y decretos de nivel local, se preocuparon con harta frecuencia del estado de los caminos, en especial de su reparación y mantenimiento. La referencia más antigua es de fines del siglo XV, en que se oyen las quejas de varios pueblos de las Encartaciones debido a los destrozos producidos por las riadas del río Cadagua (4).

En 1507 la reina doña Juana insta al Corregidor de Bizkaia a que se reparen los caminos de las Encartaciones (5). En 1516 se expide la misma orden otra vez (6).

A fines del siglo XVI, concretamente en 1588, se reparó el camino Bilbao-Valmaseda a costa de los propios y rentas de las villas y concejos afectados, dando Zalla para esta obra 100 ducados (7).

A partir de entonces los avisos acerca de que se repare el Camino de Valmaseda serán numerosos, bien por la dejadez en su ejecución, bien por la poca duración del firme reparado. En 1603 el licenciado Zumalabe, en nombre de Valmaseda, denunció qué porciones del Camino Bilbao-Valmaseda estaban mal reparadas e insistía sobre su arreglo (8). En 1612 el Señorío de Bizkaia amonestaba a las anteiglesias que se abstenían de realizar las obras de composición de los caminos (9).

La documentación referente a los caminos, su estado y reparación en Zalla procede de los libros de decretos y acuerdos del concejo a partir de 1650. El análisis y lectura de ellos revela una preocupación del Concejo por el estado de los caminos prácticamente desde el primer folio del primer libro de decretos conservado, que dice de una tradición reparadora y conservadora del Camino Real de Valmaseda verdaderamente loable. No en balde era una ruta comercial, y de ahí ese esmero por cuidar el camino.

A mediados del siglo XVIII se presentan varios proyectos para unir Bilbao con la Meseta (10). Los más importantes eran el Camino de Valmaseda, el Camino de la Peña de Orduña, y el Camino de Vitoria por Altube. Los argumentos de los defensores del Camino de Valmaseda eran sólidos y atractivos:

– Importancia de la comarca en sí, por su tradición industrial ferretera; El Consulado

---

(4) LARREA SAGARMINAGA, M.A.: *"Los caminos de Vizcaya en la segunda mitad del siglo XVIII"*. Bilbao, 1974, pág. 112.

(5) HIDALGO DE CISNEROS AMESTOY, C. y otros: *"Colección Documental del Archivo General del Señorío de Vizcaya. Fuentes Documentales Medievales del País Vasco"*. Eusko Ikaskuntza, San Sebastián, 1986, pp. 273-275. "(...) los caminos (...) estan muy malos (...) desde la penna de Mena fasta dar en la dicha villa (de Bilbao) por la villa de Valmaseda (...) que disen que son los caminos mas cursados (...)".

(6) IBIDEM, pp. 349-350.

(7) LABAYRU, IV, pág. 536: Se dispuso "se hayan de reparar e hacer de calzada de piedra menuda de manera que esten bien hechos e seguramente por ellos se pueda hacer caminar todos los que por ellos anduvieren, así de a cavallo como de requas e trajinería".

(8) SAGARMINAGA, F. y AREITIO, D.: *"El gobierno y el régimen foral de Vizcaya"*. Bilbao, 1928, pág. 282, vol. IV.

(9) SAGARMINAGA, op. cit., V, pág. 211: "Los síndicos dijeron que, estando decretado en diferentes Juntas Generales y Regimientos que cada vecino del Señorío haga en un año su estado de la calzada (...) muchas anteiglesias se sustraían de hacer las calzadas, por lo cual había mucho detrimento en los pasos (...). Se mandó que, de no observar los decretos y capítulo de Fuero, cada vecino del Señorío, cada uno en su jurisdicción, haga un estado de calzada en los caminos reales (...). Y los fieles de cada anteiglesia tengan cuidado de que se hagan a su costa, y envíen testimonios de cómo lo han hecho".

(10) LARREA SAGARMINAGA, M.A.: op. cit., págs. 147-152.

de Bilbao estaba interesado en ella, ya que estimaba un presupuesto de 120.000 pesos, cuyas dos terceras partes los aportaría el Consulado y el tercio restante las Encartaciones, Valle de Mena y Merindades de Castilla.

– La cabaña ganadera a su paso por Valmaseda lograría un buen retorno a Castilla con las salinas de Poza y Rosío.

– Las ferrerías (entre ellas las de Zalla) podrían enviar sus exportaciones a los pueblos consumidores del interior.

– En invierno el camino estaba transitable, a diferencia del de Orduña.

– Había buenas lonjas en Valmaseda para almacenamiento de la lana.

– Baratura del costo de la obra.

Ni qué decir tiene que Zalla apoyó este proyecto. Pero a la larga triunfó el proyecto de hacer el camino por la Peña de Orduña, a pesar de su mayor costo. De esto se saca en consecuencia que el Camino Real de Valmaseda perdió en importancia, y que supuso un hundimiento de actividad en la ruta.

En el primer tercio del siglo XIX, durante el reinado de Fernando VII, se presentaron varios proyectos de abrir nuevas carreteras, entre ellas la de Bilbao-Valmaseda (11).

Una Real Orden fechada el 30 de diciembre de 1833 abrió un precedente par la construcción de nuevas carreteras, pero para poder alcanzar el objetivo, hubo que dejar pasar la Guerra Carlista (12). A su término se pretende llevar a cabo el plan de construcción de carreteras denominado Plan de Iguala, por el que todo el Señorío debía contribuir proporcionalmente a la riqueza de cada municipio o comarca, a la financiación de tal ambicioso proyecto. A pesar de ello, los arbitrios impuestos a Zalla le parecen demasiado altos por su delicada economía municipal (13).

En 1849 Zalla envía un representante a la Junta de Caminos para hacer un reparto equitativo de las contribuciones para poder llegar a un acuerdo sobre la financiación de la carretera Bilbao-Valmaseda (14). De esa reunión salió la Diputación como poseedora de dicha carretera (15). A Zalla se le dio la oportunidad de elegir entre el Plan de Iguala o el encabezamiento para la financiación de la carretera; Zalla se decidió por el encabezamiento (16). Con la apertura de la carretera de Valmaseda empezaron a relanzarse las comunicaciones en las Encartaciones.

El Camino de Valmaseda no era el único paso. También estaba el Camino de Avellaneda que comunicaba Zalla y Sopuerta por Ocharan y Avellaneda con un ramal que conducía al Castillo de Piedra (17), y en algunos casos se reparó a medias con Sopuerta (18).

2) REPARACIONES DE LOS CAMINOS PRINCIPALES

La principal causa de daño en los caminos de Zalla era el desbordamiento del río Ca-

(11) ALZOLA Y MINONDO, P.: *"Monografía de los caminos de Vizcaya"*. Bilbao, 1898, pág. 39.
(12) ALZOLA, op. cit., pág. 51.
(13) A.M.C.Z. Carpeta 12, nº 2. Libro de acuerdos. F. 138.
(14) A.M.C.Z. Carpeta 12, nº 3. Libro de acuerdos. F. 88V.-89.
(15) ALZOLA, op. cit., pp. 58-59.
(16) A.M.C.Z. Carpeta 12, nº 3. Libro de acuerdos. F. 103v. y 110..
(17) A.M.C.Z. Carpeta 1, nº 1. Libro de decretos. F. 27 y 103.
(18) A.M.C.Z. Carpeta 3. Libro de concexo. F. 159.

dagua. Por lo que parece, el camino corría parejo con el curso del río. Por tanto, en un año dado, cada vez que había una pluviosidad más de lo normal, el río desbordaba su cauce e inundaba los caminos, generando múltiples daños en el firme y en los puentes (19).

Un medio de evitar tal contingencia era pavimentar el camino a reparar algo más lejos del curso del río y colocar un escudal o paredón en el margen de la calzada más cercana a la orilla del río para contener la inundación (20) que al principio era de madera, y después de piedra.

En 1698 se intentó cambiar el trazado del Camino de Valmaseda, pues un sector opinaba que, para evitar los efectos perjudiciales de las crecidas del río, era preferible realizar una nueva vía por Ocharan. Al no haber acuerdo, se sometió la proposición a votación su resultado 31 votos a favor y 70 en contra, por lo que no prosperó (21).

Los tramos más afectados por las inundaciones eran por su frecuencia el Puente del Charco, y los tramos de Lusa y Ojibar. En el de Avellaneda el elemento más reparado era el Puente de Salciaga.

El orden efectuado para realizar las reparaciones de los caminos era el siguiente: Periódicamente los regidores inspeccionaban el estado de las calzadas para medir en brazas los trozos o tramos a reparar; a continuación daban cuenta al Concejo de la inspección, y éste por decreto sacaba a pública subasta la obra de la reparación de los caminos. La subasta tenía un mecanismo similar al del arrendamiento de los abastos, pero en vez de pujar el precio al alza, lo hacían a la baja, presumiblemente para que el municipio, cuanto menos gaste, mejor marche su economía. Por ello, había ocasiones en que no había postor, por lo que había que repetir la subasta. El postor se comprometía a reparar los caminos en un plazo de dos años.

También se llevaban a pública subasta al mejor postor las obras de reparación de puentes, escudales y otras obras, bajo determinadas condiciones. Así, por ejemplo, se conservan las condiciones bajo las cuales se repararon la Puentecilla de Lusa en 1697 (22), un tramo del Camino Real de Valmaseda a la altura de Ojibar (23) en 1700, de una estacada en 1704 (24), de la reforma integral de las calzadas en 1716 (25), otro de los

---

(19) El primer caso conocido casi aparece en el primer folio del primer libro de decretos. Véase A.M.C.Z. Carpeta 1, nº 1. Libro de decretos. F. 3.

(20) A.M.C.Z. Carpeta 1, nº 1. Libro de decretos. F. 75.

(21) A.M.C.Z. Carpeta 2, nº 1. Libro de concexo. F. 127-132.

(22) A.M.C.Z. Carpeta 2, nº 1. Libro de concexo. F. 79. Remate de la Puentecilla de Lusa, consistente en hacer un paredón de dos pies de grueso y tres de alto con tres desangraderas de 1 1/2 de alto y uno de ancho, hecho de argamasa. Ha de llevar un antepecho encima del puente. Ha de hacer una calzada de 5 1/2 pies de ancho a lomo de besugo arrimado al paredón de la venida de aguas. La calzada ha de llegar al paredón con buenos caireles de piedra por la parte de abajo.

(23) A.M.C.Z. Carpeta 3. Libro de concexo. F. 92-93. Paso malo enfrente de Oxibar. Se ha de hacer un albañal hueco por debajo de la calzada, de dos pies de vara de ancho y otros dos de alto, para que pase el agua que suele ir por aquella parte, con sus losas por encima que atraviesen de parte a parte el dicho albañal. Encima de dichas losas, hay que echar tierra y empedrarlo de buena calzada. Y por la orilla de hacia el río se ha de hacer un escudo de cal y canto de 2 1/2 pies de grueso, bien fijado y cimentado. Todo el largo de la calzada y paredón se ha de hacer por encima de buena calzada hasta tocar a un lado y otro de calzada a calzada.

(24) A.M.C.Z. Carpeta 3. Libro de concexo. F. 249. "Hacer una estacada de 14 estacones en una y cada una, labrados a esquina viva a la orilla del río y en medio y entre ellos y el ribero otros siete de la misma suerte, y después enverdugado con verduga limpia de gruma muy bien apretado según arte. Y después ambos los claros se han de empedrar a cuchilla desde abajo arriba. Y los dichos estacones han de ser de 12 pies de largo y entrados a carnero.

puentes en 1762 (26), y varios de puentes de 1820 (27), 1858 (28), 1865 (29) y 1868 (30).

---

(25) A.M.C.Z. Carpeta 14, nº 3. Protocolos de Baltasar de Santelices (1716). "Memoria y condiciones de cómo se han de hacer las calzadas y paredones en el concejo de Zalla.
Primeramente desde la casa de Diego de Terreros hasta la casa de Domingo de Tellitu hay 24 brazas de largo en dos tercios. Y se han de hacer sus paredones de piedra desde el río hasta igualar con la calzada de 3 1/2 pies de ancho. En dicho paredón, enfrente de la casa de Tellitu, debe de haber un caño falso de dos pies de ancho y dos y medio de alto para recibir las aguas que bajan de la estrada con su calzada por encima en línea recta, dándole el ancho correspondiente conforme a la calzada, con su alto de paredón según le corresponde.
Enfrente de la casa del Patrón de Begoña se ha de hacer un paredón de piedra seca, de 40 brazas de largo y 15 pies de ancho. Rematar 12 pies de ancho a nivel de la calzada. Cuesta hecha de piedra de cantería o de lo que más convenga.
Desde la era de Baltasar de Santelices hasta el nogal que queda debajo de su puerta, 58 brazas de largo. Y se ha de hacer paredón de piedra seca por el lado hacia el río en la altura requerida conforme a la calzada y 3 pies de ancho.
Desde dicho nogal hasta la casa de Roque de Ortiz 42 brazas de largo y altura necesaria conforme a la calzada vieja.
Desde al casa de Miguel de Ortiz hasta San Pedro se han de hacer otras 20 brazas de calzada de largo.
Desde San Pedro hasta el Molino de la Santera, otras 57 brazas de calzada. Desde dicho molino a la Iglesia de San Miguel otras 100 brazas de largo.
Las calzadas han de ser hechas a raxola con sus orilleras buenas de ambos lados de 2 pies de largo y una cuarta de grueso; y bien nuevas, echándole cascajo encima. Al rematante se le ha de dar canteras libres a satisfacción del concejo de Zalla. La obra se ha de acabar el 11 de Noviembre de 1714. Y toda la obra la pone Domingo de Garagorri, maestro cantero, en 4.300 reales.
Las 40 brazas de escudal de junto a la casa del Patrón de Begoña han de llevar piedra larga de tamaño de 4 y 5 pies, y otras de 3, puestas (...), incorporándose en lo fuerte del terreno, moviendo un talud. Orilleras de una vara de largo y grueso.
En el sitio que llaman La Cantera, desde la cruz de más abajo del molino hasta la castañiza, se ha de rebajar en la parte hasta 5 pies, y con el despojo y piedra que se levantare en los parajes con cauce lo necesario, dejando la calzada de 10 pies de ancho.
Dos brazas más arriba del Molino Nuevo hasta enfrente de la Casa de Beti se ha de levantar por la parte cóncava tres cuartas a nivel de paredón con sus orilleras grandes incorporadas con la calzada. En el arroyo que baja de las heredades de Tomás de Palacio se ha de hacer un paredón nato con su caño que ha de recibir las aguas, incorporada con la calzada de piedra grande para mayor seguridad.

Se hace montar toda la calzada desde la nueva hasta el Regato y puente de arriba de la Casa de La Mella, igualando todos los altos que hay, dando el mismo ancho con buena piedra por las orilleras.
Antes de llegar al Puente de La Herrera, se ha de allanar lo más que se puede la cuesta desde donde está el cubo, dejándola empedrada conforme a lo que sigue. Y desde allí hasta las primeras casas de La Herrera se ha de hacer la calzada que faltare, desmontando y bajando la cuesta que hay junto al camino que va a la Iglesia de Santa Isabel, dejando a uno y a otro 10 pies de ancho.
Desde el Molino de Espina hasta antes de llegar al de Ijalde, y pasar la cuestecilla que hay entre ambos, se ha de empedrar todo y bajar la cuesta una vara en alto y en largo.
Desde el Molino de Ijalde hasta Bolumburu se ha de hacer toda la calzada que faltare a línea recta, desmentando las cuestas y peñas que tuviere y cortando dos árboles que ocupan el camino.
Todas las calzadas y rompimientos han de tener 10 pies de ancho y hechas en buena piedra y bien marcadas con cascajo donde hubiere necesidad por abajo, y por encima tierra para empedrar a satisfacción".

3) CARRETERAS SECUNDARIAS

Aquí no desarrollo el tema del los caminos carretiles o vecinales, pues su referencia es incidental en lo protocolos notariales, al delimitar las propiedades. Estas citas aparecen dispersas, aisladas y su estudio es difícil, lo que contribuye a dificultar su localización en el mapa.

---

(26) A.M.C.Z. Carpeta 8, nº 2. Libro de decretos, f. 283v.-285. "Condiciones de carpintería de las puentes que ha llebado lavenida de agua y descompuesto otras en este conzejo de Zalla que todas son como se sigue:
Primeramente es condición que en la Puente de Salciaga (que la llebo enteramente) sean de sentar dos suelas de madera de un pie de grueso en quadreo vien sentadas y enparrotadas con dos parrotes en cada una y que ha de levantar un pie más que antes estava y en la correspondencia de dichas suelas se a de sentar una orca con dos pies, y una asnilla, éstos de un pie en quadro cada uno y la asnilla a detener de grueso pie y quarto en quadro, y ha de ser dicha puente de quatro pies y medio de ancha, y dicha orca a de ser vien ensamblada y sentado sobre la suela y vien espigada y asegurada, y sobre dichas suelas y orca se an de sentar seis pontones, los mismos que antes tenía vien sentados y clavados sobre dicha suela y horca con buenas clavijas de pie y quarto de largas y el grueso correspondiente, y sobre dichos pontones de grueso cada uno bien sentados y clavados y repartidos en los paraxes que mexor conbenga, y sobre dichos dragones se sentaran dos renques de caireles de una quarta de grueso en quadro cada uno vien sentados y clavados con buenas clavixas de una quarta de largas cada una y grueso correspondientes, y sobre dichos dragones sesenta eran los pies de barandas, y sobre éstos se espigaran dos renquees de dichas barandas que an de tener de grueso dichos postes y barandas cinco honzas y cortes destas a media madera vien espigadas y encavilladas con cavillas de madera, y sobre este se terreplenara con piedra y cascaxo.
Ytem el Pontecillo de La Llana se a de redificar nuebamente, sentandole una suela que tenga pie y quarto de gruesa y el largo correspondiente según estava antezedentemente, y sobre dicha suela y otra que quedó de las que tenía se sentaran quatro pontones vien sentados y clavados y vien juntados y asegurados.
Ytem la Puente del Hospital a de ser replenado de cascaxo.
Ytem el Ponton de Ugarte que tanbien se desconpuso, se sentara el material que alli tiene que son un dragon, pies, barandas y un cairel vien sentado y asegurado, y dicho cairel le buscara porque falta, y terreplanado de piedra y cascaxo.
Ytem en el remate que llevo de la Puente del Charco sesenta y tres dragones de una quarta de grueso cada uno, vien sentados y clavados, y sobre dichos dragones se sentaran dos caireles de el mismo grueso con las clavixas ya dichas en las antezedentes, ya la parte de afuera de dicho puente se echara una suela tanbien del mismo grueso vien cimentado y estaconada con quatro estacones vien asegurados, y sobre dicha suela y la que dicha puente tiene, dos piezas de madera de una quarta de grueso clavados en dicha suela, y en el zentro de dichas suelas ha de ser bien enpotrado y enrejolado, y tanbien a la parte de fuera en sus remates y sobre dichos dragones han de ser espigados los pies para las barandas, y sobre ellos han de ser espigadas las barandas del mismo, uno y otro que especificado y asentado de piedra y cascaxo, asi en este como en el otro remate de dicha puente, y el maestro en quien quedase el remate de todo lo dicho a de poner todos los materiales a su costa y recoxer lo que antes tenían dichas puentes que se hallan en diversos paraxes y dar fianzas a satisfacción del señor síndico, y lo ha de executar lo más necesario como es el Puente de Salciaga y el Charco en el termino de quatro semanas, y con estas condiciones, yo, Francisco de Montellano, me obligo a executarlo en la cantidad de seiscientos reales de vellón (...)".

(27) A.M.C.Z. Carpeta 75, nº 12. "Condiciones para reformar los puentes de Zalla, el Charco e Ybarra.
PUENTE DE PIEDRA DE ZALLA. El maestro ejecutante deberá conducir 10 medidas de cal, a las que aprontará la arena correspondiente y necesaria de buena calidad, mezclándola como co-

En esta sección dedicaré espacio a la construcción de carreteras de menor interés en la segunda mitad del siglo XIX, después de la construcción de la Carretera de Valmaseda. Así en el bienio 1868-70, se construyó la carretera Güeñes-Malabrigo por Zalla (31). En la década de 1880 se abrió la Carretera de Zalla a Puente de Ybarra (32), y a fines del siglo XIX la carretera que une Traslaviña con Sopuerta, que pasa incidentalmente por Ocharan (33).

Al finalizar el siglo XIX, éste era el kilometraje de las carreteras que pasaban por Zalla:

– Bilbao-Valmaseda: 22, 252 Km.
– Malabrigo-Carranza: 27, 922 Km.
– Güeñes-Zalla-Malabrigo: 7, 854 Km.
– Zalla– Puente de Ybarra: 1, 620 km.
– Traslaviña-Labarrieta-Sopuerta: 7, 442 Km. (34).

A fines del siglo XIX se presentó el proyecto de una carretera que uniría Mimetiz con Allendelagua, en una obra planificada a hacer en 25 tramos (35). Esta carretera sería a la postre la Avenida Lanzagorta.

---

rresponde una pala de cal y dos de arena, haciendo el mortero bien batido. Luego tiene que aprontar toda la piedra necesaria para los caireles que existen, asentarlas según se hallan las otras con buen lecho llano, y lo mismo lo visual de arriba, en todas las faltas que hoy tiene de principio a fin por los dos costados, por su frontis y remate a línea recta. Por la parte de afuera no saldrán más de una onza a dos, más que en las manguardas antiguas, bien niveladas y prietas y oprimidas, dando principio de los remates de las entradas de dicho puente, en donde se asegurarán con toda fuerza.

A la entrada del Camino Real para dicho puente tendrá que orillar la falta que tiene del orillado del Camino Real hasta la cepa que da principio dicho puente con curva o salta escuadra de nuevo con la misma rectitud que la antigua, se ejecutará con buena piedra.

PUENTE DEL CHARCO. Tiene que ejecutar un pontón de 20 pies, un cairel, quitar el viejo, asentarle en su sitio, replanar las faltas que tiene dicho puente. Tendrá que hacer una estacada con buenos barrotes y setura a la entrada de dicho puente según se va de Mendieta, para la seguridad de los viandantes y caballerías. Replanándola bien, maderas necesarias, y se le ha de pagar por la manufactura y tablazón 134 reales.

PUENTE DE YBARRA. Tiene que soltar, sobre todo, el tramo primario, tramo demolido, cortar y labrar cinco dragones, seis postes, dos barandas, conducirlos del monte, asentarlos en los sitios que se hallan demolidos los dragones arruinados, bien clavados con sus botanas para los postes con sus botanas por bajo para las llaves debajo de los dragones nuevos. Y volverá a asentar los caireles en su sitio, replanando con piedra y cascajo menudo, dejándolo llano".

(28) A.G.S.B. Obras municipales. Reg. 113, leg. 2, nº 2 y 3.
(29) A.G.S.B. Obras municipales. Reg. 113, leg. 2, nº 8.
(30) A.G.S.B. Obras municipales. Reg. 113, leg. 2, nº 10.
(31) ALZOLA, op. cit., pág. 69.
(32) IBIDEM, pág. 77.
(33) IBIDEM, pág. 83.
(34) IBIDEM, pág. 86-88.
(35) A.M.C.Z. Carpeta 88, nº 9.

4) FERROCARRILES

A pesar de que la idea de construir un ferrocarril que atravesara la Cuenca del Cadagua era muy temprano datando de 1845 (36), y del fallido proyecto de la línea Bilbao-Briviesca que hubiera pasado por Zalla (37), hay que esperar a fines del siglo XIX para encontrar su plasmación definitiva.

En 1888, por Real Orden del 8 de noviembre, se da a Ramón Bergé la concesión de la línea férrea Zorroza-Valmaseda. Entonces nacía en Zorroza de la línea Bilbao-Portugalete (a pesar de que el Ferrocarril del Cadagua era de vía estrecha y la de Portugalete de vía ancha), contando con las estaciones de Zorroza, Iráuregui, La Cuadra, Sodupe, Güeñes, Zalla y Valmaseda (38).

En 1893 se crea la Compañía del Ferrocarril de Zalla a Solares, fijándose las siguientes estaciones: Aranguren, Ocharan, Traslaviña, Villaverde, Entrambasaguas, Molinar, Gibaja, Udalla, Marrón, Treto, Gama, Beranga, Villaverde y Orejo (39).

En el mismo año se fusionan las compañías de la del Cadagua, de la de Zalla a Solares, y la de Solares a Santander, constituyendo la Compañía del Ferrocarril de Santander. Debido a la longitud de la vía férrea, consecuencia de la suma de las líneas de las tres compañías fusionadas, era necesario erigir una vía férrea que enlazara Bilbao y Zorroza, para poder absorber a tanta demanda de pasajeros.

A esta compañía se unió la del Ferrocarril de La Robla, que uniría Bilbao con León por el Valle de Mena y el norte de Palencia. En Zalla fue necesario expropiar nuevas fincas para ampliar la vía férrea, dada la gran circulación del carbón leonés (40).

ECONOMIA MUNICIPAL

1) FUENTES DE CONOCIMIENTO

Las cuentas municipales como tales son escasas. Las principales referencias se encuentran en los libros de decretos y de acuerdos del concejo de Zalla, como resultado de una operación llamada dación de cuenta. El responsable de llevar las cuentas municipales era el síndico procurador general, a quien al término de su sindicatura se le hacía una auditoría rigurosa. Esta operación no era muy deseada por la autoridad saliente por los fraudes que les podía detectar, bien fueran reales o ficticios (1).

Las daciones de cuenta no son continuas, por lo que no se pueden seguir con fidelidad las fluctuaciones que experimentaron cargo y data, ni tampoco de forma global la proporción que representaba cada partida. Las daciones de cuenta son más frecuentes en el siglo

---

(36) ALZOLA, op. cit., pág. 95.
(37) GOMEZ PRIETO, op. cit., pág. 256.
(38) ORMAECHEA, A.: *"Ferrocarriles en Euskadi"*, pág. 747.
(39) ORMAECHEA, op. cit., pág. 752.
(40) A.M.C.Z. Carpeta 91, nº 23.
(1) MERCHAN FERNANDEZ, A.C.: *"Gobierno municipal y administración local en la España del Antiguo Régimen"*. Tecnos. 1986. Madrid. Págs. 132-134.

XVIII, y prácticamente inexistentes en el siglo XIX. Sin embargo, de esta última centuria se conservan algunas cuentas con los recibos justificativos de los gastos (2).

Por tanto, no se han conservado los Libros de Propios del Concejo de Zalla que eran los que en teoría conservaban dicha información (3).

2) FUENTES DE INGRESOS

Las principales fuentes de ingresos provenían del arrendamiento de los abastos, de las tabernas, montazgos, censos y repartimientos.

Los arrendamientos de los abastos eran un capítulo muy importante en los ingresos municipales, especialmente el de las tabernas, por ser el número de ellas arrendables muy alta y, por consiguiente, la posibilidad de conseguir grandes ingresos era alta. De hecho, en muchas ocasiones, en los momentos de no tener líquido para poder financiar un hecho decretado, solíales acompañar la coletilla de que se cubran sus gastos con lo que se ingresara de las tabernas. Los arrendamientos de las carnicerías producían ingresos nada desdeñables, aunque no tan espectaculares como los de las tabernas.

El montazgo ha sido descrito en su apartado correspondiente.

Una fuente de financiación era el censo, casi siempre en contra del concejo. Ante el endeudamiento municipal el censo significaba un balón de oxígeno momentáneo para las arcas municipales, por la posibilidad de contar de dinero al momento, especialmente para gastos imprevistos como pleitos que requerían gran desembolso de dinero. La duración de los mismos era variable según la duración de dichos gastos y la cantidad del censo. El interés era variable según las épocas, variando entre el 3 y el 5%.

El primer censo conocido es el aportado por Antonio de Urrutia y Salazar, Juan Urrutia-Avellaneda y Garay y Francisco Villar y de la Quadra, quienes prestaron al municipio una cantidad entre 2.000 y 3.000 reales para poder adelantar 500 ducados a Juan de Horna en la reedificación de la Iglesia de San Miguel (4). A cambio se le vendía lo resultante del esquilmo de los montes (5).

Un segundo censo se adquiere a fines del siglo XVII, al comprar el municipio la vara de alcalde. Para tal operación necesitaba de dinero que se lo suministró Agustín de Retes en forma de censo, aspecto que se verá en el tema de la vida municipal.

En el siglo XVIII más censos son los aportados por Mateo de Braceras de 2.760 reales (6), del concejo contra la Iglesia de San Miguel para financiar su reedificación (7), caso único de censo a favor del concejo; otro de Diego de Villa (8), de Lorenzo de Yandiola de 250 ducados (9), de Antonio de Bezi y Yermo (10).

En el siglo XIX destacan por su magnitud los aportados por José de Yarto de 11.000

---

(2) A.M.C.Z. Carpetas 35, 74 y 75.
(3) Al menos ése es el caso de Valmaseda. Véase GOMEZ PRIETO, op. cit., pág. 203.
(4) A.M.C.Z. Carpeta 1, nº 2. Libro de concexo. F. 83v.
(5) A.M.C.Z. Ibídem, f. 112v.
(6) A.M.C.Z. Carpeta 4. Libro de decretos. F. 8v.
(7) Ibídem, f. 263.
(8) A.M.C.Z. Carpeta 5, nº 1. F. 110.
(9) Ibídem, f. 260.
(10) A.M.C.Z. Carpeta 6, nº 1. Libro de decretos. F. 189.

reales al 6% (11), otro del citado José de Yarto junto con Manuel de Eguía una cantidad de 9.000 reales al 8% de interés (12), otro de Santiago de Arenaza de 100.000 reales al 5% (13), otro de Vicente de Villar de 12.000 reales (14), de José de Arenaza de 100.000 reales al 3% (15), Pascual Hurtado vende al municipio un censo de 17.200 reales a favor de José de Yarto y Manuel de Eguía al 4% de interés (16), de Juan José de Ureta de 30.000 reales al 5,5% (17), de José de Eguía de 30.000 reales también al 5,5% (18).

Como se ve, el municipio siempre fue deudor de personas de cierto status económico y social. Durante el siglo XVIII el pago de los réditos y de la redención de los censos fue fiel y puntual; pero en el siglo XIX por el endeudamiento galopante generado por las guerras, no pudo ser tan fiel ni tan puntual.

Los repartimientos formaban el grueso de los arbitrios municipales durante mucho tiempo. Eran una imposición directa medida en reales por vecino, más altos o más bajos según las necesidades del momento; no eran periódicamente fijas sino que se decretaban cuando las necesidades del Concejo así lo estimaban.

3) GASTOS FIJOS

Dentro de este capítulo hay que mencionar los pagos que Zalla debía efectuar como integrante de las Encartaciones en forma de repartimientos para gastos generales y extraordinarios que se podían decretar en las Juntas Generales de Avellaneda.

Zalla, como integrante del Señorío de Vizcaya, también contribuyó con repartimientos para gastos extraordinarios del Señorío, y con contribuciones reales como la Caja del Señorío o reparto de los infantes que el Señorío daba al rey, chanteles, servicios y donativos con fines diversos. En Zalla no fueron agobiantes, pues siempre se pudieron pagar.

Un segundo apartado dentro de la data de las cuentas municipales lo constituía los gastos del culto religioso. Por ello son constantes las referencias a las partidas que el municipio pagaba al predicador, al tamborilero, al saludador, o que sufragaba procesiones o romerías por las más diversas razones.

Los cargos municipales, fueren electivos o no, eran retribuidos. Además de los cargos propios del concejo existían los de médico o cirujano, perito y tejero, siendo todos ellos temporales. En el contrato de médico o cirujano, además de recibir un salario en metálico y en especie, también cobraba visitas particulares en ciertas circunstancias, siendo más caros si eran de noche, en caso de parto o en otras necesidades urgentes.

Cuando desaparecieron las figuras de los hombres buenos, se pagaron los servicios de peritos para tasar las leñas de los montes para hacer carbón, los reparos de los caminos y otros conceptos, cuyos honorarios eran elevados para los casos puntuales en los que se necesitaban de sus servicios.

---

(11) A.M.C.Z. Carpeta 10, nº 1. Libro de decretos. F. 11.
(12) A.M.C.Z. Ibídem, f. 60.
(13) A.M.C.Z. Ibídem, f. 187v.
(14) A.M.C.Z. Carpeta 10, nº 2. Libro de actas. F. 200.
(15) A.M.C.Z. Carpeta 11, nº 2. Libro de decretos. F. 3.
(16) Ibídem, f. 10.
(17) A.M.C.Z. Carpeta 12, nº 1. Libro de acuerdos. F. 25.
(18) Ibídem, f. 35.

El caso de tejero sólo se mantuvo en el siglo XVIII mientras duró la Tejera de san Pantaleón. En el contrato, de carácter anual o bianual, el tejero se comprometía a fabricar un determinado número de tejas y ladrillos para las necesidades constructivas del Concejo, y de esta manera se le retribuía: en proporción al número de tejas y ladrillos elaborados.

El Concejo no era un pagador muy formal, sobre todo con el médico o cirujano en la Guerra de la Independencia y en la 1ª Guerra Carlista, por el endeudamiento crónico municipal.

4) OBRAS PUBLICAS

Zalla era un concejo, al igual que las villas, concejos y anteiglesias de Bizkaia, donde las obras públicas constituían un monto muy importante en los gastos municipales, tanto por las grandes construcciones como las pequeñas obras de mantenimiento. Las inversiones municipales por tales conceptos se pueden desglosar en:

– CAMINOS: Comunicaciones con los municipios próximos al concejo, así como las comunicaciones internas. Suponen un gasto continuo en reparaciones del Camino Real y de calzadas de continuo.

– PUENTES: Se han considerado aparte de los caminos por la importancia del río Cadagua y sus arroyos, en especial por las inversiones que el concejo desembolsaba en sus reparaciones como consecuencia del desbordamiento del río y de los arroyos. Son obras en puentes, puentecillos y pontones, incluyendo las orillas.

– AYUNTAMIENTO: En este apartado se incluyen las obras de edificios municipales como la Casa Consistorial, Escuelas, Juzgado, etc.

– ABASTOS: Todas las obras pertinentes que aseguraran el mantenimiento y la distribución de los bienes de primera necesidad en los mercados. Incluyen red, matadero, y lo demás que fuere necesario en las carnicerías, pesas y medidas, cerrojos, etc.

La mayor parte de las obras de cantería se realizaba con mortero fabricado con cal y arena, cuya duración era corta y, por tanto, las reparaciones eran muy frecuentes. Estaban dirigidos por maestros canteros o carpinteros según los casos.

5) HACIENDA MUNICIPAL EN EL SIGLO XIX

A pesar de que en el siglo XVIII la frecuencia de financiarse con censos apuntara a una tendencia al endeudamiento, las cuentas municipales, por lo general, salían ajustadas hacia la autosuficiencia, al menos en la primera mitad del siglo XVIII. En la segunda mitad de dicha centuria no hay noticias de su evolución, debido al vacío documental existente.

En el siglo XIX, al menos hasta 1845, el endeudamiento no sólo es una tendencia sino una realidad catastrófica en determinadas circunstancias bélicas.

Como se dijo más arriba al referirnos a los censos, las épocas en que fueron más urgentemente necesitados fueron en los períodos bélicos como la Guerra de la Independencia y la 1ª Guerra Carlista, hechos decisivos en el arruinamiento de las finanzas locales.

La Guerra de la Independencia resultó ser el primer quebranto hacendístico del municipio. Y como botón de muestra véanse las cuentas municipales correspondientes a 1808 y

1809 (19). En ellas aparecen dos censos aportados por Manuel Hipólito de San Román y José de Galarreta a un interés del 6%, además de un préstamo sin interés ofertado por Francisco Ramos de Basualdo, cura beneficiado de Zalla, procedente de las ermitas del concejo. Los únicos ingresos fijos de importancia son el remate de la sisa (ausente en el siglo XVIII) y los repartimientos abundantes.

La data, además de los gastos habituales, se infla considerablemente en los suministros dados a las tropas de ocupación francesas, y en contribuciones a la Diputación que también estaba en manos francesas. Para 1808 el déficit ascendía a 4.272 reales y 13 maravedíes; para 1809, en cambio, el balance fue favorable con un superávit de 5.774 1/2 reales, gracias a la evasión de la contribución mensual recolectado en tres meses de recaudación de 11.130 reales.

Pero para 1812 el déficit ascendió a 10.790 reales y 28 maravedíes, a pesar de los numerosísimos repartimientos que vaciaron los bolsillos de los zallenses. El déficit fue posible ya que los suministros a las tropas francesas ascendían a varios miles de reales y al peso de las contribuciones al gobierno francés (20).

Para poder sacar líquido de donde fuere para poder pagar tan galopante deuda, se concedió escritura de venta a todos los que tenían montes apropiados (21), a repartimientos sobre la propiedad a un tanto por ciento (22), a censos, a suspensión de salarios del salario del médico cirujano (23), a saca de leñas (24). Las tabernas no podían arrendarse bien por la pérdida de la cosecha de txakolí, bien por saqueo de lo almacenado o de las viñas (25).

Al concluir la guerra contra los franceses, la hacienda local se esfuerza en recaudar para poder satisfacer los censos y préstamos dados por particulares que adelantaron bienes de su hacienda para hacer efectivo los suministros a las tropas francesas. Al mismo tiempo se restauran dos contribuciones: la del millón y medio para las arcas del Señorío expedida en 1806, y reparto sobre propiedades del 5% (26). Además los pleitos de particulares que contribuyeron para los suministros franceses se multiplican, solicitando indemnizaciones (27).

En 1824 se acaba de recaudar la contribución del millón y medio para el Señorío y se redime el censo otorgado por Manuel de Eguía y José de Yarto (28), pero se solicitan otros censos y aumenta desde la Diputación Provincial de Bizkaia la contribución sobre propiedad territorial.

Durante la 1ª Guerra Carlista se repitió el ciclo de la Guerra de la Independencia. Los continuos suministros a las tropas carlistas mermaron las finanzas municipales a pesar a que se recurrió para sanear la economía municipal a la saca de montes, a la contribución territorial, y al repartimiento en especie (29). El resultado fue una gangrena en las cuentas

(19) A.M.C.Z. Carpeta 75, nº 1.
(20) A.M.C.Z. Carpeta 74, nº 7.
(21) A.M.C.Z. Carpeta 10, nº 1. Libro de acuerdos. F. 25v. y 28.
(22) Ibídem, f. 59 y 121.
(23) Ibídem, f. 73.
(24) Ibídem, f. 137.
(25) Ibídem, f. 90ss y 152.
(26) Ibídem, f. 159 y 161.
(27) La lista de pleitos se alargaría: los que solicitan la apertura de pleitos son Angel de Partearroyo, Pedro de la Sera, el concejo de Santurce, etc.
(28) A.M.C.Z. Carpeta 10, nº 2. Libro de ayuntamiento. F. 181. y 186ss.
(29) A.M.C.Z. Carpeta 12, nº 1. Libro de acuerdos. F. 14, 23, 32 y 50v.

municipales, plasmada en una diligencia de ejecución de los bienes municipales y el secuestro de todos los arbitrios a instancia de Ramón de Umaran en 1835 (30). Para acentuar aún más el déficit público local, la contribución sobre la propiedad también se extiende al inquilino (31). La deuda fue tan grande que se suspendieron los cobros de los salarios de los cargos municipales, incluyendo los de los regidores (32).

Al término de la guerra, la reclamación de los pagos de los réditos de los censos adelantados durante la carlistada no permite un respiro al concejo (33), siguiendo endeudándose con réditos y censos en la década de 1840 (34). Los libros de acuerdos se interrumpen en 1862, sin mostrarnos si se pudo resolver la deuda pública municipal o no.

---

(30) Ibídem, f. 58v.
(31) Ibídem, f. 68.
(32) Ibídem, f. 137.
(33) A.M.C.Z. Carpeta 12, nº 2. Libro de acuerdos. F. 32-33.
(34) A.M.C.Z. Carpeta 12, nº 3. Libro de acuerdos. F. 31v., 49, 64 (presupuesto de 1847) y 104v.

LA SOCIEDAD EN ZALLA

1) EL MAYORAZGO

En el País Vasco es inexacto hablar de nobleza, pues por definición el vizcaíno era igual ante la ley por aquello de la hidalguía universal. Esto creó una teoría política en autores como el Padre Larramendi que alababa el igualitarismo vasco.

Por tanto, no existía una nobleza como la castellana, sino que la élite estaba formada por grandes propietarios rurales. Y una perduración de la gran propiedad en el mundo rural lo instituyó el mayorazgo.

El mayorazgo, en palabras de Clavero, era una forma de propiedad vinculada en la que su titular dispone de la renta, pero no de los bienes que lo producen. Tiene la ventaja de que el mayorazgo garantiza la integridad de la propiedad, y disponía que el orden de sucesión fuera única, generalmente al primogénito (1).

En Zalla el mayorazgo proliferó de forma excesiva. Así tenemos el mayorazgo de Salcedo (2), de Villa-Urrutia (3), Terreros (4), Urrutia (5), San Cristóbal (6), Yermo en Zari-

---

(1) CLAVERO, B.: *"Mayorazgo. Propiedad feudal en Castilla (1369-1836)"*. Siglo XXI. Madrid. 1989. Pág. 21.

(2) TESTAMENTO DE LOPE DE SALCEDO. Véase QUADRA SALCEDO, op. cit., pp. 246-249.

(3) URRUTIA, op. cit., pp. 348-49. En el testamento de Juan de Urrutia y Villa-Avellaneda se lee: "Ytem decimos nos, los dichos Juan de Urrutia y Villa-Avellaneda y Doña Catalina Salazar y Montellano, que al tiempo y cuando tratamos de casar a Doña Luisa Urrutia y Salazar, nuestra hija legítima, con Don Francisco de Villa y Loyzaga, dueño y señor de la Casa y Solar de Bolumburu, y Patrón de la Yglesia de Santa Ana (...)".
Y en el expediente de José Villa-Urrutia para ingresar en una de las órdenes militares se lee: "(...) por poseher como hijo mayor los mayorazgos que vacaron a la muerte de su padre Francisco de Villa".

(4) El primer Señor de Terreros fue Ochoa Galíndez de Terreros quien fundó la torre vieja, y murió en 1388. Su hijo Juan Galíndez de Terreros construyó la torre actual, y su nieto Ochoa Galíndez de Terreros recibió el mayorazgo. El noveno señor de Terreros, Catalina de Terreros, se casó con Pedro de La Mella, heredero del mayorazgo de La Mella. Hay que aclarar que este último vendió la Torre de La Mella a Santiago de Urrutia y Villa. Para más detalles, véase URRUTIA, op. cit., pp. 348-352.

(5) URRUTIA, op. cit., pp. 37-40.

(6) URRUTIA, op. cit., pág. 420. La línea primera tuvo por mayorazgo en el siglo XVI a Sancho de San Cristóbal.

kete (7), y el de Arzabe, cuya historia detallaremos más adelante, y del que tomaremos como modelo por dos razones:

– Por haber estudiado detenidamente su archivo particular.

– Por haber descubierto en su documentación un microcosmos lleno de matices, que se pueden extrapolar y extender a los demás mayorazgos de Zalla. Además ese microcosmos es un espejo vivido de la sociedad zallense, de la que se puede tomar como muestra.

El mayorazgo de Arzabe viene de la reunión de varios mayorazgos, que se formaron por vía de herencia y por vía matrimonial al casarse los primogénitos de sus respectivas legítimas.

Por una parte viene el mayorazgo fundado por Pedro de Recalde cuyas dos sobrinas están emparentadas con Juan Francisco de Arzabe y Alejandro Marroquin de Montehermoso. De este último matrimonio nace Juana Marroquin de Montehermoso quien se casa con Francisco Antonio de Bezi y Uriondo (fruto del matrimonio de Antonio de Bezi y Yermo y Ventura de Uriondo), de donde saldría como heredera su nieta María Rita de Bezi y Arteaga.

La otra viene del mayorazgo de San Cristóbal, concretamente de Francisco de San Cristóbal y Molinar, quien transmite sus derechos a Francisco Antonio de San Cristóbal y Ocarranza, quien hereda el mayorazgo fundado por su bisabuelo Pedro de Ocarranza. Tal oronda herencia lo hereda María Bautista de San Cristóbal que sufrió un concurso de acreedores (7 bis), por lo que sus bienes pasaron a Juan Manuel de Arzabe y Sarachaga, quien se casó con Martina de Loyzaga, y de este matrimonio salió el primogénito Juan Manuel de Arzabe y Loyzaga (8).

Las dos líneas descritas confluyen en el matrimonio de Juan Manuel de Arzabe y Loyzaga y María Rita de Bezi y Arteaga, creando con sus respectivas dotaciones un mayorazgo de grandes proporciones a fines de siglo XVIII y principios de siglo XIX. Su sucesor fue su hijo Gregorio de Arzabe y Bezi, quien se casó con María Concepción de Hormaza sin dejar sucesión. El mayorazgo se transmitiría en orden sucesorio por sus hermanas Josefa, Teresa, Joaquina y Amalia.

Los inventarios reflejan el crecimiento de los mayorazgos. Así en éste que nos ocupa, la ingente cantidad de compra-venta a favor del mayorazgo permite apreciarla acumulación de tierras en diversas épocas. También reflejan la cantidad de tierras que la componen: heredades, viñas, montes, seles, censos, con expresión de casas solares, ferrerías y molinos en algunos casos. Vemos, pues, que el crecimiento del mayorazgo se efectuó por dos caminos: el matrimonial y la compra de terrenos.

El mayorazgo no se circunscribía a tierras vinculadas en Zalla sino que también los dominios del mayorazgo de Arzabe se extendían a Güeñes, Galdames, e incluso a las urbes de Bilbao y Madrid, ocupando casas particulares en calles céntricas (9).

La acumulación de tierras por medio de las cartas de compra-venta comienza a manifestarse a fines del siglo XVI, coincidiendo con su crisis finisecular, y continúa en el siglo XVII. Como consecuencia de ello los campesinos parcelarios venden sus bienes a la gran

(7) URRUTIA, op. cit., pág. 533.
A.H.U.D. Mayorazgos. Carpeta 24, nº 1(Hacia el final).

(7 bis) Un capítulo de ello lo constituye A.H.D.V. Corregimiento. Leg. 1113, nº 6.

(8) Todo esto se puede observar en los inventarios de los bienes de cada línea. Véase A.H.U.D. Mayorazgos. Carpeta 24, nº 1.

(9) IBIDEM.

propiedad para poder subsistir. La creación de los mayorazgos de Recalde y otros fueron una defensa ante la crisis para no perder propiedades.

La erección de mayorazgos y la compra de propiedades no vinculadas por parte de aquellos restringían el mercado del suelo rural cultivable. En muchos casos, los campesinos que vendían sus tierras a los mayorazgos quedaban como arrendatarios de ellos.

El siglo XVIII es una centuria fruto de reuniones de mayorazgos entre sí que desembocará en el mayorazgo de Arzabe en el siglo XIX. Pero en este gigantismo ya existía el germen de la desintegración. El número tan extenso de propiedades tan extensas en varios lugares dificultaba su administración. La crisis de fines del siglo XVIII, la coyuntura no tan boyante de inicios del siglo XIX y la crisis ferretera contribuyeron al endeudamiento. En el siglo XVIII los censos otorgados eran a favor del mayorazgo de Arzabe, pero en la centuria siguiente los censos se extenderán en su contra (10).

En 1826 los mayorazgos (Arzabe, Villa-Urrutia) y nuevas élites en ascenso (Urdampilleta) se ligaron de una vez en un pleito contra los ganaderos que pastaban en sus seles (11), hecho demostrativo de la defensa de sus intereses en épocas de crisis, tal vez síntoma de la extinción de las admeterías.

El decreto de supresión de los mayorazgos de 1836, de desvinculación de 1841 (12) y la abolición de los fueros en 1876 marcan los hitos para la desaparición del mayorazgo. Ello no significa forzosamente su fragmentación sino su reconversión en grandes propiedades.

En este mayorazgo existían las connotaciones negativas que caracterizaban a los segundones, o sea, la de ejercer la profesión de las armas, la de la emigración, o la de la carrera sacerdotal. De esto último tenemos testimonio en el mayorazgo de Arzabe. En efecto, Manuel Silvestre de Marroquin de Montehermoso llegó a disfrutar de la canonigia de la Catedral de Salamanca.

Como se dijo más arriba, el mayorazgo de Arzabe en su proceso de acumulación de tierra reunió varias extensiones de bienes inmuebles tanto rústicos como urbanos. Entre los bienes inmuebles rústicos de Zalla cabe señalar la existencia de varias casas o caserías (13), que por su número era prácticamente imposible administrarlas y explotarlas directamente.

Por tanto, para una eficaz administración y una explotación rentable era de rigor que se arrendaran. Por desgracia sólo tenemos constancia de tales arrendamientos en los libros de cuentas del mayorazgo de Arzabe que datan dela segunda mitad del siglo XVIII y principios del siglo XIX (14), con datos de los arrendatarios de las casas de Arzabe, Revilla, Aréchaga y Gobeo. Por consiguiente, no se puede averiguar el comportamiento del arrendamiento de la tierra en el siglo XVII y en la primera mitad del siglo XVIII.

La información más enjundiosa es la referente al arrendamiento de la casa de Arzabe (15). La renta anual se cobraba en metálico (21 ducados) y en especie (dos capones, mitad

---

(10) En 1823 Juan Manuel de Arzabe pide prestado a Valentín de Abiega un censo de 120.000 reales que fue redimido en 1845, vide A.H.U.D. Mayorazgos. Carpeta 27, nº 2.

(11) IBIDEM.

(12) CLAVERO, op. cit., pp. 381 y 388-391.

(13) En 1865 incluían las casas de Desa y su molino, la de Revilla, Gobeo, Beti, Arzabe, Ojibar, Lasarte, Mendieta, Ybarra, Llantada, Casa Nueva de Mendieta y la Torre de Arechaga, además del Molino de Longar. Véase A.H.U.D. Mayorazgos. Carpeta 28, nº 3.

(14) A.H.U.D. Cuentas. Carpeta 2, nº 6 y 11; y Carpeta 3.

(15) A.H.U.D. Cuentas. Carpeta 2, nº 6.

de la cosecha de las castañas, entre los frutos más frecuentes). En un principio, al arrendatario le era bastante arreglarse con la explotación directa de la heredad de la casa de Arzabe, mas en la práctica no fue así, pues Domingo de Umaran, el primer arrendatario de la casa de Arzabe del que tenemos noticias, dejó la casa con deudas oscilantes entre 200 y 300 reales. Los siguientes inquilinos, por ende, debieron trabajar jornales adicionales en las propiedades de su amo para poder tener ingresos, recurriendo incluso a realizar el carboneo y a recibir cabezas de ganado en admetería de los rebaños del mayorazgo (16).

También se ha recabado información sobre el arrendamiento del Molino de Longar (17), cuya propiedad estaba repartida entre varios porcioneros, como se expuso en el tema de la Industria Tradicional. Al contrario que en las casas, la renta se cobraba íntegramente en especie, a razón de una cantidad semanal de trigo y maíz estipulado en el contrato de arrendamiento.

Por su naturaleza la renta en especie era más difícil de abonar por el arrendatario, por no tener una heredad propia o arrendada para cultivar; el grano que recibía para moler y que podía reservar para pagar la renta no sería suficiente; y lo poco que ganaba en metálico tendría que invertirlo en comprar grano para satisfacer las rentas semanales al porcionero correspondiente.

Ya desde el principio del período conocido de la segunda mitad del siglo XVIII, período que data el libro de cuentas que se conserva del Molino de Longar, los arrendatarios conocidos cayeron en deudas. Dada la alta inflación del siglo XVIII tanto en el precio de la tierra como de los precios y rentas agrícolas (18), se creó un endeudamiento en los arrendatarios del Molino de Longar, en especial en los últimos años del siglo XVIII y principios del XIX.

En efecto, la crisis finisecular del siglo XVIII, los efectos negativos de la Guerra de la Convención, el retraimiento de la demanda interior, la crisis de 1804 y la Guerra de la Independencia crearon una inflación galopante en el precio del grano (19). Ello provocó un encarecimiento de la renta semanal al cambiar moneda pro grano, lo que hundió la economía de los arrendatarios del Molino de Longar. Además si se piensa en la escasez de la cosecha de grano que repercute en la no molienda (20). A fines del siglo XVIII la deuda ya se fija en metálico, siendo en 1799 de 450 reales y 26 maravedíes, y en 1801 de 331 reales y 8 maravedíes (21). La crisis de 1804 no hizo más que inflar la deuda (22).

---

(16) Una excepción es el caso de Manuel de Santa Coloma, pues se atrevió a llevar la admetería a límites inimaginables en la documentación total consultada por el autor. Durante el tiempo de su arrendamiento (1774-1788) llegó a recibir en admetería 24 ovejas, 15 cabras, 2 cabritos y 1 castrón. Esta actividad, unida al carboneo y jornales, le permitía tener ingresos económicos apañados, teniendo por lo general muy pocas deudas con el dueño del mayorazgo, si se compara con los demás arrendadores.

(17) A.H.U.D. Cuentas. Carpetañ 2, nº 1.

(18) FERNANDEZ DE PINEDO, E. y BILBAO, L.M.: *"Factores que condicionaron la evolución del régimen de propiedad en el País Vasco Continental"* en "La Economía Agraria en España", Madrid, 1979, pág. 154.

(19) Vide el capítulo de abastos de trigo correspondiente a esta obra.

(20) A.H.U.D. Cuentas. Carpeta 2, nº 1. Arrendamietno de Domingo de Saracho (1787-1789). Por las reparaciones del molino y la mala cosecha de 1789, debía 74 celemines de trigo y 54 de maíz, a pesar de perdonársele las rentas de un trimestre.

(21) IBIDEM. Arrendamietno de Benito Esauto (1792-1801).

(22) IBIDEM. En diciembre de 1803 el arrendador Josef Dosante debía a los porcioneros del molino un total de 1.004 reales y 5 maravedíes.

Por consiguiente, se puede concluir que ser inquilino, tanto de un mayorazgo como de una gran propiedad era un negocio ruinoso en la segunda mitad del siglo XVIII en Zalla, habida cuenta del encarecimiento de la renta agrícola, la inflación del siglo XVIII, y la crisis que se desató en el último decenio del siglo XVIII. Parece que arrendar una casa era más llevadero que arrendar un molino, por la mayor proporción de numerario en el abono de las rentas, aunque su consecución no sea menos laboriosa.

Existían jornaleros que trabajaban en las propiedades del mayorazgo de Arzabe, junto con los arrendatarios que se prestaban a trabajar a jornal. Su trabajo era diverso: cultivo del trigo y del maíz, vendimia, carreteo de piedra y madera, plantación de castaños, cortar mimbre, quitar tierra del calce del molino, carboneo,... No tenemos referencias de los salarios, pero si hacemos caso del mercurial de Valmaseda, para 1827-32 oscilaba entre 5 y 6 reales el jornal (23).

Por último, el servicio doméstico, que según se mostró en la población activa de cada censo, no era nada desdeñable en número. Por lo general lo constituía jóvenes solteros, aunque no faltaban los de mediana edad. No era personal fijo sino que funcionaban por contratos anuales. Percibían un salario que era más alto entre los criados que entre las criadas. De todos modos su salario era más teórico que real, pues buena parte de ello lo gastaban en el uniforme que compraban de su amo, llegando incluso al endeudamiento (24).

Y hemos dejado al detentador del mayorazgo para el final, porque paradójicamente no existe tanta documentación en Zalla de él como cabía esperar. Eran elegibles para los cargos públicos y contaban con innumerables riquezas. Prueba de esto último son los inventarios de bienes (25), los testamentos (26), y los objetos suntuarios (27).

2) PEQUEÑO PROPIETARIO

Los testimonios sobre la pequeña propiedad son relativamente abundantes, pero sobre el pequeño propietario en Zalla son escasos. Apenas conocemos el nombre de los propietarios y las características de su finca, compuesta de tres o cuatro heredades, en una de ellas se encontraba su casa de residencia. Preferentemente se dedicaban a cultivar grano, con parras en los bordes de la heredad, y, a veces, tenían un trozo de monte o sel.

De lo demás, su modo de vida, el peso específico del pequeño propietario en la vida municipal, su instrucción, etc., se nos escapan de las manos.

---

(23) A.G.S.B. Archivo Alto. Géneros. Reg. 4.

(24) A.H.U.D. Cuentas. Carpeta 2, nº 6. Cuentas sobre criados.

(25) A.H.U.D. Mayorazgos. Carpeta 24, nº 1, por poner un ejemplo.

(26) Los testamentos son de calidad diversa y desigual. Siempre presentan la misma estructura: Nombre y situación del otorgante, profesión de fe religiosa, provisión de enterramiento, mandas piadosas rituales y voluntarias, mención de los miembros de su familia conyugal, distribución de los bienes entre los herederos, reconocimiento de deudores y acreedores, y nombramiento de testamentarios y albaceas.

(27) Los inventarios suelen nombrar objetos de lencería, encajes y otras telas lujosas y objetos suntuarios de oro, plata y piedras preciosas. Todas las referencias de objetos comprados provienen de Bilbao.
Vide A.H.D.V. Corregimiento. Leg. 1113, nº 6, f. 54-56; leg. 2643, nº 6; leg. 2621, nº 26; y leg. 528, nº 11.

Por lo que se desprende de otras poblaciones de Bizkaia, Zalla debió contar con un modelo de pequeño propietario o casero, que contaba con un débil capital técnico, mano de obra familiar, cuyo resultado era una economía de autoconsumo (28).

Por su naturaleza, era una propiedad no vinculada, la que podía estar sujeta a los vaivenes de los hechos económicos, en especial de los censos. Si el pequeño propietario no abonaba los réditos de los censos, estaba sujeto a que sus pertenencias fueran concursadas y embargadas por los acreedores. Si el acreedor fuera un mayorazgo, cabía la posibilidad de que se los cediera en arrendamiento a su antiguo dueño.

Otro factor a tener en cuenta en la economía del pequeño propietario es la presión fiscal, inexistente por parte de la Corona gracias a la exención fiscal que los fueros otorgaban a Bizkaia, a excepción de donativos o servicios de forma puntual; pero existía una presión fiscal procedente de la Iglesia Católica canalizada en la percepción del diezmo y de la primicia.

Desde el punto de vista económico hay que resaltar que los productos que se podían comercializar en el mercado no siempre eran rentables, pues recordemos que en Zalla los precios eran rematados y no existió la libertad de precios hasta fechas relativamente recientes.

3) EL ARTESANADO

Expreso mis reservas al titular de este modo a las capas medias de la sociedad que no dependían del trabajo de la tierra para su sustento. Mis reservas son comprensibles por el historiador, pues conoce bien que en las Encartaciones, Valmaseda es la única localidad que contaba con comerciantes, artesanos y oficios por su condición de villa y por su vida económica.

Al contrario, en una anteiglesia o un concejo como Zalla, por su estrecha dependencia económica de la tierra, no fue posible el surgimiento de un estamento intermedio como producto del capital comercial o de la industria.

La única excepción quizá lo constituya los operarios que trabajaban en las ferrerías por desempeñar un oficio mecánico. Así el Arotza era el maestro de oficiales, dirigía toda la operación de elaborar el hierro, reservándose para sí las labores concernientes al horno, fuego y material de afinamiento. El fundidor cargaba y entretenía el fuego, sacaba de éste las masas pastosas del mineral fundido, las cortaba y dividía en masas más pequeñas y contribuía a fundir la primera barra. El laminador o tirador era el maestro forjador, director del proceso y martilleo de la masa sacada del fuego por el fundidor, atendía y regulaba el número de golpes del mazo a indicación del Arotza, y daba forma a la masa de hierro con la percusión del mazo, y cortaba la masa en barras. Por último el aprendiz hacía trabajos menores (29). Como se puede observar existía una división del trabajo en las ferrerías.

Dentro de los oficios tradicionales se encuadraban los canteros y carpinteros. Ambos tenían gran trabajo en las obras de construcción, tanto para el cabildo eclesiástico como para los particulares (30). En efecto, eran requeridos para la construcción, tanto para la erec-

---

(28) FERNANDEZ DE PINEDO, E.: *"El campesino parcelario en el Feudalismo Desarrollado (s. XVI-XVIII)"* en Historia General del Pueblo Vasco, VI, pág. 172.

(29) DIEZ DE SALAZAR, L.: *"Ferrerías en Guipúzcoa"*, pág. 183.

(30) Los casos serían interminables y existentes en todos los archivos consultados.

ción de iglesias o reparación de iglesias, ermitas, casas-torre, casas particulares, hornos, ferrerías, molinos y presas.

Algunos carpinteros eran originarios de Zalla como Rafael Bringas, y otros eran llamados de fuera. Al menos, en las obras de reparación encargadas por el cabildo eclesiástico, se puede advertir que los canteros y carpinteros dirigían las obras, y quienes cargaban con el peso duro eran los peones o auxiliares.

Algunos canteros, como José de Urdampilleta, ascendieron de status social en el concejo. José de Urdampilleta dirigió la obra de reedificación de la Iglesia de Santa María y Santa Isabel de La Herrera, y llegó a gozar de cargos públicos en el Ayuntamiento de Zalla, saliendo elegido como regidor en las elecciones de 1817 (31), candidato a alcalde en las de 1829 (32), y elegido teniente alcalde en las de 1830 (33).

De los oficios municipales no elegibles algo dijimos en otro apartado. Vienen a ser análogos a las profesiones liberales. La profesión más significativa era la de médico. En el contrato que firma el nuevo facultativo en 1655 de duración de cuatro años, su salario es en especie, de dos celemines de trigo por vecino, y cobraba por visitas o consultas un real, y por cada sangría y ventosa dos reales (34). En el contrato de 1662, el salario en especie anual es en trigo y en maíz (35). En el de 1711, el salario ya era en metálico, ascendiendo a 500 reales anuales, cobrando por cada visita 3 reales y por cada consulta y recetas un real (36). En 1745, el salario ascendía a 1.600 reales (37).

En 1817 las condiciones para ejercer de médico cirujano eran: asistencia facultativa a todos los vecinos de Zalla, incluyendo a los del Hospital, ejercer también de médico forense, asistir a los partos cobrando 15 reales si era de día, y 20 reales si era de noche, obligación de traer instrumental médico, contar con la asistencia de sangrador que sepa afeitar y rasurar, y se le cobrará de salario 1.400 reales anuales (38). No se ha encontrado evidencia alguna acerca del papel del médico en la vida municipal.

Del maestro municipal casi no se sabe nada de él, aparte de su salario que en principio fue en especie (39), y luego en metálico.

Existía una población flotante dedicada al transporte de los más diversos géneros: lana, hierro, etc. Existen pleitos que recogen esta realidad (40) de transporte entre la costa y el interior.

4) CLASES BAJAS

Sobre la pobreza no he encontrado nada que atestiguase su presencia. Esto no quiere decir que no existieran. Al menos existía un Hospital en Zalla cuyos registros no se han

(31) A.M.C.Z. Carpeta 10, nº 1. Libro de decretos. F. 272.
(32) A.M.C.Z. Carpeta 11, nº 2. Libro de acuerdos. F. 83.
(33) IBIDEM, f. 100.
(34) A.M.C.Z. Carpeta 1, nº 1. Libro de decretos. F. 37v.
(35) A.M.C.Z. Carpeta 1, nº 2. Libro de concexo. F. 10.
(36) A.M.C.Z. Carpeta 2, nº 2. Libro de decretos. F. 326v.
(37) A.M.C.Z. Carpeta 11, nº 1. Libro de decretos. F. 61v.
(38) A.M.C.Z. Carpeta 10, nº 2. Libro de Ayuntamiento. F. 16.
(39) Incluso en 1818 el maestro percibía el salario en especie. Vide A.M.C.Z. Carpeta 10, nº 2. Libro de Ayuntamiento. F. 58.
(40) Por ejemplo: A.H.D.V. Corregimiento. Leg. 1259, nº 19.

conservado, al menos en el Archivo Municipal (41). Probablemente, tendría un funcionamiento análogo al del Hospital de Valmaseda para acogida y cuidado de los pobres (42).

5) EVOLUCION DE LA PROPIEDAD

a) FUENTES

En principio se deben distinguir dos periodizaciones en virtud de las fuentes manuscritas utilizadas, cuya divisoria sería la Fogueración de 1796. Ambos períodos son diferentes cuantitativa y cualitativamente en cuanto a la calidad de la información que las caracteriza. La primera era muy parca y poco útil; la segunda es muy rica en documentación pero sólo aplicable al siglo XIX.

El registro más antiguo es la Fogueración de 1704 (43), pero no es útil porque no hace más que citar al cabeza de familia de cada casa, sin especificar si es propietario o inquilino, y por no citar, no cita edificios de interés como ferrerías y molinos.

Para el caso de Zalla, no se ha conservado la Fogueración de 1745. Por otro lado, es muy esclarecedor y útil la Fogueración de 1796 (44) con indicación de propietarios, inquilinos, e incluso molinos y ferrerías. El Registro de Riqueza (Propios y Arbitrios), confeccionado en 1799, refleja la misma situación.

La Estadística Territorial de 1814 (45), por su naturaleza, no es capaz de darnos mayores datos. Por una parte, sólo da una lista de contribuyentes, sin especificar si eran propietarios o arrendatarios. Las rentas contributivas estaban expresadas en moneda y en especie. En consecuencia de ello, no la he encontrado de mucha utilidad.

La Estadística Territorial de 1826 (46) está plagada de muchas ocultaciones que, aunque exprese un número de 146 propietarios, expresa un número muy inferior de inquilinos que lo que podía esperarse.

Decorado distinto ofrece la Estadística Territorial de 1875, (47) de excelente calidad y alta fiabilidad, dado que expresa las rentas con expresión y distinción clara de los propietarios, inquilinos y casas sin arrendar y otros conceptos.

Por último, el Registro de Fincas Rústicas y Urbanas de 1892 (48) es un catastro con indicación de propietarios, inquilinos y pesetas, de alta calidad y gran fiabilidad.

---

(41) Con esta nota expreso mi reserva, porque el tiempo no me ha permitido examinar el fondo de Beneficencia del Archivo General del Señorío de Bizkaia.

(42) Sobre el Hospital de Valmaseda consultar GOMEZ PRIETO, op. cit., pp. 113-114, 167-170 y 172-176.

(43) A.G.S.B. Fogueración de 1704.

(44) A.G.S.B. Numeración de las Fogueras y Edificios de que se compone el noble Concexo de Zalla.

(45) A.G.S.B. Estadísticas. Reg. 4bis, nº 114.

(46) A.G.S.B. Estadísticas. Reg. 5, nº 118.

(47) A.M.C.Z. Carpeta 71. Estadística Territorial de 1875.

(48) A.M.C.Z. Carpeta 61. Declaración de Fincas Rústicas. Declaración de Fincas Urbanas.

b) LA PROPIEDAD ANTES DE 1796

Antes de 1800, la evolución de la propiedad es difícil de seguir por la casi ausencia de documentación. Las grandes propiedades conocidas en Zalla estaban en manos de los mayorazgos, y su evolución es seguida por la exploración de sus archivos particulares. Como modelo, hemos tomado al mayorazgo de Arzabe, del cual ya se habló ampliamente.

Sin embargo, la evolución de la pequeña propiedad ha sido difícil de seguir. El cierre al público del Archivo Histórico Provincial de Bizkaia ha privado al investigador de una fuente de primera mano para su seguimiento. Las pocas referencias encontradas en el mayorazgo de Arzabe, en los pocos protocolos encontrados en el Archivo Municipal de Zalla, y los inventarios de los censos del Cabildo Eclesiástico poca luz dan.

Según Fernández de Pinedo, los resultados globales de la Fogueración de 1704 indican que el 50% de los labriegos eran pequeños propietarios (49). Pero al tener al lado el mayorazgo provocó otorgar censos a su favor en épocas de poco pecunio. También el pequeño propietario otorgó censos a favor de las parroquias y de las ermitas. Los inventarios de los censos de las instituciones eclesiásticas consignan censos desde mediados del siglo XVII y con mayor densidad en el siglo XVIII. Los del mayorazgo de Arzabe revelan tendencias más claras, pues la crisis de fines del siglo XVII afectó de forma negativa en las economías de los pequeños propietarios, cuya consecuencia fue el otorgamiento de censos para salir del escollo. También cabe pensar en un retroceso de la pequeña propiedad en el siglo XVII, dada la cantidad de cartas de compra-venta acumuladas en el Archivo Particular de Arzabe.

La consecuencia final en algunos casos sería la pérdida de la propiedad, al no poder satisfacer la deuda. Los concursos de acreedores en los dos últimos decenios del siglo XVIII y la primera década del XIX serían su resultado. No obstante, los testimonios de este fenómeno son más frecuentes en los casos del cabildo eclesiástico que del mayorazgo.

c) EL SIGLO XIX

La Fogueración de 1796 da un total de 231 casas y el Registro de Fincas Rústicas y Urbanas un total de 349 casas. Ambos son el límite de nuestro estudio. Entre las dos se han intercalado los resultados de Propios y Arbitrios de 1799, que dan una situación parecida a la Fogueración de 1796, y la Estadística Territorial de 1875.

Una rápida ojeada a ellos es concluyente: decadencia de la pequeña propiedad, aumento espectacular del inquilinato y mantenimiento del número de pequeños propietarios, todo ello traducido en un aumento de la gran propiedad.

A fines del siglo XVIII el porcentaje de la pequeña propiedad en el conjunto de Zalla (entendida como propiedad pequeña a la de una sola casa) no era nada despreciable, siendo alrededor del 30%. Por otro lado el inquilinato era considerable, en torno al 45% de las casas registradas tanto en la Fogueración de 1796 como en la de Propios y Arbitrios de 1799.

En 1875, en vísperas de la abolición de los fueros, la pequeña propiedad ha descendido en peso específico, aunque se resiste a desaparecer. El inquilinato, junto con las casas sin arrendar, le da un papel predominante a la gran propiedad.

(49) FERNANDEZ DE PINEDO, E.: *"El campesino parcelario..."*, pág. 171.

A fines del siglo XIX la gran propiedad se ha hundido, como consecuencia de la industrialización y de la proletarización del campesinado. De hecho, la Papelera del Cadagua tuvo su parte en el proceso por la adquisición de diversas fincas en Aranguren, convirtiéndose desde cierto punto de vista en un gran propietario. Esto redunda en el aumento del núcleo urbano de Mimetiz.

El decrépito de la pequeña propiedad parece confirmarse en el mayorazgo de Arzabe durante el siglo XIX. En la Fogueración de 1796 cuenta con seis casas; en la Estadística Territorial de 1875 aumenta a 14 casas, para disminuir ligeramente en el Registro de Fincas Rústicas y Urbanas de 1892 a 12 casas. Como se ve, la supresión del mayorazgo no le perjudicó, sino que le benefició.

FOGUERACION DE 1796

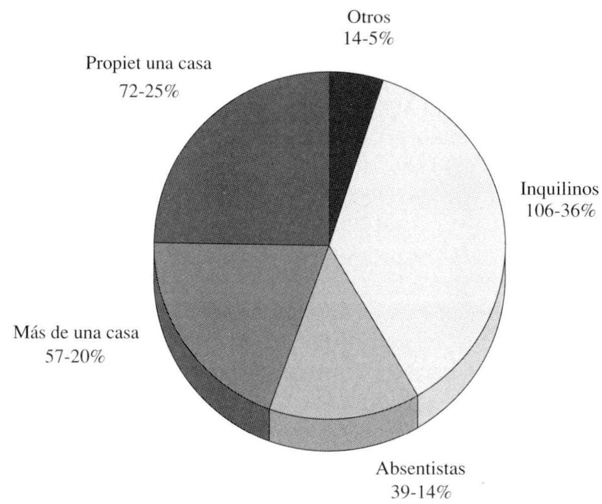

PROPIOS Y ARBITRIOS 1799

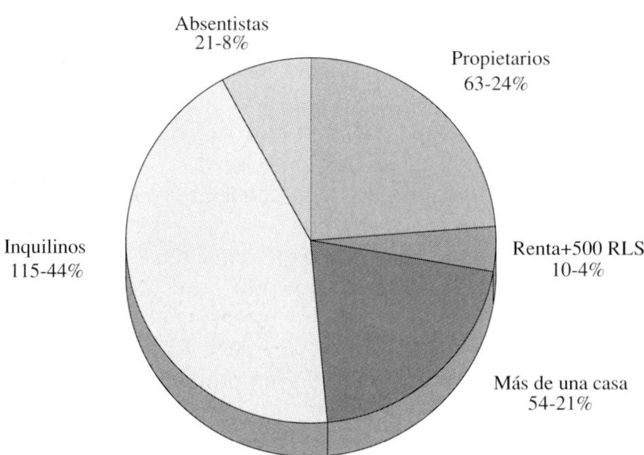

ESTADISTICA TERRITORIAL DE 1875

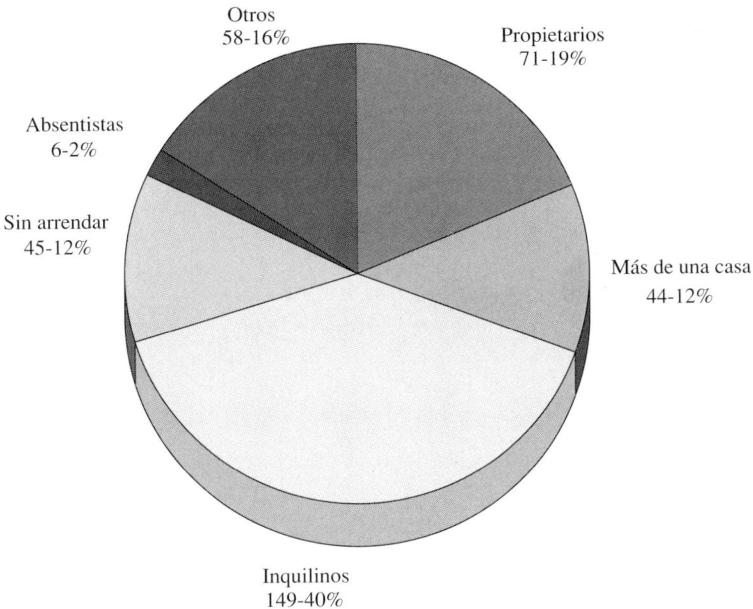

REGISTRO FINCAS RUSTICAS Y URBANAS (1892)

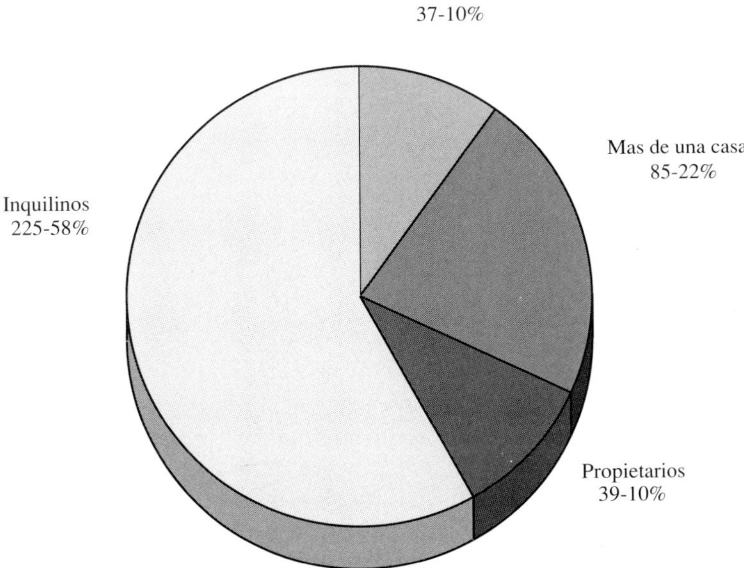

EL SIGLO XX

El siglo XX, a pesar de la repercusión inmediata que ha tenido sobre nuestros padres y abuelos, desgraciadamente va a tener un tratamiento menor en este trabajo. La principal razón para tan pequeño tratamiento ha sido el tiempo, dada la riqueza de fuentes de investigación que hay ya de por sí en el Archivo Municipal. Para poder hacer un relato digno de la Historia de Zalla en el siglo XX, hubiera debido tener concedido otro año de plazo de Bolsa de Trabajo, y esto hace imposible tratarlo como se merece.

Por tanto, es inevitable una visión sesgada, aunque para evitarlo en lo mayormente posible he optado por acudir a fuentes de carácter general, tales como censos, catastros, etc., y fuentes impresas. Es una pena no tratar en profundidad temas presentes en la comunidad zallense como la Papelera o la Escuela de Artes y Oficios. Quizá seas en otro momento más afortunado.

1) ZALLA HASTA LA GUERRA CIVIL

Acerca de la evolución demográfica sólo cabe dar una visión general, con una parada en el Censo de 1920. La evolución de la población es la siguiente (1):

1900: 2.194 habitantes.
1910: 2.842 habitantes.
1920: 3.453 habitantes.
1930: 3.733 habitantes.

Por las cifras se observa una aceleración en el crecimiento de la población zalluca, si se compara con la del siglo XIX. Las dos primeras décadas han acusado un incremento de algo más de 1.250 almas, o sea, el incremento experimentado en el siglo XIX. Las razones de tan poderosa diferencia quizá las encontremos explorando el Censo de 1920 (2). La pirámide de población por edades y sexos semeja un triángulo isósceles de amplia base. Ello implica un modelo caracterizado por la alta natalidad y una mortalidad moderada, como puede advertirse en la diferencia entre los escalones de los niños y la de los adolescentes, y curiosamente la diferencia es más fuerte entre los varones que entre las hembras. Por consiguiente nos encontramos con una población joven y pujante, incrementado aún más por el papel de la inmigración.

---

(1) ZALLA. Guía. Publicaciones del Ayuntamiento de Zalla. Barcelona, 1992, pág. 21.
(2) A.M.C.Z. Carpeta 170. Censo de 1920.

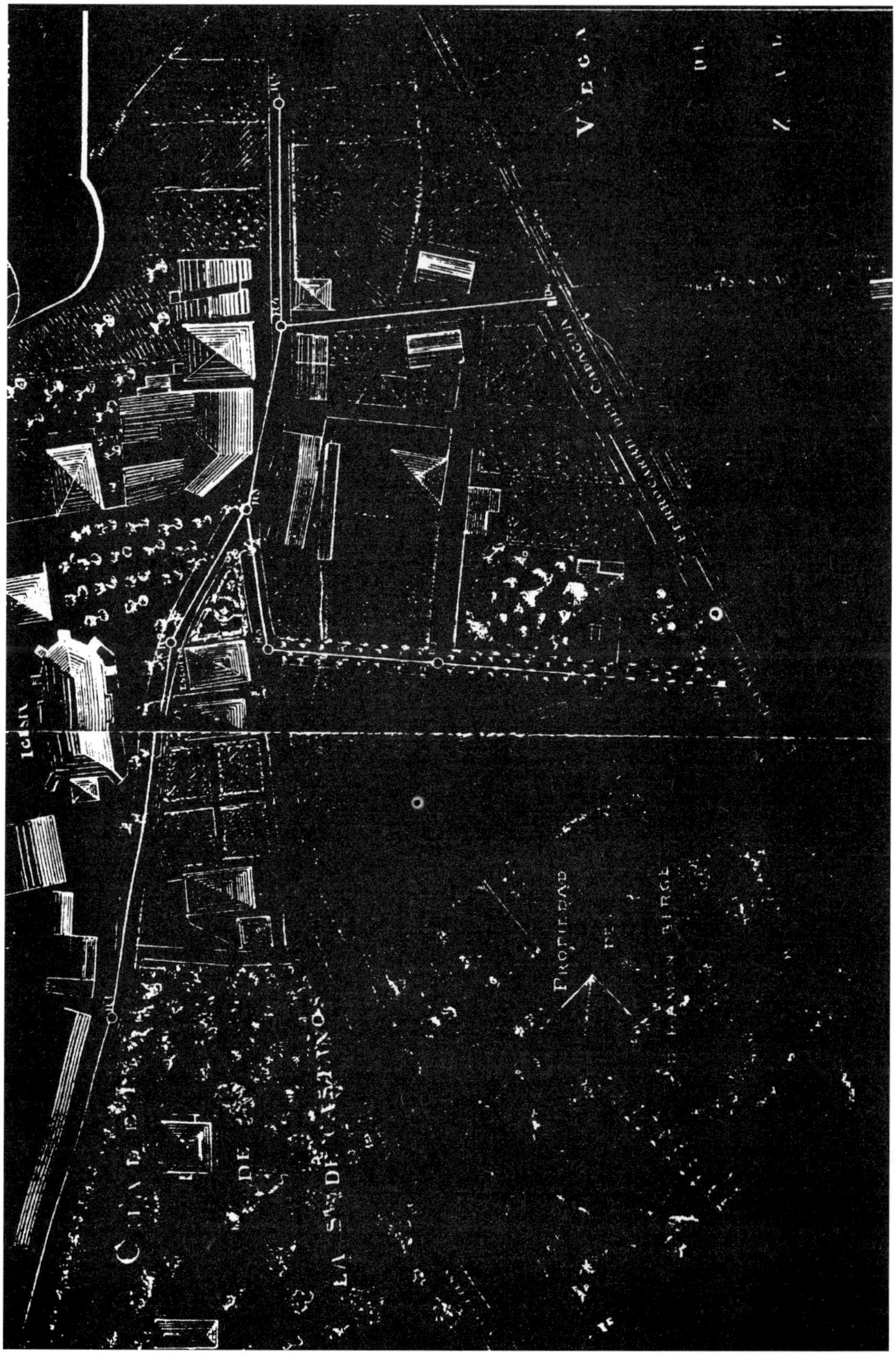

Plano de Zalla en 1900.

CENSO DE 1920

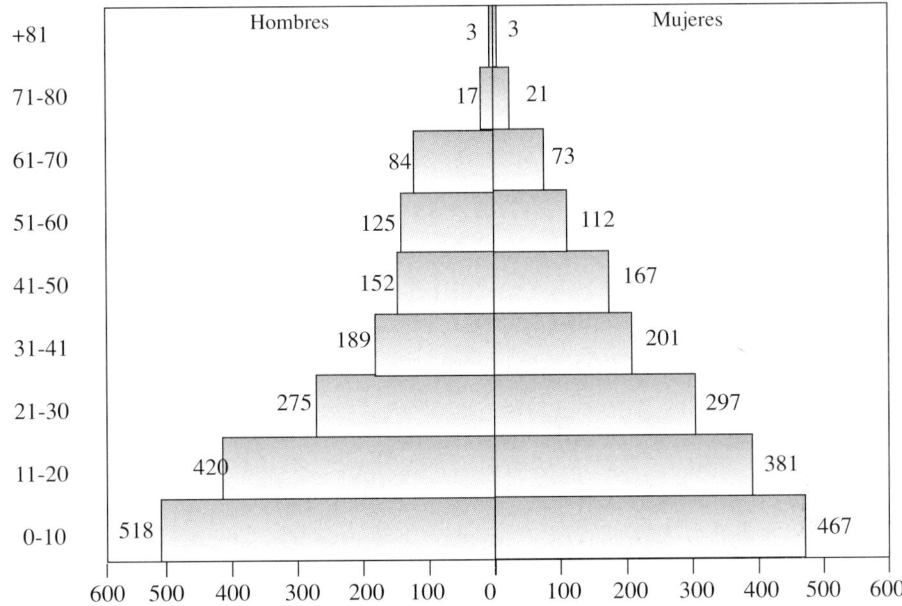

FUENTE: A.M.C.Z. Carpeta 170. ELABORACION PROPIA.

NATURALEZA

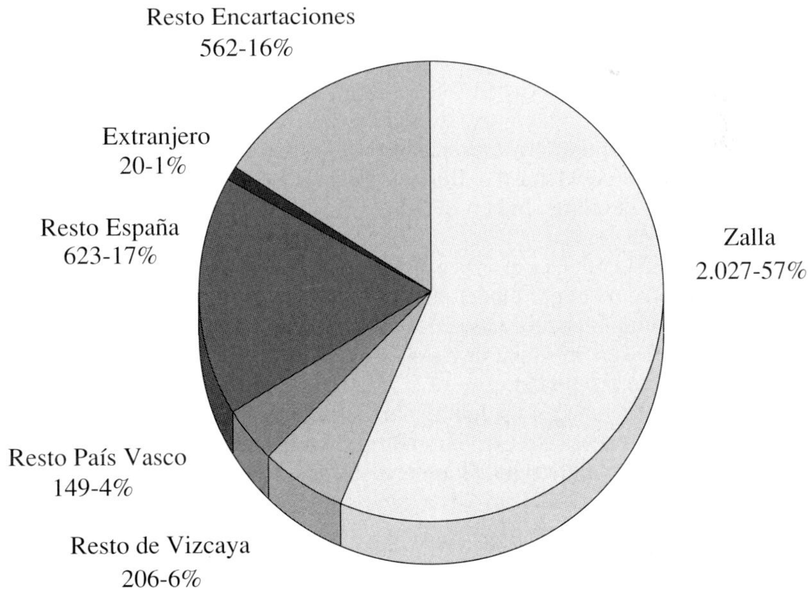

POBLACION ACTIVA

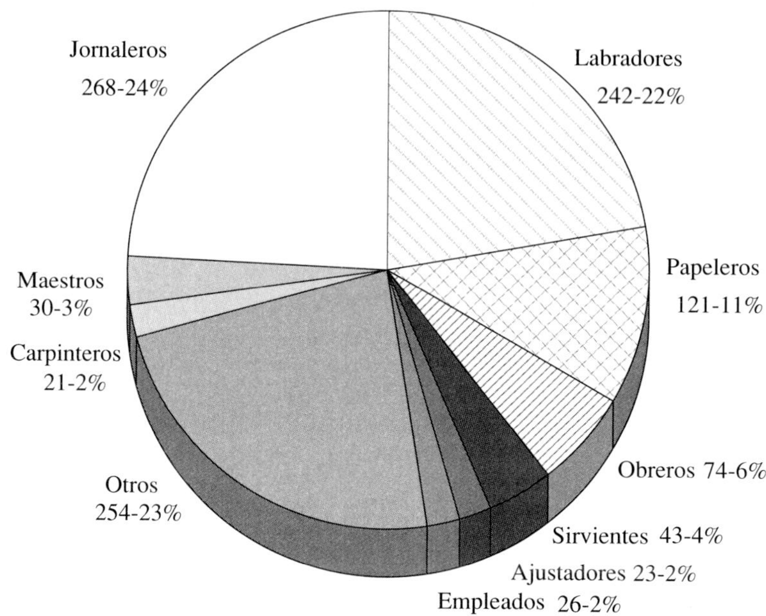

Entre los inmigrantes destacan los encartados, especialmente los procedentes de Valmaseda y de Güeñes. La razón de tanto valmasedano en Zalla, quizá radique más a causas geográficas que las propias de aproximación. Valmaseda está encajonado dentro de un medio abrupto que condiciona su expansión en un reducido espacio. La de Güeñes es mayormente comprensible por su mayor proximidad a la Papelera de Aranguren.

Del resto de los inmigrantes destacan con luz propia los burgaleses, sobre todo, los provenientes del Valle de Mena, La Bureba, el Valle de Tobalina, Villarcayo y otras comarcas y localidades del norte de la provincia. Les siguen a distancia cántabros, alaveses y bilbaínos y palentinos.

La estructura de la población activa se ha transformado. El sector primario sigue siendo el mayoritario pero no el preponderante, pues sólo alcanza el 46,4% de la población activa. El sector secundario, encabezado por papeleros y obreros asciende al 17,5% de la población activa. En el aspecto social destacan 15 propietarios censados que hacen sospechar un aumento de la gran propiedad.

Quizá el aumento de la población hubiera sido mayor en 1920, si no hubiera sido por la epidemia de gripe de 1918-20 (3). Pero aun así, no he encontrado nada que pueda explicar el pequeño progreso de la población en la década de los años 20 de apenas 300 habitantes. La única manera de explicarlo es examinar el Censo de 1930 y el movimiento de la

(3) NADAL, op. cit., pág. 212.

población con la ayuda de los registros parroquiales o del Registro Civil que cubran dicha década.

Urbanísticamente hablando es brutal el contraste entre la Mimetiz de 1900, y la Mimetiz actual. Las características rurales eran predominantes. Los campos arados eran un mosaico en el que se situaban de forma dispersa la Iglesia de San Miguel, el Ayuntamiento Antiguo, el Palacio Mendía, Tepeyac, la Casa Villar, Villa Mendía, el Solar de Murga y el Ferrocarril del Cadagua.

En el primer tercio de siglo era notorio el papel de la industria moderna: La Papelera Española, Plomos y Estaños Laminados, la Fábrica de Papel de Fumar, la Sociedad Bolumburu de Electricidad y la Sociedad de Electricidad Urrutia y Cía. (4).

Como consecuencia de la industrialización, Zalla se urbanizó con relativa celeridad. El barrio más afectado por el urbanismo fue el barrio de Aranguren, donde se construyeron viviendas baratas para la residencia de los obreros, seguida en importancia por Mimetiz. En mucha menor medida Llantada y Aretxaga sufrieron el impacto de la urbanización (5). Además, subrayar la presencia del Círculo Católico de Zalla y del Sindicato Libre de Obreros, consecuencia de la aplicación de los conceptos del catolicismo social de la época, que propugnaba la armonía de clases.

Asistimos impresionados al gran desarrollo de los pequeños negocios, mucho más importante que a fines del siglo XIX. En efecto, vemos una fonda, una ferretería, cuatro almacenes de cereales, dieciséis establecimientos de ultramarinos, una carnicería, diez tabernas, una farmacia, dos médicos, cinco barberías, cuatro carpinterías, dos sastrerías, dos zapaterías y una alpargatería entre lo más destacable (6).

Para saber acerca de la evolución de la propiedad, he tomado la lista contributiva de riqueza rústica y urbana de 1928 (7). He metido dentro de un mismo saco a la propiedad rústica y a la urbana porque eran varios los propietarios que gozaban de ambos tipos de propiedades.

He designado pequeños propietarios a los detentadores de una sola casa o caserío; a medianos propietarios a los que poseían dos casas, una casa y un caserío o dos caseríos; y grandes propietarios a los que disfrutan de más de dos casas o caseríos. También hay un número de absentistas de poco peso bruto, pues los terrenos que poseían en Zalla eran de cuantía contributiva poco significativa.

Según este recuento he localizado a 121 pequeños propietarios, a 33 propietarios medianos, y a 38 grandes propietarios. Por desgracia en estas listas no hay constancia de inquilinato. Por lo que he optado por sumar las rentas de las casas de los grandes propietarios y sale una proporción de alrededor de un tercio sobre el total, pero a falta de saber la superficie que ocupaban me reservo mis impresiones acerca de un aumento o disminución de la gran propiedad.

Lo que sí es claro es que desde fines del siglo XIX hasta vísperas de la II República se constatan varios hechos. El primero es el aumento de los propietarios de una casa por el impacto de la Papelera y la urbanización de Aranguren y Mimetiz. Por otro lado se puede

---

(4) REPARAZ, V.: *"Vizcaya en la mano"*, XXV, (Bilbao), 1922, pág. 126.

(5) A.M.C.Z. Carpeta 218, nº 1. Lista cobrativa de la contribución de riqueza urbana del primer semestre de 1928.

(6) IBIDEM. Listas cobrativas de la contribución por riqueza industrial para el primer semestre de 1928.

(7) A.M.C.Z. Carpeta 218, nº 1.

advertir en el mundo rural un aumento de inmuebles con calificación de terreno urbano y un estancamiento o retroceso del suelo de calificación rústica.

El aumento de los medianos propietarios puede indicarnos la constitución de un estrato medio en la sociedad zallense. Varios de ellos son poseedores de dos casas, de una casa y un caserío, de dos caseríos, e incluso de uno o dos establecimientos comerciales.

Es constatable un retroceso de la gran propiedad rural que significa sólo el 13,5% de las rentas de la contribución rústica y urbana juntas, debido a la diversificación de la propiedad. No sólo los grandes propietarios se lanzan a la adquisición de casas urbanas, sino que también la industria (Papelera, Fábrica de Papel de Fumar, Electricidad) ha comprado suelo rústico para convertirlo en suelo industrial.

2) ZALLA DESPUES DE LA GUERRA CIVIL

Este período de la Historia está contado de forma mucho más fragmentaria y unitaria que el período precedente. Sólo el capítulo demográfico posee cierta entidad.

La evolución de la población zallense ha sido así después de la Guerra Civil:

1940: 3.698 habitantes.

1950: 4.131 habitantes.

1960: 5.004 habitantes.

1970: 5.165 habitantes.

El Censo de 1940 acusa fuertemente el desastre de la Guerra Civil, seguramente más por razones indirectas (epidemias, destrucción de cosechas) que por razones directas (víctimas de los enfrentamientos). La década de los 40 conoce una ralentización del crecimiento demográfico.

Llama la atención el rápido aceleramiento experimentado desde 1950 que se explica por razones económicas y sociales (Plan de Estabilización, política higiénica, educación, adelantos científicos y médicos,...). Un estudio detenido de los censos de 1950, 1960 y 1970 y de los registros eclesiásticos y del Registro Civil del período 1950-70 daría como resultado un descenso de la mortalidad infantil, que en España es un hecho constatado a nivel global (8), descenso de la natalidad (9) y el progresivo envejecimiento de la población (10).

En el apartado económico el peso de la agricultura ha descendido. La última estadística habla de que sólo el 4% de la población activa se dedica al sector primario. A pesar de ello la producción de txakolí continúa. Por ejemplo en la última feria agrícola celebrada en el día de Cangas en Zalla, seis cosecheros presentaron sus productos (11).

La ganadería en 1960 no era nada despreciable, contándose con 28 cabezas de ganado mular, 75 de caballar, 750 de vacuno, 250 de asnal, 170 de cerda, 85 de caprino, 2.000 gallinas, 200 conejos y 82 colmenas (12).

---

(8) NADAL, op. cit., pág. 214.

(9) IBIDEM, pp. 217-226.

(10) IBIDEM, pp. 252-260.

(11) Concretametne fueron Nikolas Saratxaga Akasuso, Patricia Urkixo, José Antonio Setién, Félix Ariño, Victoriano Meabe, Timoteo Garay y Amaia Villar.

(12) Diccionario Geográfico de España. Ediciones del Movimiento. Madrid. 1961. XVII. Pág. 537.

Las principales industrias ubicadas en Zalla son La Papelera Española, Scott Ibérica, Celulosa del Nervión y Plomos, Estaños y Aluminios Laminados, S.A. (P.E.A.L.S.A.). Actualmente la población activa ocupada en el sector secundario es del 51,5% del total.

CONCLUSIONES

Después de haber pasado revista por los principales acontecimientos de Zalla, es hora de repasar brevemente el proceso histórico de Zalla. Carente de una prehistoria acreditada por la ausencia de yacimientos arqueológicos, Zalla se presenta desde el principio de la Edad Media con signos de ser poblado. La leyenda del Conde Don Rubio no sería más que una plasmación de tal hecho en el Cadagua medio.

Aunque no sepamos cuál fue la fecha exacta de su fundación, cabe suponer que fruto de la aglutinación de pequeñas aldeas próximas entre sí lo que formó el núcleo inicial. Cuando el conjunto de aldeas próximas diera lugar a una entidad de población suficiente para erigir una iglesia parroquial que los uniera espiritualmente, entonces nace Zalla como concejo.

Después de su etapa de formación, sufre la acometida de la guerra de bandos durante los siglos XIV y XV. La cantidad de casas-torre conservadas en pie así lo atestiguan.

Los siglos XVI y XVII son una incógnita por ser un vacío documental considerable, sobre todo en la vertiente económica por la ausencia de datos útiles como diezmos y sisa que nos guíe sobre la producción agrícola. La historia de los precios que nos ofrece tampoco es válida porque no funcionaban las leyes de la oferta y la demanda. Habrá que esperar a bien entrado el siglo XIX para encontrarnos con el marco de la libertad de mercado. Lo único que se ha podido aportar con solidez es una somera descripción de la vida económica.

La sociedad, por el contrario, está mejor estudiada. En lo alto de la pirámide contemplamos el mayorazgo cuyo dueño era el que manejaba la vida económica y social del concejo, por ser poseedores de grandes propiedades rústicas (caseríos, heredades, montes), molinos y ferrerías. Su dominio fue aumentando con el tiempo al ver reducir su papel la pequeña propiedad.

El poder municipal fue además reflejo de tal dominio. En el siglo XVII dominó el mayorazgo de Salcedo. Pudo haber habido una revolución en el pueblo al haber comprado el concejo la vara de alcalde, pero a la postre entró al poder una nueva élite compuesto por otros mayorazgos que no eran Salcedo ni Urrutia grupos en ascenso social.

Para colmo de males el cabildo eclesiástico tenía más peso espiritual que material. Al estar bajo patrimonio laico, estaban bajo el dominio de los arrendadores de los diezmos, cuya parte alta del montante se lo llevaban ellos.

El período a caballo entre el siglo XVIII y el siglo XIX fue de crisis absolutas. Es una época de concursos de acreedores, de ventas, acuciadas por las malas cosechas y las guerras contra los franceses que desmoronan la economía del concejo. De la situación ganan en río revuelto algunos mayorazgos y las economías más fuertes. Pero los mayorazgos tampoco lo tuvieron fácil, aunque sí mayores recursos para capear el temporal. La crisis ferretera obligó en este período a reconvertir las ferrerías de productores de hierro a industria de transformación. El impacto de las malas cosechas impactó en los molinos que tuvieron momentos de no molienda.

Pero quien salió realmente mal parado de la crisis fue la masa campesina dependiente del mayorazgo. Los arrendatarios, que pagaban parcial o íntegramente en especie se endeudaron, al igual que los jornaleros. No hay noticia si ocurrieron enfrentamientos sociales por este concepto, pero los momentos de tensión debieron ser abundantes. La Crisis del Antiguo Régimen estaba presente en España al finalizar la Guerra de la Independencia, pero los cambios tardarán en venir a Zalla y se retrasarán hasta llegar bien entrado el siglo XIX. Son los signos de una sociedad con rasgos arcaizantes que se niega a cambiar; los pagos seguirán haciéndose en especie durante un tiempo, los abastos siguen rematándose hasta mediados del siglo XIX, la Ferrería de Bolumburu sigue sobreviviendo, sigue habiendo montazgo.

A pesar de tantas resistencias, lo que más tempranamente logra cambiar son las estructuras del poder municipal como consecuencia de la incursión del estado liberal, aunque con dificultades. En el aspecto de la hacienda municipal, vemos cambios más radicales, ya que desaparecen los repartimientos, y se introducen la contribución sobre la propiedad y otros impuestos que vienen impuestos por organismos superiores al concejo.

El papel del Camino Real de Valmaseda como vía de comunicación ha sido vital para el comercio entre Bilbao y la Meseta a través del Cadagua. Las autoridades municipales siempre tuvieron cuidado de reparar el firme de la carretera tantas veces como fueran necesarias. El siglo XIX vio modernizar a las comunicaciones. El Plan de Iguala, el encabezamiento del txakolí contribuyeron a la financiación de la carretera Bilbao-Balmaseda, inscrita en un programa ambicioso de construcción de carreteras en Bizkaia. La construcción de la carretera significó el renacimiento de una vía que había caído en decadencia con la apertura del Camino de Orduña en el siglo XVIII.

El fin del siglo XIX conoce la instauración de varias líneas férreas que atravesaban Zalla de carácter de pasajeros como de mercancías, lo que contribuyó a la modernización de la infraestructura viaria.

El siglo XX ha significado para Zalla una revolución por la aceleración en el curso de los acontecimientos. Es el siglo en que su población se multiplica por 3 1/2, de la reducción del sector primario en la economía del municipio; de la industrialización cuyo preludio se gestó a fines del siglo XIX con la creación de La Papelera, la Fábrica de Papel de Fumar y Plomos y Estaños Laminados, empresas que han marcado la vida económica de Zalla decisivamente; es el momento de la proliferación de los pequeños negocios y establecimientos que nuestros padres y abuelos han conocido.

PATRIMONIO MONUMENTAL DE ZALLA

SECCION I: ARQUITECTURA RELIGIOSA

IGLESIA DE SAN MIGUEL

1) FUENTES

Aunque esta iglesia está mencionada por Iturriza (1), Labayru (2), los diccionarios histórico-geográficos que se confeccionaron en el siglo XIX (3) y Delmas (4), las principales fuentes de información son los libros de decretos del concejo de Zalla y los dos libros de fábrica de la Iglesia de San Miguel. En torno a estas dos grandes fuentes de información correrán las referencias a su accidentada existencia.

2) DESCRIPCION

La Iglesia de San Miguel de Zalla es de una nave, aunque una vista exterior del edificio desde el ábside haga aparentar que sea de tres naves debido a los anexos y añadidos más recientes que luego se expondrán. La planta presenta la particularidad de no ser de cruz latina, ni de tener crucero. El ábside está compuesto de tres paños dispuestos poligonalmente.

La erección de los muros se cimentan en un aparejo de sillares, especialmente visibles en el exterior de la torre campanario donde los añadidos no dificultan su visión. Sin em-

---

(1) ITURRIZA: *"Historia general de Vizcaya y epítome de las Encartaciones"*. Imprenta Casa Dochao. Bilbao. 1938. Página 627.

(2) LABAYRU, E.: *"Historia General del Señorío de Vizcaya"*. La Gran Enciclopedia Vasca. Bilbao. 1967. Vol. II, pág. 656.

(3) ACADEMIA DE LA HISTORIA: *"Diccionario geográfico-histórico de España"*. Madrid. 1802. Vol. II, pág. 523-524.
MADOZ, P.: *"Diccionario geográfico-histórico estadístico de España y sus posesiones de Ultramar"*. Madrid. 1818-1850. Vol. XV, pp. 452-453.

(4) DELMAS, J.E.: *"Guía histórico-descriptivo del viajero en el Señorío de Vizcaya en 1864"*. Bilbao. 1944. Pág. 549.

bargo, el de los anexos es de peor fábrica, y en algunos lugares los muros están blanqueados. Esto crea un grave contraste que puede crear confusión en el espectador.

Los soportes exteriores son contrafuertes de sección prismática que soportan la nave única y el ábside, cuya parte inferior están disimulados por los referidos añadidos y anexos. Curiosamente no existen soportes interiores que sostengan las bóvedas, ya que son las propias paredes las que aguantan el peso de la bóveda, favorecidos por el contrapeso que realizan los contrafuertes. La gran excepción es un grande y amplio arco carpanel que sustenta el coro.

La cubierta está formada por tres bóvedas separadas espacialmente por arcos torales ojivales. Sin lugar a dudas, la bóveda más bella y compleja es la más cercana a la cabecera, una bóveda de terceletes combados. Las otras dos son más simples y de menor interés. Los arcos generatrices de las bóvedas son levemente apuntados y recorridos por molduras, siendo el origen de tales nerviaciones unas ménsulas colocadas en altura.

Actualmente se accede al templo por una entrada lateral sita en la calle Nuestra Señora del Rosario, pero originalmente era la que está en la base de la torre, con arco de medio punto. Encima de él se eleva la torre campanario donde se distinguen tres cuerpos, separados entre sí por sendas molduras. El cuerpo superior es el campanario ochavado que se asienta sobre una planta prismática cuadrangular.

El sistema de luces está ocupado por vidrieras, agrupándose en el ábside y en el muro que comunica con la calle principal. Los del primer grupo escoltan a la cruz parroquial con los motivos sacramentales del cáliz y la hostia en uno, y el de la paloma en el otro. Los del segundo grupo se componen de tres vitrales:

– Una de forma ojival con representaciones de la cruz, el crismón y las parras, iluminados por el Espíritu Santo en forma de paloma.

– Los dos restantes son de forma circular: una en un tono refulgente se expresan los símbolos de la autoridad del Papa (tiara y llaves), y en el otro la balanza de la justicia.

El coro ocupa el último tramo de los pies al centro, sostenido por un gran arco carpanel. El sotocoro está limitado por una barandilla o cancel pétreo horadado por motivos arrosetados. En el fondo está el órgano. Una escalera lateral permite el acceso a este espacio descrito. Prolongación natural del coro son dos plateas en los laterales que aparentemente no tienen soportes pasivos (capiteles, columnas, etc.).

El acceso a la sacristía se efectúa por una entrada lateral de la nave. Por ella se entra a los añadidos modernos que se caracterizan por su funcionalidad y escaso interés arquitectónico. Exteriormente estos anexos están decorados heráldicamente por dos escudos: uno a la altura del ábside, con el símbolo de la balanza de la justicia, y bajo de ella una leyenda que dice: "ANNO DE MCMLII, QSD AD ARALUZE". Otro escudo es la representación del linaje Lanzagorta.

De la lectura de lo anterior se habrá deducido que es un interesante edificio renacentista con una airosa torre campanario barroca. El hecho de que haya bóvedas de crucería no lo contradice porque en el País Vasco se dan en los siglos XVI, XVII e incluso XVIII.

No se conservan retablos en el interior de la iglesia, lo que supone por sí mismo una decepción, una vez que examinemos su azarosa historia.

Entre las imágenes destaca con fuerza propia la del patrón de Zalla, o sea la de San Miguel, con el tridente en la mano derecha y la balanza de la justicia en la izquierda, en actitud de matera a la bestia. Hay otras dos imágenes que parecen de factura moderna: la Virgen con el Niño Jesús y el Cristo crucificado de la cruz parroquial.

De esta misma iglesia proceden unos elementos sagrados que se expusieron en una muestra de platería en el Museo de Bellas Artes. Son un hostiario, un copón, una crismera, un juego de vinajeras y un cáliz (5).

El hostiario de plata, de dimensiones 0,110 x 0,080, es una caja cilíndrica con molduras y tapa cónica. En la caja cenefa con fondo rayado donde aparece la inscripción "EGO SVN PANES QI DE CELO DEI". La tapa se decora con trece gallones y el contacto de la caja aparece almenado. Remate de esferita coronada con cruz fundida, deformada en la actualidad. Marca en el borde de la tapa (P$^{\underline{o}}$), un supuesto Pedro inidentificable. Se le supone maestro tardogótico, derivado de talleres burgaleses de hacia 1525-1530.

El copón, de medidas 0,310 x 0,150 x 0,125, es una pieza clasicista de pie circular, ástil abalaustrado con nudo purista y copa esferoidal realzada en la tapa cupuliforme que culmina en una crucecita de sección romboidal con perillas redondas en los extremos. Trabajo liso que no lleva marca. Datable de mediados del siglo XVII.

El juego de vinajeras, en plata dorada, se compone de salvilla (0,180 x 0,027), dos vinajeras (0,080 x 0,030 cada una), y campanilla (0,135 x 0,062). La salvilla es de contorno sinuoso sobre cuatro patas con espejo en cornucopia. Las dos vinajeras son iguales, de pie redondo y perfil periforme del que nacen las asas y picheles en forma de "c". Tienen tapas semiesféricas sobre las que se ven sendas cruces. La campanilla tiene mango abalaustrado y rematado en bola. Todas las piezas se decoran a base de vegetales en "ces" de rocalla, cinceladas sobre fondos picados de rombos y ajedrezados de rica ornamentación. Tienen marcas en el centro de la salvilla, al pie de las vinajeras y en el centro para la campanilla. Son de México, datables de 1770. Se omite el nombre del artífice.

La crismera, de dimensiones 0,110 x 0,040, es pequeña en forma de cruz que desciende en forma de cilindro bajo. En la base de la cruz de brazos cilíndricos hay una serie de galloncitos excavados. Los depósitos se tapan mediante rosca acabada en balaustres aplanados. En la trabe de la cruz se funden dos "ces". Tiene marcas al pie, en el reverso, de Méjico (M coronada), de artífice (LNC = Lince González), y del pago del quinto real (águila sobre nopal). Tiene una burilada de ley muy desgastada. La crismera se haría en México en la década de 1770 y su interés es tipológico.

El cáliz es de plata dorada, de medidas 0,240 x 0,160 x 0,085 de altura del pie de dos cuerpos de planta mixtilínea. El cuerpo superior lleva decoración de guirnaldas vegetales y de cintas, limitando campos decorados por tupida red de rombos, a modo de sebka. El otro cuerpo, bulboso, se ilustra de similar modo. Una arandela separa el pie del ástil.

El ástil de este cáliz tiene como principales elementos el nudo mayor periforme y otro menor bulboso. Decorados de forma similar al pie a base de nerviecillos verticales. La copa es de perfil bulboso. La rosa está trabajada de la misma forma que el pie y el ástil.

Este cáliz posee marcas en el pie (M de México), coronada con cabeza de Hércules entre columnas, del contraste Diego González de la Cueva (GONZ), burilada de ley, y pago del quinto real (aguilucho parado). Las marcas indican cronología del final de la contrastía del citado orfebre (1773-1778). La pieza es anónima y es un magnífico ejemplar del arte novohispano.

(5) PLATERIA ANTIGUA DE VIZCAYA. Museo de Bellas Artes de Bilbao. Bilbao. 1986. Pp. 50, 63, 76, 80 y 83.

3) HISTORIA

Iturriza, siguiendo a Coscojales, afirma que la Iglesia de San Miguel se fundó en el siglo XII y que en la pesquisa de Patronatos de Iglesias de 1487 era divisera del condestable de Castilla Diego Hurtado y Juan Salcedo, teniendo 20.000 maravedíes de renta anual (6). Labayru, por el contrario, piensa que fue fundada en el siglo XIII (7).

Sin embargo, la traza conservada hasta ahora no da pie a que se haya construido en estilo románico. Ybarra cita que el 13º Señor de Salcedo por testamento de fecha 16 de marzo de 1535, realizado ante el escribano Juan Ortiz, fundó mayorazgo. Uno de los bienes que lo formaban era "el patronato divisero de San Miguel de Zalla con sus sepulturas y asientos preferentes" (8).

Documentalmente perdemos de vista a la iglesia hasta 1655. En dicho año, recibiendo una instrucción del visitador, el cura beneficiado Lucas de San Cristóbal expone el proyecto de reparación de la Iglesia de San Miguel al concejo reunido con la construcción de nuevas capillas. En esta reunión se acuerda que el concejo, el Hospital y las ermitas revisen sus cuentas para ayudar en la financiación de estas obras (9). En la reunión de concejo del mes de noviembre de 1661 vemos que se estaba reparando una de las capillas (10).

En 1662 encontramos ya un proyecto de reedificación completo, ya que está presupuestada por el Arzobispado de Burgos en la cantidad de 14.598 reales. Pero el concejo rechaza la traza presentada por el maestro Carranza (11). El nuevo proyecto incluye capilla mayor y dos colaterales. La obra finalmente es rematada en Pedro de Horna por la cantidad de 1.956 ducados (12).

Pronto vendrán problemas financieros "después de que se hicieron las paredes biexas y abía otras mexoras y añadidas (...)". Se gastó lo rematado y se acuerda en concejo celebrado al efecto que se traiga al maestro de obras Matheo de Orruela para tasar las mejoras (13) que ascendieron a 6.323 1/2 reales, destinados, entre otras cosas, a hacer gradas y pedestal para el altar mayor (14). Además se destinan 1.200 reales para erigir un retablo en el altar mayor, cuyo artífice principal es el maestro de carpintería Pedro de Ordeñana, quien cuenta con la asistencia de Simón de Rebollar y Marcos de Sobrado (15). En 1665 muere Pedro de Horna, sucediéndole en la dirección de los trabajos su hijo Juan de Horna (16) que enseguida cuenta con la colaboración de su primo Francisco (17).

En el mismo año se sacan a remate las sepulturas cuyos trabajos los consiguen Mateo de San Cristóbal y Diego de Arzabe por 50 ducados cada uno. El primero se encargará de la de debajo del altar, Nuestra Señora del Carmen y el otro de la de debajo de la de Nues-

(6) ITURRIZA, pág. 627.
(7) LABAYRU, II, pág. 656.
(8) YBARRA Y BERGE, J.: *"La Casa Salcedo de Aranguren"*. Bilbao. 1944. Pág. 268.
(9) A.M.C.Z. Carpeta 1, nº 1. Libro de decretos. F. 38.
(10) A.M.C.Z. Carpeta 1, nº 2. Libro de concexo. F. 2.
(11) A.M.C.Z. Carpeta 1, nº 2. Libro de concexo. F. 4v.-6.
(12) A.M.C.Z. Carpeta 1, nº 2. Libro de concexo. F. 10.
(13) A.M.C.Z. Carpeta 1, nº 2. Libro de concexo. F. 50.
(14) A.M.C.Z. Carpeta 1, nº 2. Libro de concexo. F. 54.
(15) A.M.C.Z. Carpeta 1, nº 2. Libro de concexo. F. 55.
(16) A.M.C.Z. Carpeta 1, nº 2. Libro de concexo. F. 59.
(17) A.M.C.Z. Carpeta 1, nº 2. Libro de concexo. F. 82.

tra Señora del Rosario (18). Para que las obras no se paralicen, el Vicario de Valmaseda resuelve que se aporte a la financiación del noveno, la limosna de San Antón y que se repasen las cuentas del Hospital y de las ermitas para que den lo que buenamente puedan (19). El concejo da de los ingresos de tabernas y montazgo 1.000 reales (20).

A pesar de las ayudas, no es suficiente, puesto que en 1667 las obras se tienen que paralizar por la falta de cubrición con tejado (21).

Cuando parecía que la obra iba a terminar felizmente, en 1669 viene un jarro de agua fría: el Arzobispo de Burgos visitó personalmente la construcción de la Iglesia de San Miguel y mandó que se reedificase de nuevo ya que parece que no se construyó a su gusto (22).

A fines de 1670 la documentación muestra que las obras se efectúan a buen ritmo (23). Y al año siguiente sólo falta blanquear, hacer los altares y gradas del altar mayor (24).

En 1694 el concejo decreta que se hagan ocho bancos con destino a las reuniones del concejo "en el lugar preeminente de la Iglesia de San Miguel para justicias y ayuntamiento" (25), y se remata al año siguiente en Antonio de Hoz, vecino de Valmaseda en la cantidad de 120 reales (26).

A pesar de la reedificación, en pronto tiempo el templo presentaría problemas. En efecto, en una reunión del concejo se denuncia que la iglesia amenaza ruina en 1696 (27). En 1717 se eleva proposición al concejo de reedificarla otra vez (28), y poco después se conoce la traza diseñada por Antonio Martínez (29). A principios de 1720 ya se están haciendo los cimientos de la nave única y de la torre campanario (30). En 1733 el testamentario de Blas de Arzabe lega 4.000 reales (31), y en 1734 Joseph de Yermo, a la sazón Arzobispo de Santiago de Compostela, aporta 12.000 reales (32) que serán importantes para la reconstrucción de la torre campanario (33).

La torre campanario se ejecuta bajo la dirección del arquitecto Antonio de Vega y la colaboración del cantero Antonio Marrón. En la traza original la altura del campanario era

(18) A.M.C.Z. Carpeta 1, nº 2. Libro de concexo. F. 65.
(19) A.M.C.Z. Carpeta 1, nº 2. Libro de concexo. F. 71-72.
(20) A.M.C.Z. Carpeta 1, nº 2. Libro de concexo. F. 75 y 78.
(21) A.M.C.Z. Carpeta 1, nº 2. Libro de concexo. F. 100v.-101.
(22) A.M.C.Z. Carpeta 1, nº 2. Libro de concexo. F. 127.
(23) A.M.C.Z. Carpeta 1, nº 2. Libro de concexo. F. 153.
(24) A.M.C.Z. Carpeta 1, nº 2. Libro de concexo. F. 180.
(25) A.M.C.Z. Carpeta 1, nº 3. Libro de actas. F. 205.
(26) A.M.C.Z. Carpeta 1, nº 3. Libro de actas. F. 232. Estas eran las condiciones: "(...) cada uno de una tabla lisa de nogal, acepillada con su bosel, y otra tabla en la misma forma que tenga de alto media vara y diez y ocho pies de largo y cuatro pies a la parte de atrás del banco con su vuelta para que haga fuerza, y otros cuatro a la parte de delante lisos, ensamblados con sus barras y ha de llevar dos descansos, uno a cada lado, con su vuelta y cabeza, y una tabla para respaldo con la estatura de dos pies, una tarjeta en medio de dicho respaldo".
(27) A.M.C.Z. Carpeta 2, nº 1. Libro de concexo. F. 40.
(28) A.M.C.Z. Carpeta 4. Libro de decretos. F. 223.
(29) A.M.C.Z. Carpeta 4. Libro de decretos. F. 226v.
(30) A.M.C.Z. Carpeta 4. Libro de decretos. F. 332v.
(31) A.M.C.Z. Carpeta 6, nº 1. Libro de decretos. F. 115v.
(32) A.M.C.Z. Carpeta 6, nº 1. Libro de decretos. F. 236v.
(33) A.M.C.Z. Carpeta 6, nº 2. Libro de ayuntamiento. F. 35.

de 30 pies, pero se añadieron 6 pies más para que los vanos fueran más amplios. También en la traza original debía estar rematada por una linterna (34). En 1738 se funde la campana (35).

En 1748 el concejo aprueba la fábrica de dos capillas colaterales que se colocarían bajo la advocación de San Roque y de San Francisco respectivamente (36), en los que se colocaron sendos retablos (37). No obstante, uno de los colaterales ha de ser reparado por estar arruinado (38).

En 1759 se inicia la fase final de la reedificación de la Iglesia de San Miguel con la colocación de un reloj y un cancel (39), alimentadas con la aportación de los testamentarios de Francisco Antuñano (40). En 1760 el maestro arquitecto Joseph Yandiola realizó el chamel de la puerta principal (41).

Durante el resto del siglo XVIII la torre campanario y su linterna sufrieron múltiples problemas, siendo la más seria la que recoge la cuenta de su libro de fábrica fechada en 1789, pues tuvieron que emplomarlas (42).

De este período cabe nombrar dos piezas muebles; el lignum crucis y la reliquia de San Bartolomé, esta última donada por vía de testamento por Mateo de Ocarranza (43).

A punto de estrenar nuevo siglo se realizan obras importantes consistentes en remodelar la sacristía "osario" y quitar humedades de los estribos y de la torre campanario, entre otras labores (44).

Poco después de acabada la Guerra de la Independencia, la torre campanario sufre una revisión intensiva, incluido el cambio de campana (45). También de la época de la posguerra son dos cálices donados por Simón de Anteparaluceta y José y Antonia Díez de Sollano respectivamente (46).

Terminado el trienio liberal se hicieron altares más pequeños en los colaterales (47) y se retocó la policromía de la imagen de San Roque (48). Al inicio de la década de 1830 se emploma la torre campanario con 150 libras de plomo (49). En 1845 la torre campanario tiene que ser de nuevo reparada (50), y en 1854 se esculpe una imagen de la Inmaculada

(34) A.M.C.Z. Carpeta 6, nº 2. Libro de ayuntamiento. F. 137.
(35) A.M.C.Z. Carpeta 6, nº 2. Libro de ayuntamiento. F. 239.
(36) A.M.C.Z. Carpeta 11, nº 1. Libro de decretos. F. 126.
(37) A.M.C.Z. Carpeta 11, nº 1. Libro de decretos. F. 257ss.
A.H.E.V. Parroquia de San Miguel de Zalla. Libro de fábrica nº 1. F. 34.
(38) A.M.C.Z. Carpeta 8, nº 1. Libro de ayuntamiento. F. 94.
(39) A.M.C.Z. Carpeta 8, nº 2. Libro de decretos. F. 75.
(40) A.M.C.Z. Carpeta 8, nº 2. Libro de decretos. F. 61-66 y 132.
(41) A.M.C.Z. Carpeta 8, nº 2. Libro de decretos. F. 122.
A.H.E.V. Parroquia de San Miguel de Zalla. Libro de fábrica nº 1. F. 8-10.
(42) A.H.E.V. Ibídem. Cuenta fechada en 1789 (Data).
(43) A.H.E.V. Ibídem. Cuenta fechada en 1790 (Data); y libro de fábrica nº 2. F. 21.
(44) A.H.E.V. Parroquia de San Miguel. Libro de fábrica nº 2. F. 73-78.
(45) A.H.E.V. Ibídem. F. 161-170.
(46) A.M.C.Z. Carpeta 10, nº 1. Libro de decretos. F. 155 y 265.
(47) A.H.E.V. Parroquia de San Miguel de Zalla. Libro de fábrica nº 2. Cuenta 1824-25. (Data).
(48) A.M.C.Z. Carpeta 75, nº 8. Cuenta 1824.
(49) A.H.E.V. Parroquia de San Miguel de Zalla. Libro de fábrica nº 2. Cuenta 1830-31 (Data).
(50) A.M.C.Z. Carpeta 12, nº 3. Libro de decretos. F. 19v-20.

Concepción y se instala el órgano (51). En 1859 vemos de nuevo en obras a la torre campanario (52). Después vendría un silencio documental de casi cien años.

La hoja parroquial "NOSOTROS" siguió con interés la restauración de la Iglesia de San Miguel en un ejemplar de 1956. El motivo vino por las grietas y fisuras que amenazaban hundir la bóveda, por lo que se tuvieron que hacer trabajos de consolidación de las paredes, algunos arcos y contrafuertes de la bóveda. Durante el transcurso de ellas se levantó el cementerio que había debajo del piso de la iglesia. Las lápidas que allí habían se trasladaron a la ermita de San Pantaleón (53).

4) CEMENTERIO DE SAN MIGUEL

Está situado entre el Barrio de San Miguel y La Llana. Desde el punto de vista artístico lo más importante es el acceso de gran arco rebajado, rematado de frontón y cruz. Sin embargo, el acceso primitivo del cementerio era más sencillo, ya que carecía de frontón, y sólo estaba rematado de cruz y dos acróteras (54). El cementerio actual fue erigido en 1882 que incluía un hermoso panteón perteneciente a Crisanto Castaños (55).

---

(51) A.H.E.V. Parroquia de San Miguel de Zalla. Papeles Varios. Licencia de compra de un órgano nuevo fechado el 12 de enero de 1852.
A.M.C.Z. Carpeta 12, nº 3. Libro de acuerdos. F. 154. Carta de Marcos de Eguía, residente en México, en que explica el proyecto de construir "un altar en el cual se ha de colocar una imagen de cuerpo entero de la Purísima Concepción de María, en estatura de vara y media, cuya estatua se puede hacer en México (...) el altar se ha de hacer frente al púlpito en el claro donde se sienta la Justicia, en medio del altar de San Roque y de Nuestra Señora del Carmen, a la vez que se ha de poner en el coro un órgano por el estilo del que hay en Güeñes (...), y en el centro se ha de formar el tabernáculo o trono para la colocación de la Virgen, y más arriba se ha de colocar el Angel de la Anunciación a la Virgen para la Concepción".

(52) A.G.S.B. Obras municipales. Reg. 113, leg. 2, nº 4.

(53) NOSOTROS, nº 29 (julio 1956).

(54) A.M.C.Z. Carpeta 54, nº 5. Expediente para la construcción de un nuevo Campo Santo.

(55) ITURRIZA (aditamento de Azcárraga). Imprenta Lucena. Bilbao. 1885. Pág. 551.

CEMENTERIO DE ZALLA
FACHADA ACTUAL

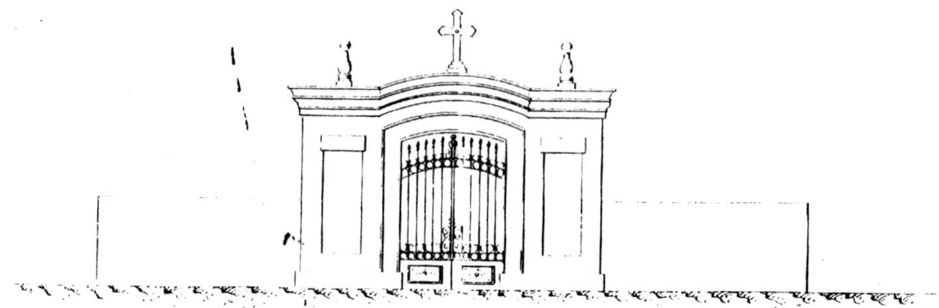

FACHADA REFORMADA

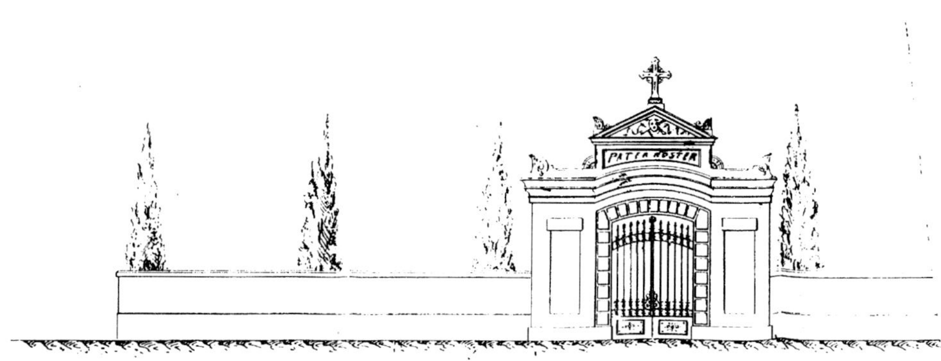

FUENTE: A.M.C.Z. Carpeta 54 n.º 5.

IGLESIA DE LA HERRERA

1) EMPLAZAMIENTO

La Iglesia de Santa Isabel y de Santa María de La Herrera se encuentra situada en el barrio de La Herrera, en el flanco meridional de la Peña de La Herrera, y sobre la carretera Bilbao-Valmaseda (Km. 27).

2) FUENTES

Aparte de lo que Iturriza (1) y Delmas (3) aportan, la fuente fundamental de conocimiento de primera mano es su libro de fábrica (1763-1849) que se conserva en el Archivo Histórico Eclesiástico de Bizkaia.

3) DESCRIPCION

El edificio que hoy se puede admirar es una reedificación de 1822. Esta iglesia es de una nave, de planta longitudinal, sin traza de ser de cruz latina, ni de tener crucero. La cabecera es un ábside de planta rectangular. El aparejo es de buena sillería, sus muros están sostenidos en el exterior por unos débiles estribos. En el interior no existen elementos soportantes ya que son las propias paredes quienes aguantan el peso de la cubierta abovedada que cubre la nave única. El ábside, por su parte, soporta una bóveda semiesférica.

Aunque actualmente se entre por una puerta lateral, la portada de acceso original merece una mención especial. Está flanqueada de pilastras adosadas corintias y de hornacinas vacías, una a cada lado en ambos casos. La puerta de entrada es adintelada, sobre la cual descansa un frontón con la siguiente inscripción: "SE REEDIFICO EL AÑO 1822 A ESPENSAS DE / UN LEGADO DE CIEN MIL Rs DE DON JOAQUIN DE / LABARRIETA QUE MURIO EN 1819 Y DE 64.000 Rs / DE JOAQUIN DE VILLA URRUTIA VCS DE ESTE CONCEJO".

El sistema de luces es prácticamente inexistente, a excepción de unas ventanas cuadrangulares situadas al mediodía de pequeñas dimensiones; el problema de la iluminación se resuelve con lámparas tipo araña. Existe una sacristía a la derecha del altar mayor, de techo bajo adintelado y de poco o nulo interés. Por encima de la puerta de acceso destaca notablemente un coro de madera al que se accede por una escalera lateral también de madera.

En el extremo derecho del ábside se eleva una ágil torre campanario, con dos vanos por cada cara de su extremo superior, y con cubierta a cuatro vertientes que le confiere un aspecto rural.

Las características generales de sobriedad y simplicidad de la construcción que no admiten ningún motivo ornamental, excepto en el acceso ya reseñado, y la fecha de construcción en 1822 indican un estilo neoclásico de indudable valor comarcal, puesto que este estilo está muy poco extendido en las Encartaciones.

En cuanto al mobiliario no existen retablos en el sentido estricto de la palabra, sino una especie de tres hornacinas de madera, una en el altar mayor, y las otras dos a ambos lados de la nave; las tres presentan decoración vegetal y geométrica estilizadas. La del ábside está presidida por la imagen simbólica del DIOS TODOPODEROSO, y cobija un grupo escultórico que recoge la escena de la visita de la Virgen María a Santa Isabel. La del muro del mediodía guarda la imagen de San José con el Niño. La última hornacina acoge a la imagen del Sagrado Corazón de Jesús.

Una vitrina de estilo gótico guarda un grupo escultórico de la Sagrada Familia. En otro lugar de la iglesia llama la atención de una escultura monumental de la Virgen con corona de doce estrellas.

En las dos paredes de las naves cuelgan en orden correlativo los pasos de la Vía Crucis en altorrelieve, con marcas de estilo gótico y figuras clasicistas.

4) HISTORIA

Iturriza afirma que la Iglesia de La Herrera fue fundada en 1520, desmembrándose de la de la Iglesia de San Miguel (1). El Diccionario de la Real Academia de la Historia sólo cita la fecha de desanexión respecto de la iglesia matriz (2). Delmas copia literalmente a Iturriza, sin aportar nada nuevo (3). Iturriza esboza las dimensiones de la iglesia antes de su reedificación (4). Sobre más detalles de cómo era la antigua iglesia alguna luz nos da el libro de fábrica de esta parroquia. Por ejemplo, sabemos que el campanario estaba en la zona de acceso por estar encima del coro (5). Desgraciadamente no se puede saber si dicho campanario constituía el extremo superior de una torre o si era una espadaña. Existían dos retablos, cada uno con una imagen de Cristo (6), tres frontales con sus respectivos marcos (7).

En el siglo XVIII la iglesia daba muestras de ruina, a juzgar por los múltiples trabajos y reparaciones que vemos desfilar por las cuentas de su libro de fábrica. Además de los retejos habituales, hay indicios de goteras (8), de que el tejado amenazaba ruina (9), y de debilidad en las paredes (10).

Como se expuso en la sección dedicada en la descripción, la iglesia actual es una reedificación por el mal estado de la iglesia antigua. Por tanto, se procedió a construirlo de

---

(1) ITURRIZA, pág. 628.

(2) ACADEMIA DE LA HISTORIA: *Diccionario geográfico-histórico...* Vol. II, pág. 524.

(3) DELMAS, J.E.: *"Guía..."*, pág. 547.

(4) ITURRIZA, pág. 628: "(...) es de una nave, sin bóvedas, de 48 pies de longitud y 27 de latitud, con dos altares y soportal".

(5) A.H.E.V. Parroquia de Santa Isabel y de Santa María La Herrera. Libro de Fábrica (1763-1849). F. 16: "It. Ciento dos rls. y veinte y dos mrs., costo de un tejadillo que se hizo sobre el coro bajo de la campana por estar abierto (...)".

(6) Ibídem, f. 16.

(7) Ibídem, f. 80.

(8) Ibídem, f. 16: "(...) estarse pudriendo el piso de tabla que tiene por las aguas que en él se introducen".

(9) Ibídem, f. 92v. En la cuenta fechada en 1796 revela que se pusieron puntales para afirmar el tejado que estaba en estado de inminente ruina.

(10) Ibídem, f. 105: "It. Cuarenta y dos rls. Costo de reformar un trozo de pared que se arruinó por tras la Yglesia y limpiar el albañal para libertarla de las aguas que se introducían en ellas".

nueva planta (11). José de Urdampilleta fue el encargado de dirigir las obras y de llevar la contabilidad de las mismas. El plano y diseño se debe al arquitecto Domingo María de Régil (12). De la contabilidad efectuada para supervisar la construcción se puede seguir el ritmo de las obras efectuadas. Entre las partidas examinadas sobresalen las dedicadas a las esculturas de "La Visita de la Virgen María a Santa Isabel" y de "San Joaquín", a retablos, una escultura de "San Antonio Abad" para su colateral, ornamentos sagrados nuevos, rejas, esculturas varias, varios trabajos de herrajería, mobiliario de la sacristía, confesionarios y la sillería (13).

Mientras duró la reconstrucción de la iglesia, el culto se trasladó a la Ermita de Santa Ana de Bolumburu. El 2 de julio de 1824 se abrió al público la nueva iglesia y en 1826 se la dedicó. Prácticamente desde entonces no hay nada importante que reseñar en su historia.

5) CEMENTERIO DE LA HERRERA

El actual cementerio de La Herrera data de fines del siglo XIX. La fachada principal está realzada por una puerta de acceso, rematado por un frontón triangular con la inscripción "1897", y coronada con una cruz. Traspasada la puerta de acceso y mirando al frente y al fondo del cementerio, está el edificio de la capilla, con puerta de acceso con arco ojival equilátero en cuyo tímpano se perfila una roseta, y arquivoltas con temas geométricos estilizados, sin parteluz, pero sostenida a ambos lados de la puerta por dos columnas corintias de fustes lisos. Encima de la puerta la pared está horadada por un rosetón rematado por un falso frontón, coronado por una cruz y en cada extremo una linterna o acrótera.

El cementerio fue impulsado a instancias de Manuel de Taramona y Sainz, quien elevó el proyecto a la corporación de Zalla el 31 de agosto de 1895. El arquitecto que lo diseñó fue Angel Galíndez. En las condiciones de la obra Manuel Taramona se reservó en sí mismo la capilla y la cripta, constituyéndose en la práctica en el panteón de la familia (14).

---

(11) Léase la inscripción del pórtico en la sección de la descripción de esta iglesia.

(12) A.H.E.V. Parroquia de Santa Isabel y de Santa María de La Herrera. Libro de fábrica. F. 149.

(13) Ibídem, f. 149-150.

(14) A.G.S.B. Obras municipales. Reg. 113, leg. 2 nº 14.
A.M.C.Z. Carpeta 56, n 31.

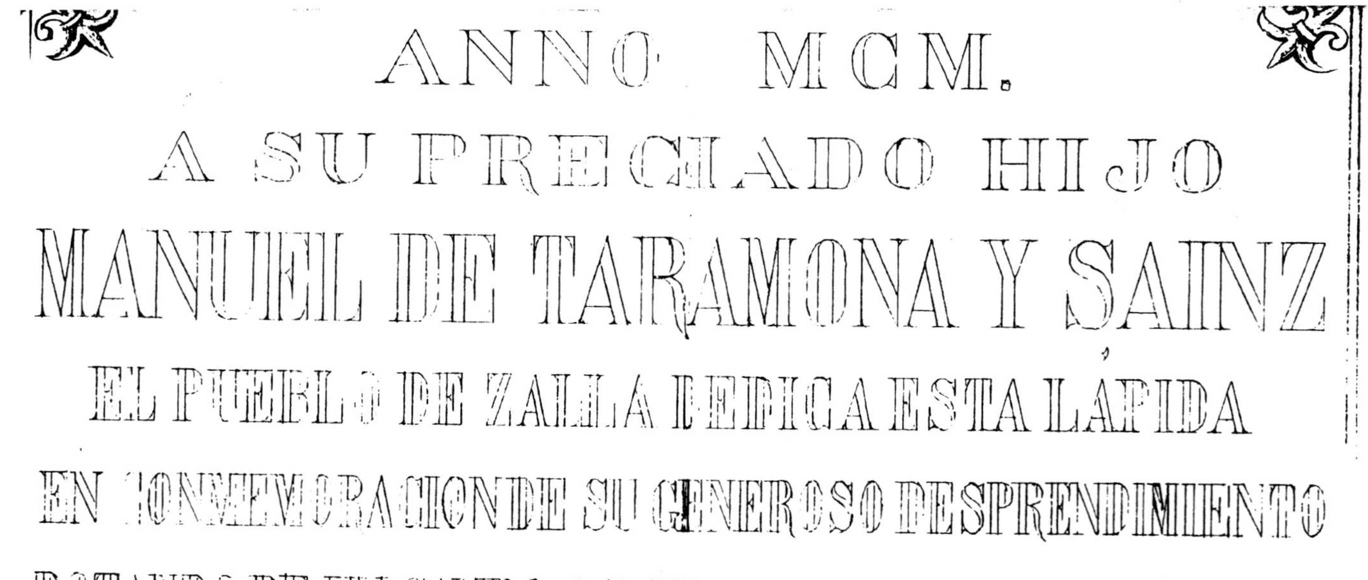

ANNO MCM.
A SU PRECIADO HIJO
MANUEL DE TARAMONA Y SAINZ
EL PUEBLO DE ZALLA LE DEDICA ESTA LÁPIDA
EN CONMEMORACION DE SU GENEROSO DESPRENDIMIENTO
DOTANDO DE UN CAMPO SANTO AL BARRIO DE LA HERRERA

Placa en honor de Manuel de Taramona y Sainz en el interior de la Iglesia de La Herrera.

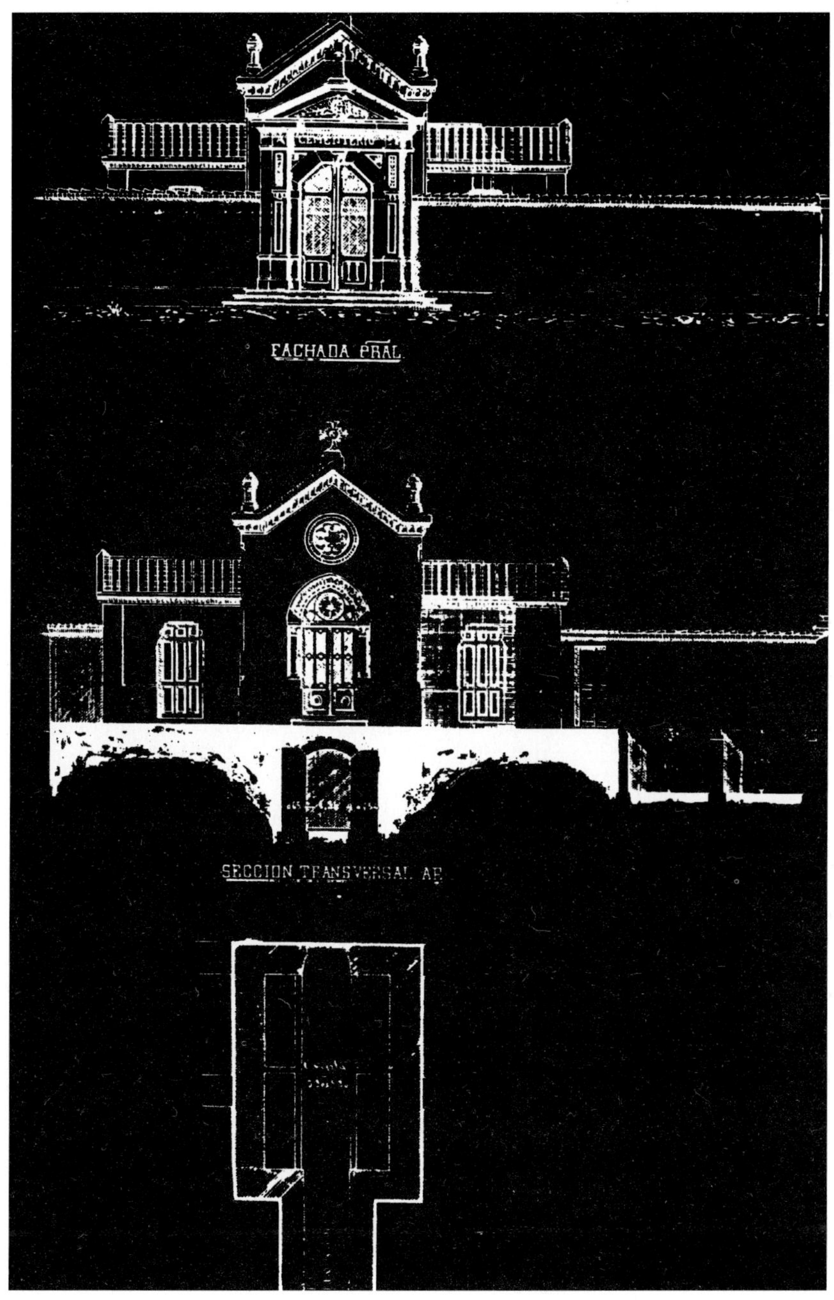

Plano del Cementerio de La Herrera.
Fuente: A.M.C.Z. Carpeta 56 n.º 31.

IGLESIA DE SANTIAGO DE OCHARAN

1) EMPLAZAMIENTO

La Iglesia de Santiago de Ocharan se encuentra en el barrio de Ocharan, al lado de la carretera Zalla-Arcentales y enfrente del denominado solar de Basualdo.

2) FUENTES

Al igual que en las dos iglesias anteriores Iturriza habla incidentalmente de ella como se verá más adelante. Por tanto, la fuente de primera mano principal que tenemos para su conocimiento es su libro de fábrica (1771-1849) y en varios papeles, todos ellos conservados en el Archivo Histórico Eclesiástico de Bizkaia.

3) DESCRIPCION

Es un edificio construido en 1817, de una nave longitudinal, sin traza de cruz latina, ni de crucero en su planta. Además tiene la particularidad de poseer cabecera plana, como ocurre en la Iglesia de San Antonio Abad en Bilbao. Sus muros se construyeron con piedra de sillería bien trabajada exteriormente, pero aparecen a medio desbastar en el interior. El peso de la bóveda está contrarrestada por contrafuertes que en el interior modulan los tramos. La nave está cubierta por una bóveda de cañón con lunetos en los laterales.

Hay dos puertas de acceso: una a los pies de la iglesia, y la otra está cobijada por un pórtico lateral situado al sur, cuya cubierta a una vertiente lo sostienen varios pies derechos.

El sistema de luces, aunque reducido en espacio, es original. Bajo los lunetos se abren ventanas semicirculares que exteriormente hacen un juego de volúmenes y proporciones con los contrafuertes.

La sacristía es amplia, de planta rectangular y paralela a la dirección de la nave, accediendo a ella desde el pórtico lateral o desde el interior por la cabecera en su muro sur.

El coro, a los pies de la iglesia, es de madera, a la que se sube por una escalera lateral. Es pequeña y poco proporcionada con el resto de la nave, si se la compara con la de la Iglesia de La Herrera.

La torre campanario, también a los pies, presenta un vano en cada cara de su extremo superior, con cubierta a cuatro vertientes de amplios aleros.

De lo expuesto se deduce que es un ejemplar de estilo neoclásico, pero más burda, ruda y modesta que la de su coetánea de La Herrera.

Su mobiliario es relativamente escaso. No existen o no se conservan retablos, pero sí imágenes de relativo interés como las de la Virgen y de Santiago matamoros. Un inesperado interés cobra un confesionario de madera de estilo gótico, cuyos elementos ornamentales remedan las arquitecturas góticas que aparecen en las Cantigas de Alfonso X el Sabio o en las pinturas del gótico internacional. Se la puede dividir en tres calles. La calle central es la más ancha y amplia que corresponde al asiento del sacerdote; está rematada por un arco trilobular con cubierta a dos vertientes. Las calles laterales coinciden con dos arbotantes, uno a cada lado, coronados por pináculos que sujetarían ficticiamente los empujes laterales del arco trilobulado.

Otra joya completamente inesperada es un cáliz que se expuso en una muestra de platería antigua en el Museo de Bellas Artes de Bilbao (1), parcialmente dorada, de medidas 0,240 x 0,135 x 0,085, de bellas proporciones, con pie redondo, en cuyo cuerpo muestra tres campos decorados con símbolos eucarísticos martillados y cincelados (Cordero Místico, espigas, pelícano y uvas), y entre ellos motivos vegetales dispuestos en simetría. Tiene un ástil de bellas proporciones, bulboso, tronco cilíndrico invertido y con cincelados vegetales. Al borde del pie hay una inscripción que dice: "DIOLE EL YLLMO SOR DN JOSEPH DE YERMO Y SANTIBAÑEZ ABPO DE SANTO (Santiago)". De la leyenda se desprende que fue regalada por esta celebridad a su iglesia de origen entre 1728 y 1737.

4) HISTORIA

Acerca de su origen Iturriza es quien nos da mayores detalles. Escribe que se desmembró de su iglesia matriz en 1524 y describe por encima la iglesia antigua antes de que se construyera la actual en 1817 (2).

El libro de fábrica de esta parroquia no nos da muchas pistas acerca de los cambios o fisonomía que debió tener en las últimas décadas del siglo XVIII. De esta época sólo hay dos hechos mencionables. La primera es la confección del retablo mayor del que sobresaldrían una imagen de la "Encarnación de un Santísimo Cristo" y la de "Nuestra Señora" (3).

El segundo hecho de importancia es el legado testamentario de José Gabriel de San Ginés quien donó a esta parroquia 90.987 reales (4). Sin embargo, hubo problemas de financiación por no haberse cumplido los plazos del cobro de la herencia según las cláusulas del testamento. El retraso se alargaría hasta 1815 puesto que una de las partes en el testamento, concretamente María Ramona de Basualdo, se opuso a entregar a la parroquia el legado de San Ginés. Ello alimentó un juicio que se alargó en demasía y complicado con un segundo pleito con el molesto Andrés de Escondrillas por afirmar que San Ginés había donado otros 100.000 reles a la parroquia de Ocharan (5). Mientras tanto quedaron 10.000 reales a censo contra los Cinco Gremios Mayores de Madrid quienes pagan fielmente los intereses a pesar de la crisis finisecular (6), pero en la Guerra de la Independencia se dejan de percibir, situación que pasaría a ser crónica por falta de liquidez (7).

Una vez resueltos los problemas de financiación y los pleitos judiciales, se emprende la obra de reedificación de la Iglesia de Santiago de Ocharan con el legado de San Ginés. El primer paso es la aprobación del proyecto por el Ayuntamiento de Zalla (8). En 1817 co-

(1) PLATERIA ANTIGUA DE VIZCAYA. Museo de Bellas Artes de Bilbao. Bilbao. 1986.

(2) ITURRIZA, pág. 628: "(...) con una Iglesia Parroquial de la advocación de Santiago Apóstol, desmembrada de su matriz de San Miguel en 1524, la cual es de una nave sin bóvedas, de 58 pies de longitud y 25 de latitud con un altar, espadaña y cimenterios".

(3) A.H.E.V. Parroquia de Santiago de Ocharan. Libro de fábrica (1771-1849). F. 23.

(4) A.H.E.V. Ibídem, f. 61.

(5) A.H.E.V. Ibídem, f. 63-67, 79-80, 95-96 y 134-135.

(6) CAPELLA, M. Y MATILLA TASCON: *"Los Cinco Gremios Mayores de Madrid. Estudio crítico-histórico"*. Madrid, 1957, págs. 311-313.

(7) Ibídem, pág. 318.

(8) A.M.C.Z. Carpeta 10, nº 1. F. 231v.

mienzan las obras después de haber sido sacadas a remate, cuyo mejor postor fue Juan Angel de Araluce en la cantidad de 38.100 reales (9). El arquitecto diseñador de la traza fue Umaran (9 bis).

Se prefirió hacer de nueva planta porque el perito Induiza vio que las paredes del antiguo edificio no eran consistentes (10). Además se realizaron dos retablos, cancel, púlpito con guardabón y altar mayor por Diego de San Pedro (11). Es posible que le ayudara el pintor Joaquín de Leguineche (12). El coro contó con la hechura de 30 balaustres torneados por dos torneros (13). Para la torre campanario el maestro campanero Mendoza fundió una campana que pesaba 8 arrobas y 8 libras (14).

Desgraciadamente el libro de fábrica no aporta nada interesante para el resto de la primera mitad del siglo XIX. En consecuencia, hay que esperar algo más de 100 años para tener noticias acerca de un trabajo de cierta importancia que cambie la fisonomía interior del edificio. Un inventario de 1953 revela la restauración que se hizo en 1928 en el altar mayor, la cruz parroquial y dos altares colaterales (15).

---

(9) A.M.C.Z. Carpeta 10, nº 2. F. 7.

(9 bis) A.H.E.V. Parroquia de Santiago de Ocharan. Libro de fábrica. F. 137.

(10) Ibídem, f. 137.

(11) Ibídem, f. 138.

(12) Ibídem, f. 139.

(13) Ibídem, f. 139-140.

(14) Ibídem, f. 141.

(15) A.H.E.V. Parroquia de Santiago de Ocharan. Papeles varios. Transcripción:

"ALTAR MAYOR, construido en 1928, de madera de pino pintado, con molduras y adornos dorados, es de estilo barroco como el altar antiguo, del cual se utilizaron las columnas, pilastras centrales y de arriba, las imágenes de Santiago y el Cristo y algún otro adorno. Este altar tiene la mesa con cuatro ménsulas al frente, sagrario en la puerta, frente e interior dorados; en la puerta tiene en bajorrelieve un cáliz con la hostia arriba y rodeado con racimo de uva y espigas de trigo. Tabernáculo en su frente e interior dorado y rematado con una cúpula y remates dorados. El retablo, exento, de tres cuerpos: inferior, sobre la mesa del altar con seis ménsulas doradas, lores de las columnas y pilastras; medio, de lugar de imágenes entre dos columnas centrales de madera de nogal con adornos dorados. En el centro se encuentra Santiago a caballo, de madera de nogal, separable del altar sobre una peana pintada con molduras doradas. A los lados, en la parte derecha el Sagrado Corazón de Jesús, y en la izquierda el Corazón de María, separables del altar; entre dos pilastras cada imagen. En la parte inferior de estas imágenes hay una peana a cada lado destinado a sostener candelabros. Hacen remate de este cuerpo cuatro boliches de madera, figurando teas encendidas. Encima de la imagen del centro hay un ángel de madera dorada sostenido por otros dos ángeles. El cuerpo superior lo constituyen el lugar del Santo Cristo, entre dos pilastras, más pequeñas que las anteriores con dos bolinches de remate, y en el centro de la imagen una (espacio en blanco) de madera dorada, y a los dos lados unos respaldos con adornos dorados. Santiago a caballo, de madera de nogal, teniendo dos cabezas entre las patas; el Corazón de Jesús y el Corazón de María de madera artificial. Santo Cristo de madera de nogal.

CRUZ PARROQUIAL, metal plateado en asta de madera en la parte izquierda del altar mayor. Estilo Renacimiento, de castaño, restaurado y decorado en 1928. La imagen de Santa Ana está con la Santísima Virgen de la mano, separable del altar, de madera de castaño, que fueron pintadas y decoradas en 1928.

ALTAR DE SAN JOSE, de madera de castaño, estilo Renacimiento, restaurado y pintado en 1926. La imagen es de castaño con el Niño Jesús, restaurada también en 1928. Estado deteriorado.

ALTAR DE LA DOLOROSA, de madera de pino, construido en 1925 y costeado por Domingo Marina y su señora. La imagen de la Dolorosa adquirida por suscripción en 1927. En el centro está la imagen con vestido y manto de terciopelo. Dos nichos laterales vacíos. La parte inferior del

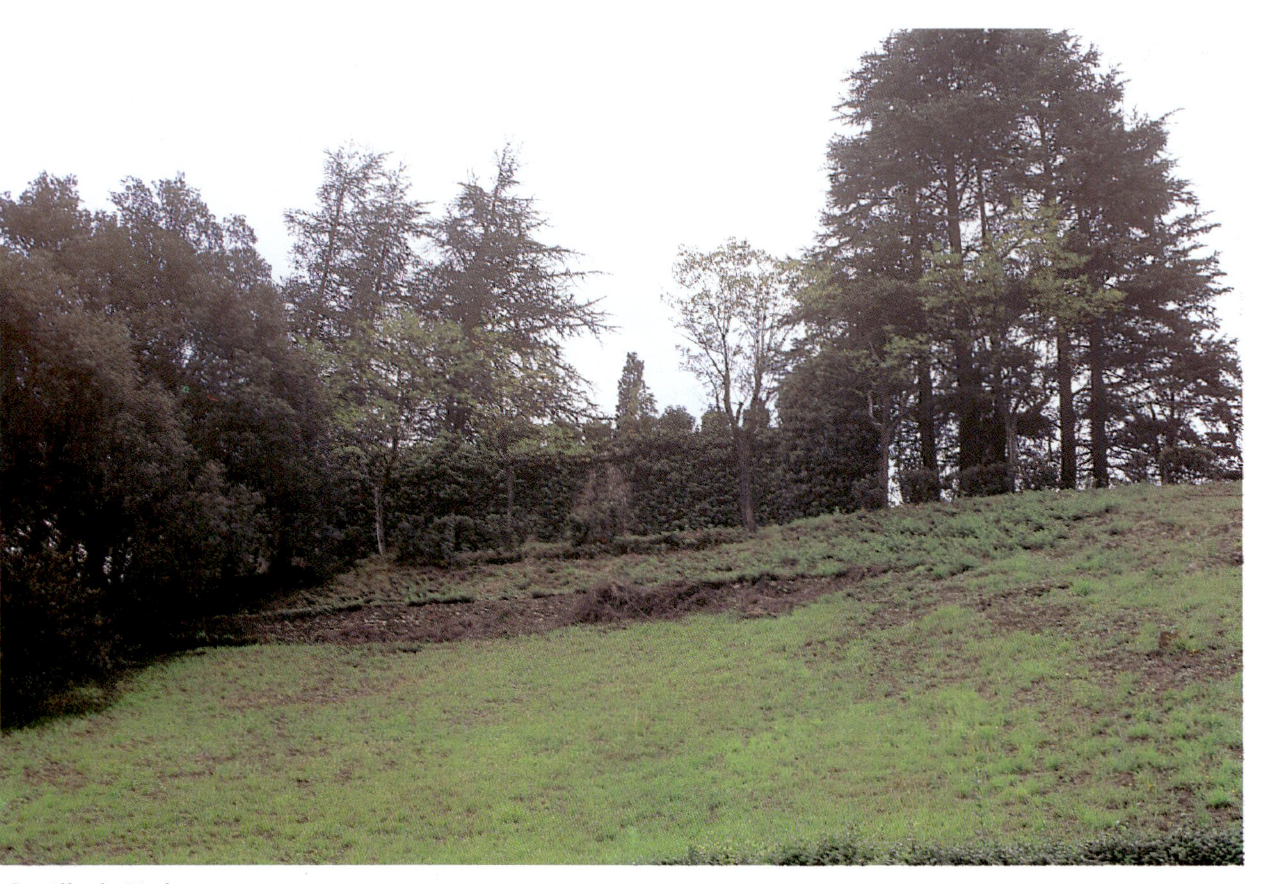

Castillo de Piedra.

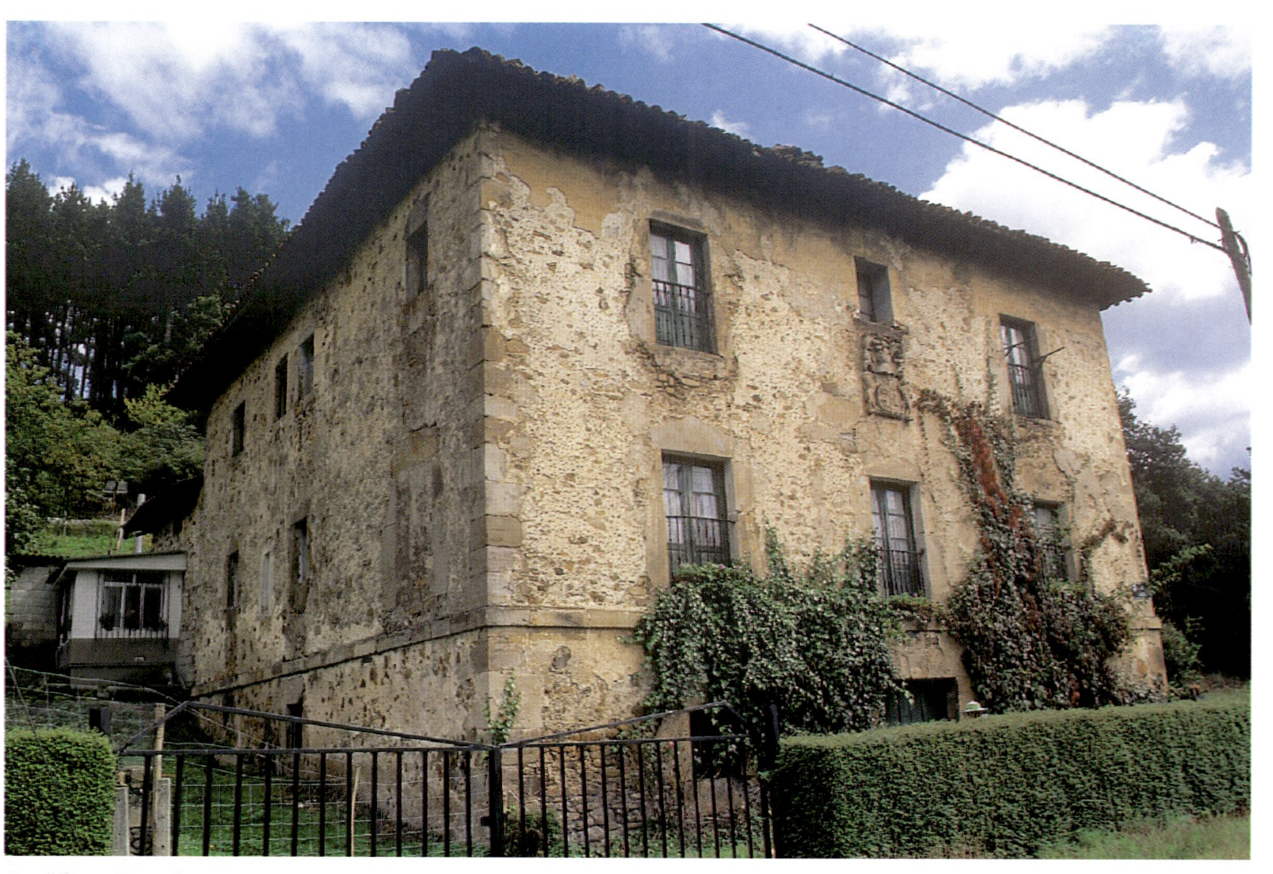

La “Casa Pinta”.

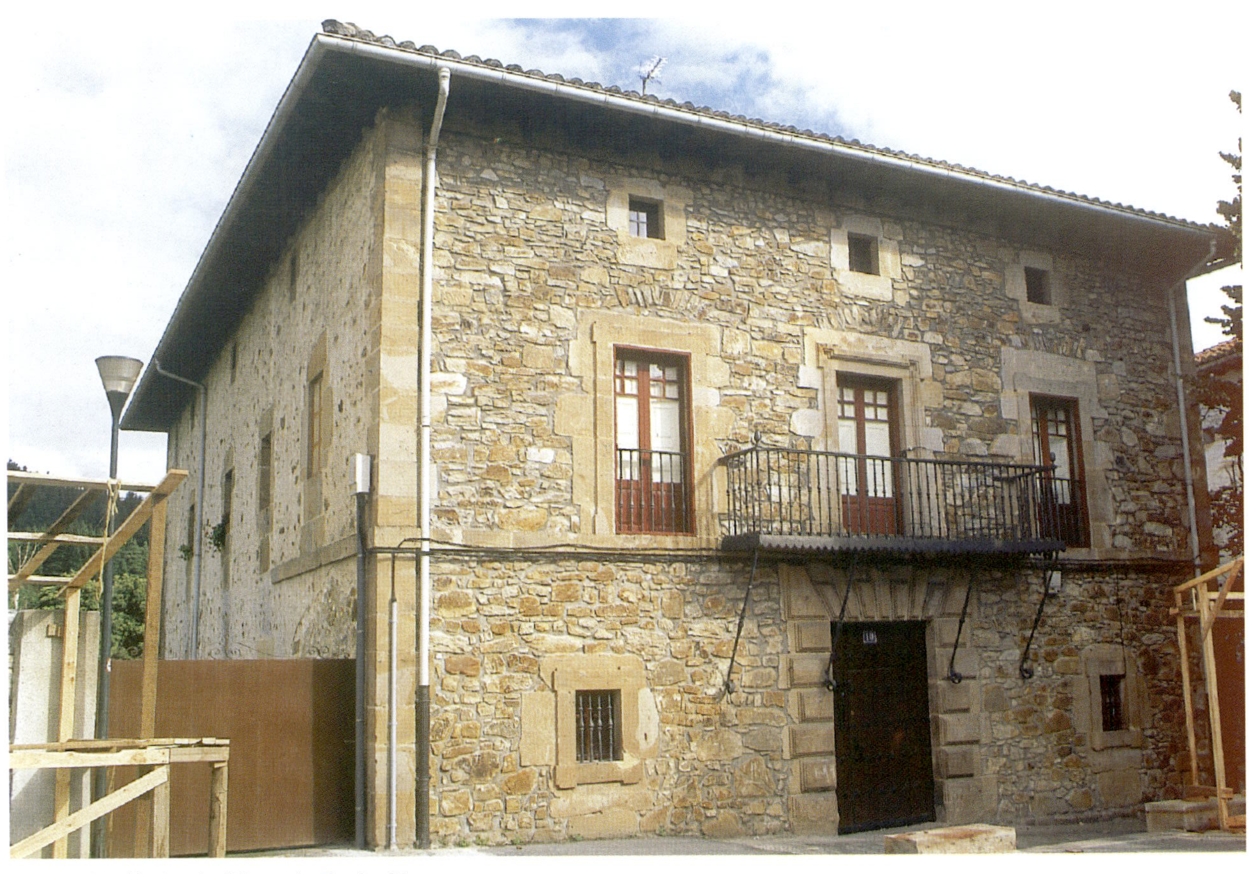

Casa Mendía (en la Plaza de Euskadi).

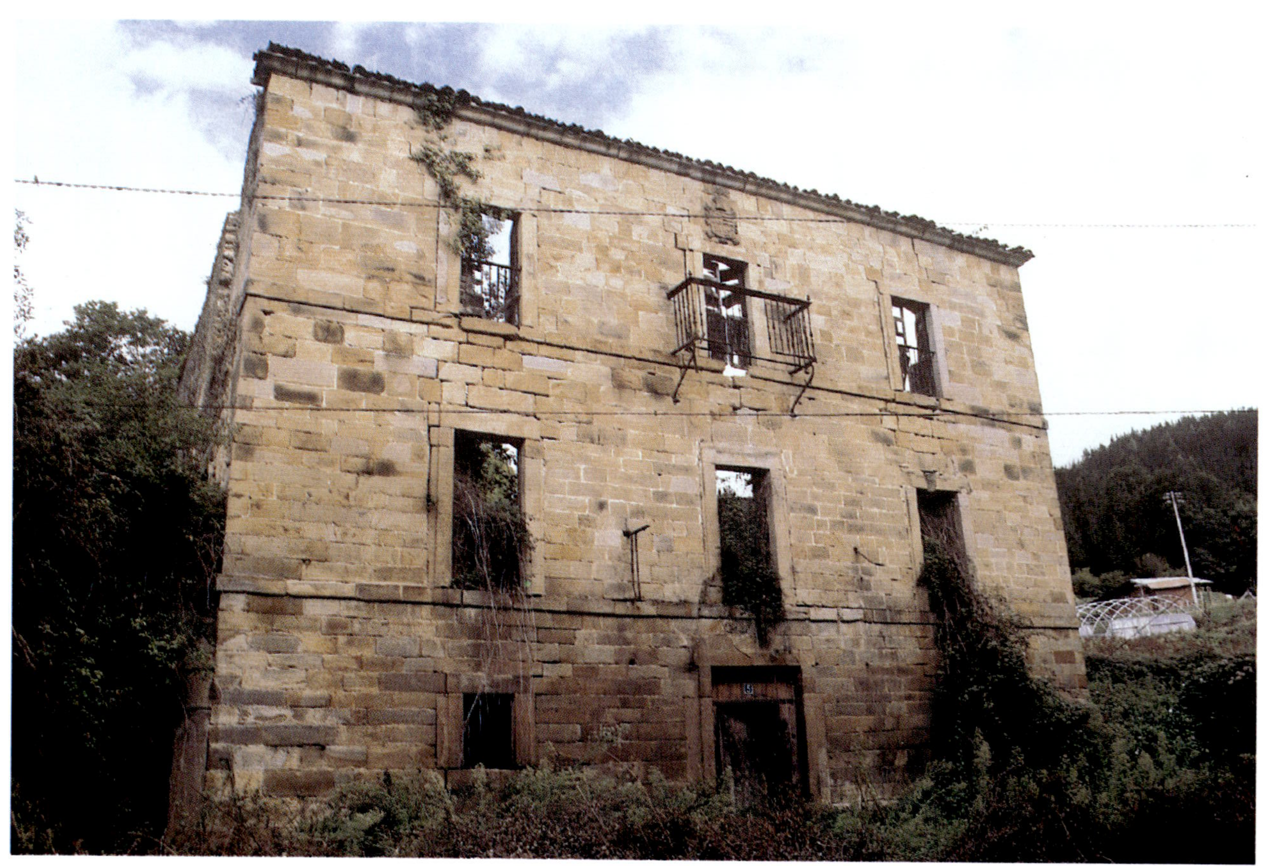

Ruinas del Palacio Urrutia (en el barrio de La Mella, frente a la Ermita de San Antonio de Padua).

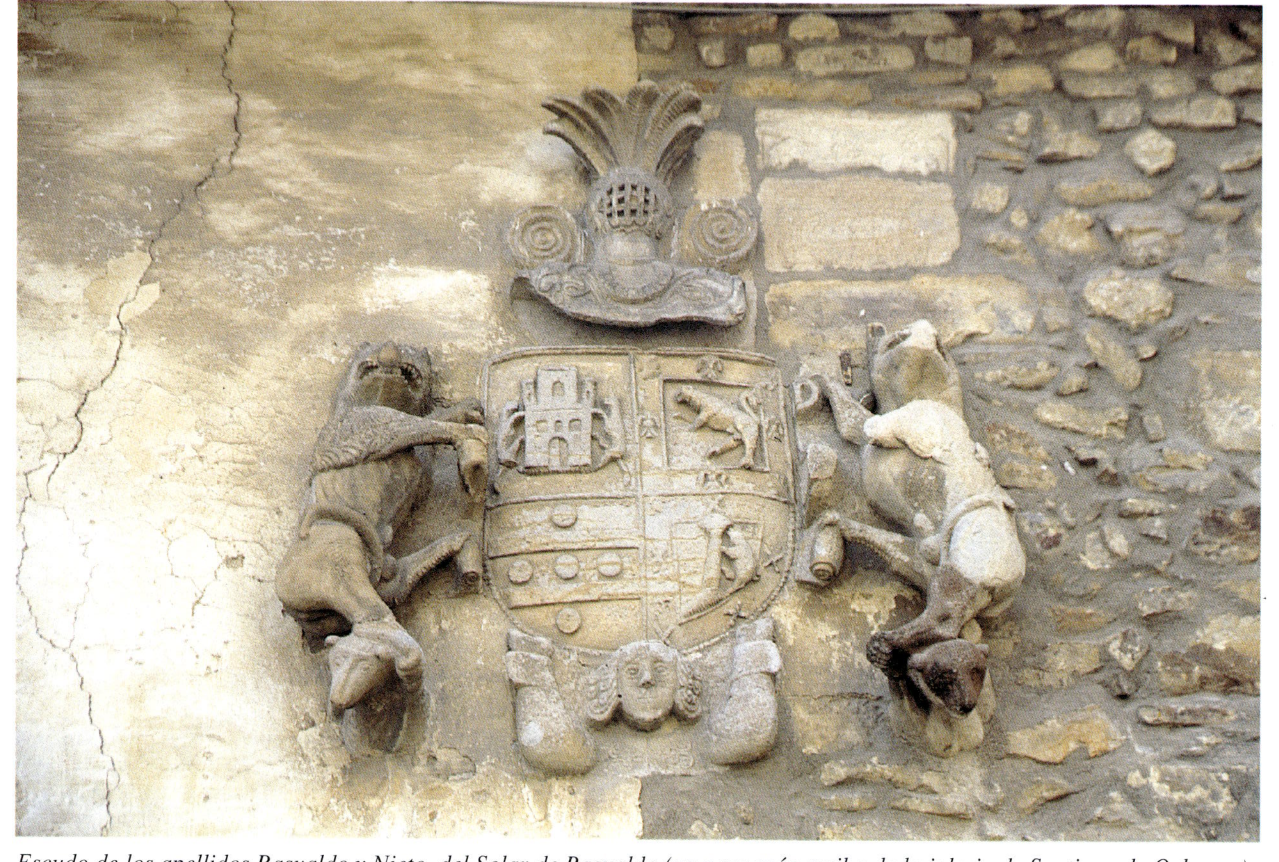

Escudo de los apellidos Basualdo y Nieto del Solar de Basualdo (un poco más arriba de la iglesia de Santiago de Ocharan).

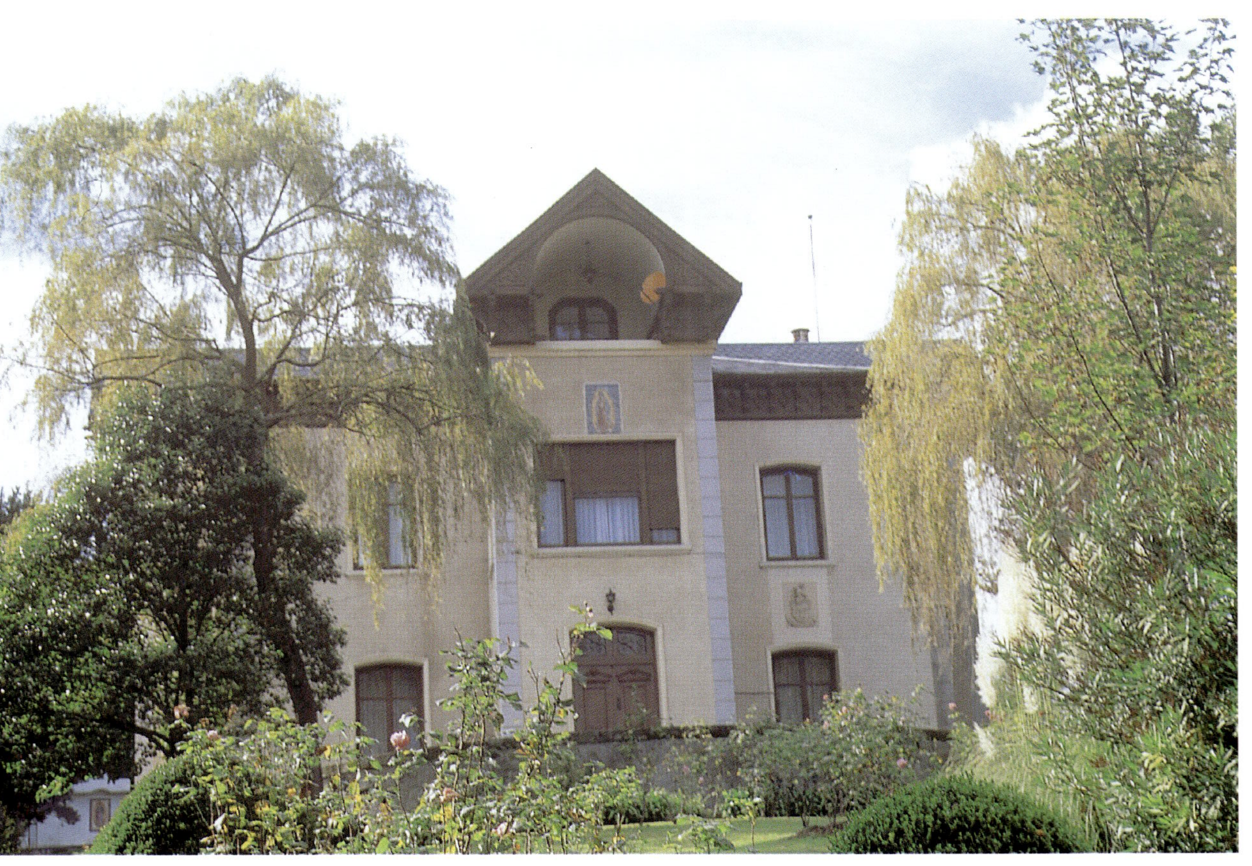

Tepeyac.

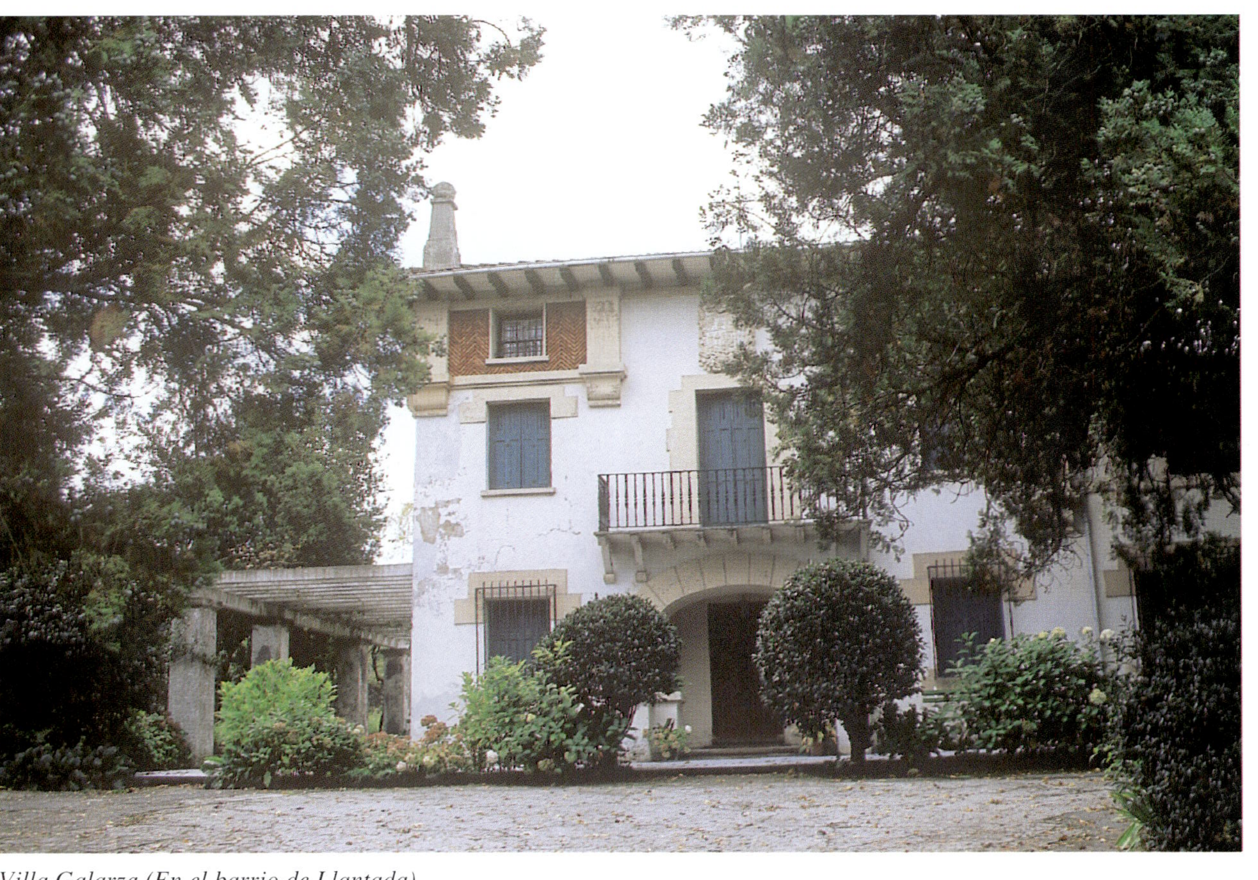

Villa Galarza (En el barrio de Llantada).

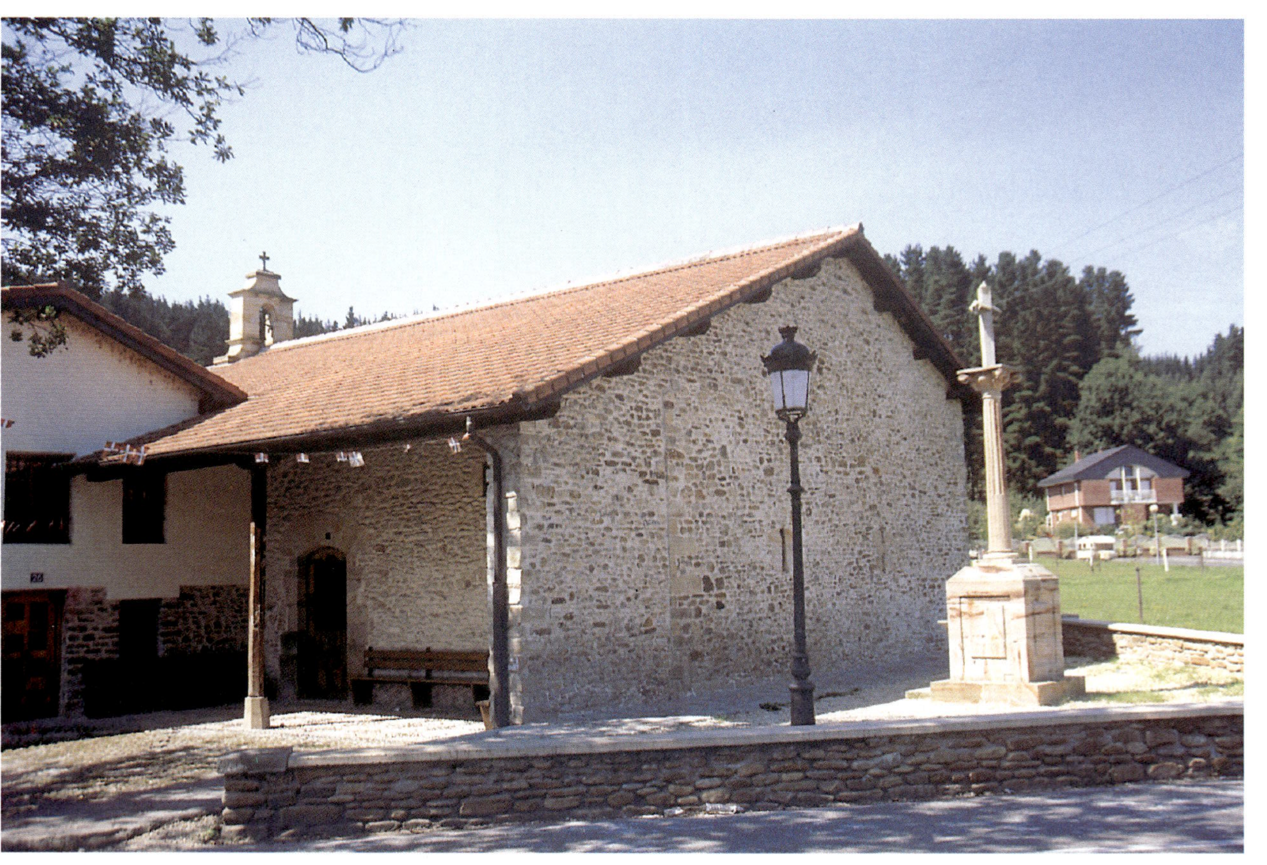

Ermita de San Pedro de Zarikete . Portada sur.

5) CEMENTERIO

El cementerio se inauguró el 22 de noviembre de 1892 (16). Su descripción es análoga a la de los otros dos cementerios. Lo más remarcable es su puerta de acceso, en arco de mitra con cruz y palmetas en el coronamiento. El aparejo empleado en la construcción fue sillería. Posee varios panteones en su interior.

ERMITAS

1) ERMITA DE LA MAGDALENA

Está situada a mitad del camino entre Mimetiz y el Pico Artegui. Yendo por la carretera Bilbao-Valmaseda, a la altura de Lusa, en el paso a nivel con barreras y a mano derecha, comienza el camino de ascenso a la ermita cuyo piso o firme es de cemento.

La fuente manuscrita de primer orden es su libro de fábrica (1751-1829). También contamos con el clásico trabajo de Gurutz Arregui sobre las ermitas.

Es un edificio de planta rectangular de 13,50 m. x 9 m. Posee muros de mampostería con sillares en ángulos y esquineros, y cubierta a dos aguas de madera sujeta interiormente por tirantes y cabríos. La portada de acceso está rematada por una espadaña de un vano con campana y rematada de una cruz pequeña de cemento. El acceso es adintelado con puerta de madera con herrajes, toda ella reconstruida por la Escuela Taller de Zalla en 1990, y está cobijado por un porche con cubierta a una vertiente sustentada por cuatro pies derechos. En el interior y a los pies se sitúa el coro de madera sostenida por dos pilares de madera. El estilo en que se construyó esta ermita es difícil de clasificar, aunque quizás se la puede incluir dentro de la época del Barroco; lo que sí es claro es que está construido en un estilo popular rural.

El retablo es verdaderamente una joya. Es de tres calles cuyas líneas verticales coinciden con las columnas barrocas a las que se enrollan parras con racimos de uvas, y tres cuerpos divididos en base, piso y ático. La base está decorada por múltiples ornamentos vegetales. El piso está ocupado por las tres hornacinas que coinciden con las tres calles antedichas y cubiertas de un entablamento. El ático es aproximadamente la mitad de alto del piso inferior rematado por una especie de frontón curvo. Tiene las imágenes de Santa María Magdalena en el centro, de San Roque a la izquierda, y de San José a la derecha, y en el ático una imagen de un Cristo.

---

altar completamente derecho, por falta de base y por humedad, está cediendo. Sagrario incrustado en la misma madera del altar.

CUADROS: Virgen del Perpetuo Socorro, Bautismo de Jesús en el Jordán (baptisterio), catorce pasos del Vía Crucis, Imagen del Rosario (retirada en la casa cural), dos cuadros de la sacristía (con planos de la reforma de 1928), Virgen del Carmen y Virgen de Begoña (ambas en sacristía), dos crucifijos de madera artificial (púlpito y sacristía), crucifijo de madera de castaño grande, restaurada en 1928. Imagen de San Antonio de Padua en madera artificial. Inmaculada pequeña rematada frente al Altar de San José en una pequeña peana. Tiene un candelero con dos velas y dos flores.

(16) A.H.E.V. Parroquia de Santiago de Ocharan. Papeles varios.

A izquierda y derecha del retablo y sobre una peana cada una están las imágenes de Nuestra Señora del Buen Suceso y de San Antonio Abad.

Su libro de fábrica no presenta mucho interés. En la cuenta fechada en 1778 se menciona una imagen para el altar de San Antonio procedente de Bilbao pero sin mencionar de qué santo se trata (1). En 1800-01 se coloca un estribo y se repara el tejado y una pared por su estado ruinoso (2). La única cita del retablo es precisamente de 1801. Se contrata para retocar los tres retablos de los altares de Santa María Magdalena, de San Antonio, y de Nuestra Señora del Buen Suceso a Joseph Menezo (3). Por cuenta fechada en 1815 sabemos que el retablo de la Magdalena se volvió a dorar por el maestro dorador Antonio Ruiz Gómez (4). Mediante testimonio oral Txomin Etxebarria recogió el dato de que en la guerra civil un cañonazo destrozó uno de los retablos, otro lo mandó quitar el cura de Zalla, y queda el que ahora está en el centro de la cabecera (5).

La fiesta de la Magdalena se celebra el 22 de julio con misa y romería, y la de San Antonio el 17 de enero con la celebración de misa.

2) SAN PEDRO DE ZARIKETE

Se encuentra al este del monte Volumbro, junto a la carretera Bilbao-Valmaseda, en el barrio de San Pedro, entre Ybarra y Mimetiz.

La fuente manuscrita de primera magnitud para su estudio lo constituyen sus dos libros de fábrica. En la actualidad se están haciendo catas arqueológicas en las partes central y de la cabecera. Al igual que con el resto de las ermitas, me he servido también del estudio de Gurutz Arregui.

La ermita es de planta rectangular 16,75 m. x 12,40 m. Sus muros son de mampostería con piezas de sillar en ángulos y lo cubren una cubierta a dos aguas de madera reforzadas interiormente por tirantes y cabríos. La portada principal está en el lado oeste, caracterizado por su sobriedad, por una puerta de entrada con arco de medio punto y por estar rematada por una espadaña de un vano de pequeñas dimensiones que ha sido restaurada muy recientemente por la Escuela Taller de Zalla. En el lado sur otra entrada está guarnecida por un pórtico cuya cubierta es una continuación del tejado y es sostenida por un pie derecho. A su izquierda hay una casa adosada de grandes dimensiones que debió ser originariamente la casa del beato que cuidaba la ermita, actualmente en reconstrucción por dicha Escuela Taller. El sistema de luces se reduce a dos arpilleras, una en el coro y otra en el lado norte. A los pies se erige un notable coro de madera, al que se accede por una escalera lateral cuyos dos primeros peldaños son de piedra y los restantes de madera.

Tradicionalmente se la data del siglo XVI por el examen ocular de sus gruesos muros y por las troneras que se las suponen reaprovechadas de alguna casa-torre derruida.

Sin ninguna duda, lo que más destaca de su mobiliario son sus tres retablos. El más espléndido de los tres es el retablo central, dividido horizontalmente de una base un piso y

(1) A.H.E.V. Parroquia de San Miguel. Libro de fábrica de la Ermita de la Magdalena y su aneja San Antonio. F. 74.
(2) A.H.E.V. Ibídem. Cuentas fechadas en 1800 (Data) y en 1801 (Data).
(3) Ibídem, f. 142.
(4) Ibídem, f. 172-173.
(5) CUADERNOS DE LAS ENCARTACIONES, dic. 1987, pág. 306.

un ático. La base está ocupada sobriamente por motivos vegetales. El piso, atravesado perpendicularmente por tres calles cuyas líneas divisorias coinciden con columnas barrocas a las que se enroscan parras con racimos de uvas. La calle central posee dos hornacinas, en las laterales las imágenes se sostienen por la base. Ambas calles laterales se rematan por un entablamento ricamente adornado de hojarasca. El ático está presidido por la imagen de un Cristo Crucificado y coronado por un frontón roto, y en sus extremos dos pináculos terminados en bolas escoltan el frontón.

Los dos retablos restantes son más modestos. El del ala izquierda presenta base con alguna hojarasca y un piso de única calle coronado de frontón curvo. Las columnas barrocas, con parras con racimos de uvas enroscados a él marcan la elevación vertical del retablo, en contraste con el retablo central donde las líneas verticales y horizontales se contrarrestaban, creando una composición equilibrada. El entablamento es la basa del frontón.

El retablo del ala derecha presenta la misma estructura del anterior, pero se diferencia del anterior por una factura menos recargada y más clasicista. La base apenas tiene decoración vegetal. El arco de medio punto de la hornacina está sostenida por columnas barrocas de las mismas características de sus dos compañeros, mas la enmarcan dos columnas de aliento clásico que a su vez sostienen un frontón triangular. Este retablo es más severo de estilo que los otros dos y contrasta poderosamente con ellos.

Por motivo de los trabajos arqueológicos que se están haciendo en la ermita, cuando la visité, los retablos estaban despojados de imágenes que se guardan celosamente en un lugar determinado. Baste decir que existen las imágenes de San Pedro, talla de madera de cedro y datable del siglo XII o XIII, reconocible por sus desproporcionadas orejas (6), de San Gregorio, San Bernabé, la Inmaculada y San Antonio Abad, según la nómina que facilita Gurutz Arregui (7).

Auténtica novedad ha sido encontrar en la pared norte una pintura mural de una cruz con peana, de color rojo, cuya tipología se repite en la jamba de la puerta de acceso de la Ermita de San Pedro de Zokita.

Los resultados provisionales de las catas arqueológicas realizadas por Iñaki Pereda han manifestado los cimientos de un edificio anterior al actual, con cinco enterramientos; de los cinco cuatro son en fosas y otro en lajas, acompañados de cultura material medieval. Para poder saber más acerca de estos descubrimientos, habría que realizar una excavación integral de la ermita.

La cita documental de la Ermita de San Pedro más antigua es de 1587, de una carta de venta de una propiedad que precisamente lindaba con nuestra ermita (8), y la mención más antigua del topónimo ZARIKETE aparece en otra carta de venta de 1569 como ÇARIQUETI (9).

El primer libro de fábrica arranca de 1702, y en 1704 ya resaltan algunas obras de cierta entidad en la sacristía (10). Quizá la obra de mayor lucimiento sea el dorado de los reta-

---

(6) ARREGUI AZPEITIA, G.: *"Ermitas de Bizkaia"*. Bilbao, 1987, pág. 438.

(7) Ibídem, pág. 437.

(8) A.H.U.D. Mayorazgos. Carpeta 14, nº 7.

(9) A.H.U.D. Mayorazgos. Carpeta 14, nº 2.

(10) A.H.E.V. Libro nº 1 de fábrica de la Ermita de San Pedro de Zarikete (1702-1804). Cuenta de 1704. Data.

blos en 1712-13 por Tomás Noreña (11). En 1734 la rotura de un tirante del tejado produjo importantes desperfectos en el tejado, el coro y quizá en alguna pared; estas obras fueron dirigidas por Bartolomé de Montellano. Al mismo tiempo deshicieron la sacristía vieja (12). En 1781 se reforma la casa de la beata de forma importante y se coloca la cruz procedente de la ermita derruida de San Nicolás de Posaduero (13). En 1787, se inicia la reforma de la ermita, que incluye la espadaña, cuya traza debemos a Juan Maza. El segundo libro de fábrica (1804-1839) es menos interesante, por lo que me abstengo de relatar, porque no aporta nada de importancia.

Actualmente está siendo restaurada por la Escuela Taller de Zalla. La primera fase de restauración finalizó, cuya misión fue levantar y ejecutar de nuevo el tejado, el picado y rejunteo de las fachadas y pórtico, descubriendo algunas ventanas desconocidas, demolición del falso techo interior, dejando a la vista los tirantes y pilares de madera de roble. La segunda fase está en curso, y de ella ya ha sido destacada en la descripción de esta ermita la reposición de la espadaña y la recuperación de la casa adosada a la ermita.

3) ERMITA DE SAN PANTALEON

Se accede por la carretera Bilbao-Valmaseda a su paso por Allendelagua de donde se toma la desviación hacia el Campo de San Pantaleón.

La fuente manuscrita principal es su libro de fábrica, y el principal estudio hecho de esta ermita es el magnífico trabajo de Juan Cordón publicado en 1981 por la revista ETNIKER.

La planta es de forma rectangular de 17,5 m. x 0,80 m. Su ábside en planta está formado por tres paños de pared en disposición poligonal. Sus paredes son de mampostería con sillares en ángulos. La cubierta es a tres aguas sostenida por tirantes y cabríos. La entrada de acceso presenta un arco de medio punto, formando parte de una portada rematada por una espadaña de un vano coronada por una cruz pequeña de cemento.

El retablo presenta los niveles de base, piso y ático y una única calle. La base del retablo está apoyada sobre un basamento o zócalo. El piso está ocupado por una hornacina cuyo arco de medio punto está decorado por motivos geométricos. A ambos lados de la hornacina, hay dos columnas barrocas, las cuales son enrolladas por parras con racimos de uvas. Encima de la hornacina está el ático de forma cuadrangular. En la hornacina se sitúa la imagen de San Pantaleón, escultura de piedra, datable del siglo XV. En el ático Santa Mónica preside el retablo. Otras imágenes se colocan en las paredes laterales de las ermitas y sustentadas en peanas; se trata de las de San Valentín, San Roque, San Cristóbal y San Sebastián.

En el exterior del edificio, a los pies, hay colocadas unas losas con número marcados procedentes de las sepulturas de La Iglesia de San Miguel que fueron trasladadas allí durante su restauración, y desde entonces allí se quedaron.

---

(11) Ibídem, cuenta fechada en 1712. Data: "(...) Y luego sea justo que dicho maestro dorador (Tomás de Noreña) que dore y pinte el colateral de San Antonio de Padua de dicha ermita, y el bulto de dicho santo y el de Santa Mónica, y retocar el de San Pedro y el de Santa Catalina con coste de 600 reales para hacerlo para Pascua de Resurrección del año próximo venidero de 1713".

(12) Ibídem, f. 57.

(13) Ibídem, cuenta fechada en 1781. Data.

La Ermita de San Pantaleón originariamente no estuvo en su emplazamiento actual sino en Aretxaga, en el lugar llamado El Campillo y la finca llamada "La Cascajera" (14). En la primera mitad del siglo XVIII se encarga de su cuidado una "beata" cuya desaparición quizá propició el proyecto de hacer la ermita de nueva planta (15). De las reparaciones que se hicieron en la ermita desaparecida sobresale la realizada en 1731 en la portada y el empedrado del cementerio, que como en el resto de los edificios religiosos de la época estaría debajo del piso de la ermita (16). En 1749 traen desde Zaragoza a esta ermita una reliquia de San Pantaleón (17) para la cual se labró un relicario de plata (18).

En 1762, debido a su mal estado de conservación (19), se aprueba su reedificación. Joseph de Garagorri fue el autor de la traza y Francisco de Montellano el director de las obras (20). Las imágenes de San Sebastián, San Valentín y San Cristóbal se colocaron en un colateral (21) dentro de la ermita actual. Una diligencia de 1773 enumera someramente sus imágenes y reliquias (22). Entre 1783 y 1785 se compra una imagen de San Pantaleón como reclamo para coger limosnas (23).

A mediados de los años 40 de este siglo por la debilidad de las paredes se decidió restaurarla íntegramente, mejorando los muros y haciendo un coro nuevo. En 1954 se hizo otra restauración en la que se retiró el colateral, trasladándolo a la sacristía. El actual estado de la ermita se debe a reparaciones hechas en los años 70 (24).

La festividad de San Pantaleón se celebra el 27 de julio con una procesión desde la iglesia de San Miguel hasta la ermita. Existe la leyenda de la bruja de San Pantaleón que fue quemada por la Inquisición (25). A San Pantaleón se le atribuyen propiedades curativas como la de garantizar no tener dolores de cabeza durante el año, si se pone uno el sombrero del santo.

---

(14) CORDON, J.: *"Ermita de San Pantaleón"* en ETNIKER, V, Bilbao (1981), pág. 135.

(15) Ibídem, pp. 151-152.

(16) A.H.E.V. Libro de fábrica de la Ermita de San Pantaleón (1725-1809). Cuenta fechada en 1731. Descargo.

(17) A.M.C.Z. Carpeta 11, nº 1. Libro de decretos. F. 186.

(18) A.H.E.V. Libro de fábrica de la Ermita de San Pantaleón. F. 56.

(19) A.M.C.Z. Carpeta 8, nº 2. Libro de decretos. F. 186.
A.H.E.V. Libro de fábrica de la Ermita de San Pantaleón. F. 80.

(20) A.H.E.V. Ibídem, f. 90.

(21) A.H.E.V. Ibídem, f. 96v.

(22) A.H.E.V. Ibídem, f. 104: "En la ermita de San Pantaleón (...) certifico, yo, el Bachiller Don Francisco Antonio Bustamante, cura (...), hallé que, además del altar de dicho santo (...) estaba otro altar decente al lado de la Epístola de ella, y en él colocados San Sebastián, San Valentín y San Cristóbal con la debida decencia, con frontal, marco, dos manteles y su ara (...) y habiéndome informado que ciertas reliquias de San Pantaleón, pertenecientes a su ermita, se hallan en poder de varias personas, apercibí (...) beato las recoja y entregue a uno de los curas para que los coloque en el lugar correspondiente".

(23) A.H.E.V. Ibídem, f. 121.

(24) CORDON, J.: *"Ermita de San Pantaleón"* en ETNIKER, V, Bilbao (1981), pp. 153-155.

(25) CORDON, J.: *"Ermita..."*, pp. 155-158.

4) ERMITA DE SAN ANTONIO DE PADUA

La Ermita de San Antonio se encuentra en el barrio de La Mella, enfrente de la Torre de Terreros, al otro lado del río Cadagua en un entorno bellísimo.

No se conserva de ella libro de fábrica, por lo que las referencias se citarán en notas.

Es de planta ligeramente rectangular de 10,30 m. x 9 m. con muros de sillería y estribos de sustento en las cuatro esquinas de la ermita. El interior, de gran altura, lo cubre una bóveda de crucería con terceletes y pies de gallo.

La portada es de gran belleza, una soberbia fachada dividida en tres partes bien diferenciadas. La primera de ellas la ocupa una gigantesca puerta de acceso con arco de medio punto, cerrado por una reja que probablemente sea de fundición. El segundo cuerpo lo ocupa el escudo de Urrutia, que será descrita en el capítulo dedicado a la heráldica, y una hornacina con la imagen de la Inmaculada que supuestamente es un retrato de Gerónima de Achuriaga. El nivel superior es la espadaña propiamente dicha con un vano para la campana y rematado por un frontón triangular y adornado de acróteras esféricas y piramidales. La parte superior de la fachada tiene una forma marcadamente triangular.

La sacristía, de planta rectangular, es de proporciones y altura más modestas que la capilla principal y cuenta con el mismo tipo de bóveda de crucería.

La estatua orante está en una hornacina de grandes dimensiones sobre la cual hay un frontón partido que sostiene el escudo de armas de Urrutia, y a su pie la inscripción: "DON ANTONIO DE URRUTIA SALAÇAR CABALLERO DE LA ORDEN DE SANTIAGO". La estatua orante tiene rasgos clasicistas, está arrodillada como es costumbre en la estatuaria funeraria de la época.

La cabecera la ocupa un rico retablo. Se divide en base, dos pisos y un ático, y en tres calles en sentido vertical que en el primer piso están flanqueadas por columnas enredadas por parras con racimos de uvas. En el segundo piso los motivos ornamentales más importantes son frontones rotos. La decoración vegetal recorre el retablo profusamente en múltiples direcciones. En las hornacinas descansan las imágenes de San Ramón Nonato, San Antonio y San Raimundo de Penyafort en el piso inferior, y de San Roque, Santa Isabel de Hungría y San Mateo en el superior. El ático lo ocupa un hornacina elíptica que está vacía.

Su estilo barroco sigue una tradición culta que quizá tome elementos del estilo herreriano que tan repetidamente se imitará en el siglo XVII.

El origen remoto de esta ermita funeraria es la fundación de una capellanía que Juan Martínez de Achuriaga dispuso en su testamento en 1657 (26). Sin embargo, fue mandado construir por Gerónima de Achuriaga a la muerte de su esposo Santiago de Urrutia y Salazar, caballero de la Orden de Santiago desde 1667. Al no conservarse libro de fábrica no pueden seguirse sus vicisitudes. Fue restaurado en 1951.

La fiesta se celebra el 13 de junio. Antaño se hacía romería. Antiguamente el día de la festividad se decía misa.

5) ERMITA DE SANTA ANA DE BOLUMBURU

Está situada en el barrio de Bolumburu. La clave para acceder allí es fijarse en el pa-

(26) URRUTIA Y LLANO, J.M.: *"La Casa Urrutia de Avellaneda"*. Bilbao. 1968. Pág. 388.

so a nivel con barreras que hay al lado de la estación de la F.E.V.E. en Ybarra, donde confluyen las dos carreteras que proceden de Mimetiz y Allendelagua respectivamente.

Tampoco se conserva de ella libro de fábrica, por lo que las referencias irán en las notas.

Presenta planta rectangular de 15,10 m. x 8,50 m. Construida en mampostería con sillares en ángulos. Cubierta de madera a dos vertientes sujeta interiormente con tirantes y cabríos. La puerta de acceso está guarnecida por un porche con cubierta a una vertiente y sostenida por cuatro pies derechos, y la portada está rematada por una espadaña de un vano sin campana y coronada por una cruz de piedra. La sacristía curiosamente se sitúa en el transaltar, donde en las labores de restauración recientes se ha encontrado un enterramiento.

Según Lizarralde, en el interior de esta ermita hubo un retablo con una imagen de la Virgen de estilo Renacimiento de 1,50 m. de altura, dorada, y unas tablas con pinturas de la Inmaculada Concepción, San Francisco de Asís, y de San Diego de Alcalá (27). El propio Lizarralde cree que la imagen de la Virgen es del siglo XVI (28).

La referencia histórica más antigua de esta ermita es que fue fundada por Diego Hurtado de Salcedo y María de Murga en 1610 (29). En el libro de fábrica de la Iglesia de La Herrera aparece una segunda capellanía fundada por Diego de Villa (30). Fue arruinada por el vendaval de 1941 y restaurada en 1945.

La festividad de Santa Ana se conmemora el 26 de julio con misa y romería pero en estos últimos años no se ha celebrado.

6) ERMITA DE SAN ISIDRO DE ZOKITA

Se encuentra en Zokita. Se puede llegar allí por dos vías. Desde la carretera Bilbao-Valmaseda a su paso por Allendelagua, se coge la desviación que conduce a Sollano. Poco antes de llegar a la depuradora, se toma la desviación a la izquierda del camino que conduce a La Brena, de la que hay que desviarse de nuevo a la derecha. La segunda vía de acceso es desde Valmaseda, tomando el paso de La Tejera, y atravesando Nocedal y Angostura.

Tampoco se conserva de ella libro de fábrica, por lo que las pocas noticias vienen del estudio de Gurutz Arregui sobre ermitas y referencias in situ.

Es de planta rectangular de 9,75 m. x 6,30 m., con muros de mampostería blanqueada y cubierta a dos vertientes. La puerta de entrada es adintelada con jambas trabajadas con sillares. La jamba derecha tiene un bajorrelieve de una cruz con peana en una hornacina, cuya tipología es la misma que la de la pintura descubierta en San Pedro de Zarikete. En la fachada principal destaca una saetera descentrada hacia la derecha. Dicha portada está rematada por una espadaña de un vano con campana y coronada con una cruz de piedra. Exteriormente llama la atención la disposición de la cabecera por haber dos zonas diferencia-

(27) CUADERNOS DE LAS ENCARTACIONES, dic. 1987, pp. 329-330.
YBARRA y BERGE, J.: *"Torres de Vizcaya"*. C.S.I.C. Madrid. 1945. Vol 1º. Págs. 98-99.

(28) Ibídem.

(29) LABAYRU, II, pág. 657.

(30) A.H.E.V. Parroquia de La Herrera. Libro de fábrica. F. 2.: "En la ermita de Santa Ana de Bolumbro (...) se hallan fundadas dos capellanías que están unidas, la una por Don Diego de Villa, y la otra por Don Yñigo Urtado de Salcedo y Doña María de Murga (...)".

das de mampostería: la primera que abarca el tercio superior que es algo más entrante que los dos tercios inferiores. Este detalle quizá sea el rastro de alguna etapa constructiva.

El retablo consta de base, piso y ático. El piso está ocupado por una hornacina de calle única enmarcada por dos columnas barrocas a las que se enrollan parras con racimos de uvas. El ático es una especie de frontón. Motivos vegetales recorren el retablo de forma más discreta que en otros retablos de otras ermitas. En la hornacina central está la imagen de San Isidro con el arado en la mano. En el lado derecho hay una pila bautismal de piedra con una abertura en la pared para la salida del agua. También hay una pila de agua bendita.

La festividad de San Isidro se solemniza el 15 de mayo con procesión y romería, pero se ha trasladado al domingo más próximo a su fiesta. En época de sequía se acostumbraba a bajar la imagen de San Isidro desde la ermita a la Iglesia de San Miguel.

7) ERMITA DE LA FLOR

Se encuentra en Ocharan, concretamente en el denominado barrio de La Flor, detrás de la exposición de muebles "Muebles El Paraíso". Es propiedad de Cosme Vivanco.

Tiene una planta de 2,75 m. x 3,50 m. Tiene muros de ladrillo y cubierta a una vertiente. El pórtico, de reducidas dimensiones, comprende una cubierta que es continuación del tejado y lo sustentan varios pilares. El pórtico, a modo de porche cobija a una puerta de hierro forjado. El sistema de luces se reduce a una ventana con vidriera. Dentro de la ermita está la imagen de la Virgen de La Flor. Esta ermita se inauguró en 1980.

8) ERMITA DE SAN JUAN DE LA HORMAZA

La ermita, actualmente desaparecida, estaba a 100 metros de la actual Ermita de La Flor.

Curiosamente y de forma paradójica para una ermita desaparecida se conserva su libro de fábrica (1763-1851) como fuente de primera mano.

Lizarralde describe a la Virgen de La Flor y la data del siglo XVII (31). Una reparación muy importante se hizo en 1791-92 "por hallarse muy arruinada" (32). Otra reforma importante se ejecutó en 1800-01 con labores en el tejado, la espadaña y el coro (33). En 1851 se reparó el tejado porque se hundió, realizado primero por Francisco de la Bárcena, y después por José González (34). Según Gurutz Arregui, la ermita se derruyó en 1917 (35).

---

(31) CUADERNOS DE LAS ENCARTACIONES, dic. 1987, pág. 298: "Una imagencita de la Virgen, talla del siglo XVII, con el Niño en el brazo izquierdo y una flor en la mano derecha".

(32) A.H.E.V. Libro de fábrica de la ermita de San Juan de la Hormaza (1763-1851). F. 48-49.

(33) A.H.E.V. Ibídem. F. 63.

(34) A.H.E.V. Ibídem. F. 98.

(35) ARREGUI AZBITARTE, G.: *"Ermitas..."*, pág. 449.

9) ERMITA DE SAN NICOLAS DE POSADUERO

Esta otra ermita desaparecida se ubicaba en Malabrigo, en cuyo lugar se levanta ahora una choza o cabaña.

No se conserva su libro de fábrica, aunque he podido encontrar algunas referencias en los libros de decretos y de acuerdos del concejo de Zalla y alguna otra dispersa.

Parece que la ermita se dedicó en 1651 (36). En 1728 se tuvo que reparar el tejado (37). En 1736 sufrió nuevas obras de reparación, llevadas a cabo por Joaquín de Maruri y Pedro de Villanueva (38). Ybarra señala que fue demolida por orden del visitador general el 10 de junio de 1779, hecho que es revalidado por un documento refiriéndose a san Pedro de Zarikete que revela la demolición de la Ermita de San Nicolás (39).

SECCION II: ARQUITECTURA CIVIL

A) CASAS-TORRE

1) GENERALIDADES

La mayoría de ellas se construyen entre mediados del siglo XIV y mediados del siglo XV. Por lo general son de planta cuadrada o rectangular, de gruesos muros de mampostería con esquinales de sillería. Si tienen dos puertas, la principal es la segunda que se llega por una escalera exterior de piedra o patín. Si sólo había una puerta, se definía como una ladronera preparada para arrojar aceite hirviendo, pez derretida o plomo fundido. Al exterior presentan saeteras, y el almenado está ausente, aunque en algunos ejemplares se conserva el adarve, como ocurre en la Torre de Sodupe. Su erección no sólo obedecía a razones estratégicas sino también para controlar las rutas comerciales.

Con mucha frecuencia forman conjuntos junto con ermita, molino y ferrería, como ocurre en Bolumburu. A mediados del siglo XV, al ordenarse el desmoche de las casas-torre, muchas de ellas se convirtieron en caseríos. Caso palpable de ello el de la Torre de Maruri, que actualmente se parece más a un caserío que a lo que antaño fue. Ello es debido a que prescindieron de los elementos bélicos y les dieron un aspecto civil.

---

(36) A.M.C.Z. Carpeta 1, nº 1. F. 21v.: "En 1651 el Vicario de Valmaseda vino a bendecir la Iglesia de San Nicolás de Posuadero y se llevó el santo de San Nicolás de Santiago de Ocharan con los demás que está en su altar, por haberse hecho la ermita nueva a costa del concejo".

(37) A.M.C.Z. Carpeta 5, nº 2. Libro de ayuntamiento. F. 37.

(38) A.M.C.Z. Carpeta 6, nº 2. Libro de ayuntamiento. F. 195.

(39) A.H.E.V. Papeles varios. "(...) 1781. Ermita demolida del señor San Nicolás, la ermita de San Pedro vendió su piedra de sillería labrada por 74 reales de vellón. También vendió el ladrillo del suelo de la ermita de San Nicolás que fueron comprados (...). En el lugar de la ermita de San Nicolás se colocó una cruz".

2) TORRE DE GOBEO

Está situada entre el río Cadagua y la línea férrea Bilbao-Valmaseda. Es de planta rectangular, formado por el cuerpo de la casa-torre y un cuerpo delantero más moderno, con cubierta a cuatro vertientes. Sus muros son de mampostería, con sillería en vanos y ángulos. Los vanos adintelados ocupan tres calles y tres registros, el último de los cuales corresponde al camarote. El acceso es bajo central y sobre el cual hay un balcón de la casa-torre original. Sólo se conserva una ventana en arco apuntado.

3) TORRE DE MURGA

Está ubicada en un solar que tiene por límites la calle Cosme Vivanco Etxebarría, la línea férrea Bilbao-Valmaseda, y la carretera comarcal Bilbao-Valmaseda.

Es un edificio exento, de planta rectangular, con cubierta a cuatro aguas, construido con aparejo de mapostería, excepto sillerías en ángulos y vanos adintelados en disposición algo irregular. Tiene acceso bajo-lateral, balconadas en los registros impares a los lados de las fachadas. Es de destacar el gran escudo de Salcedo y Montaño que se describirá en la sección dedicada a la heráldica. El edificio actual es un palacio datable del siglo XVII.

PLANO TIPOGRAFICO DEL SOLAR DE ZALLA

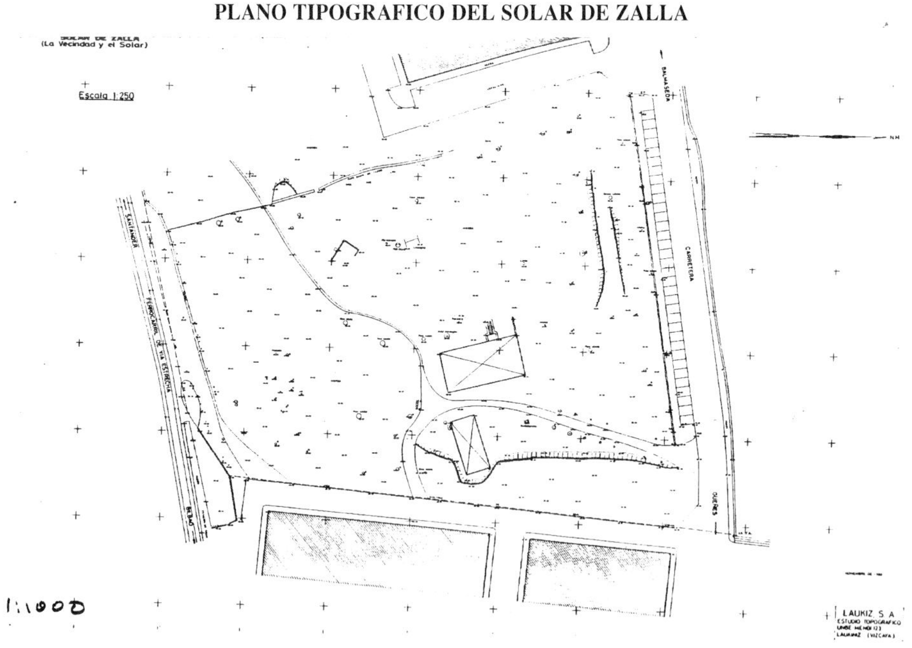

Proyecto de remodelación de la Torre de Murga con destino a ser Casa de Cultura. En la actualidad se aloja el Ayuntamiento de Zalla. (Gentileza a la escuela-taller de Zalla por cesión de una copia del proyecto. Agradecimiento a su director Iñaki Quevedo).

CASA CULTURA

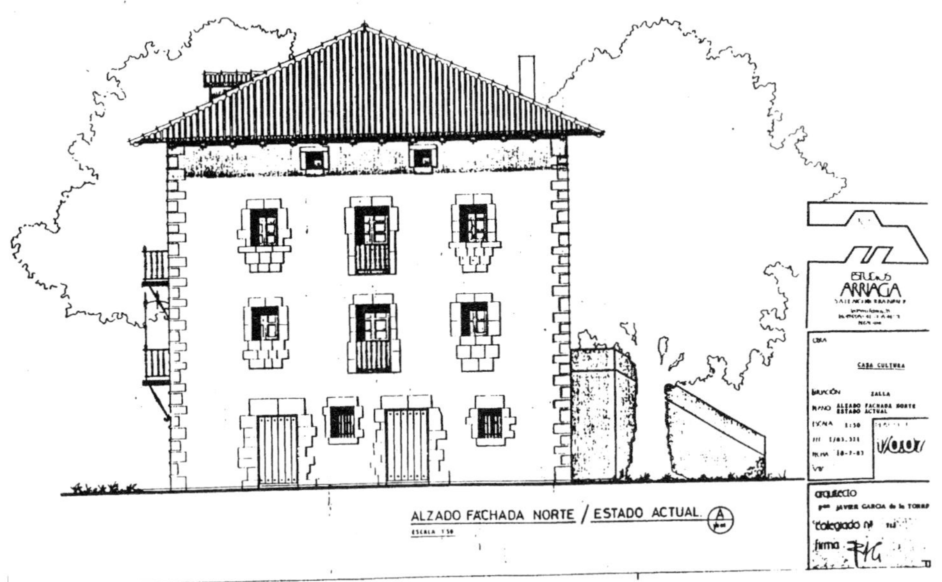

ALZADO FACHADA NORTE / ESTADO ACTUAL

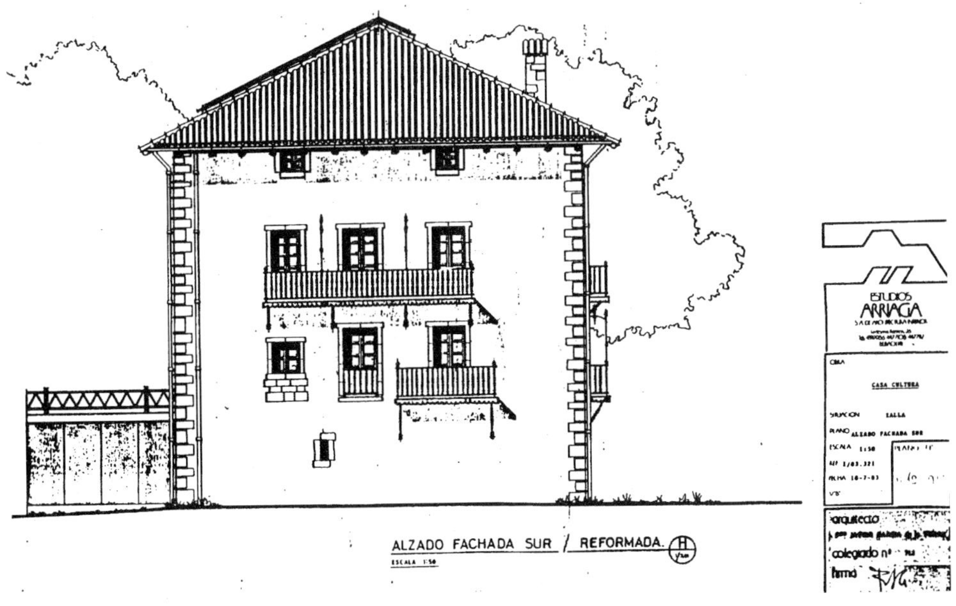

ALZADO FACHADA SUR / REFORMADA

ALZADO FACHADA OESTE / ESTADO ACTUAL

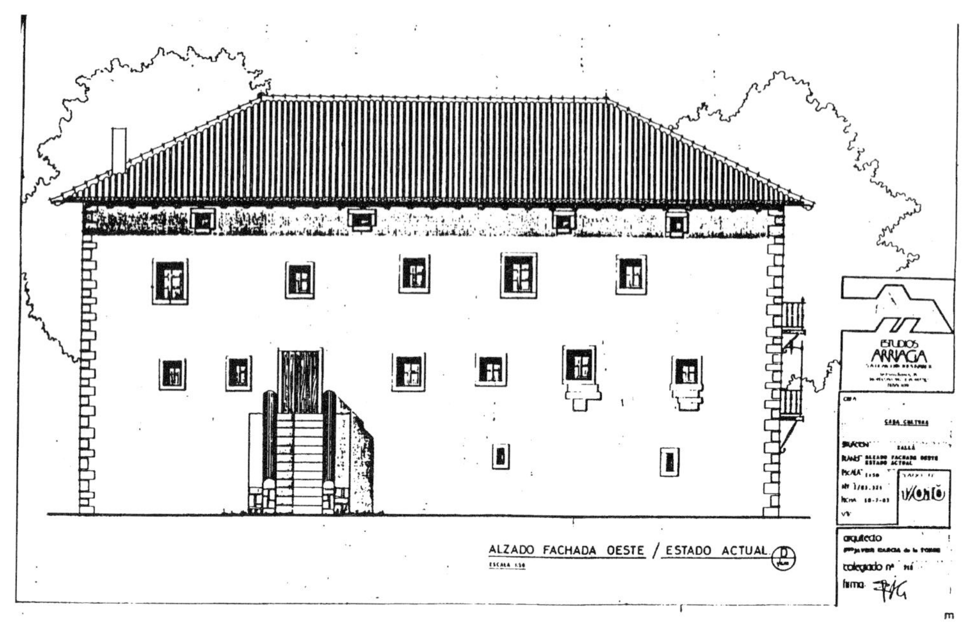

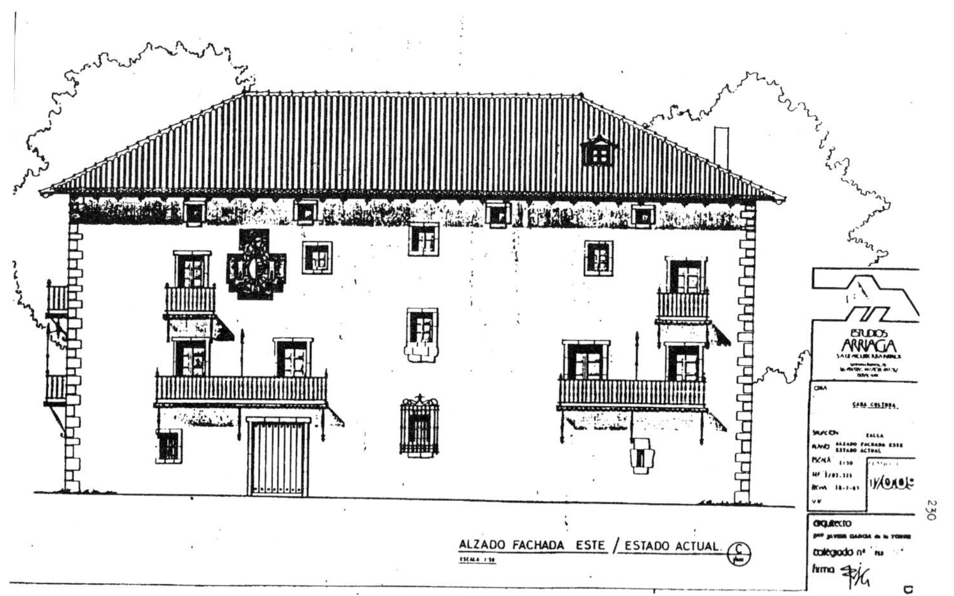

ALZADO FACHADA ESTE / ESTADO ACTUAL

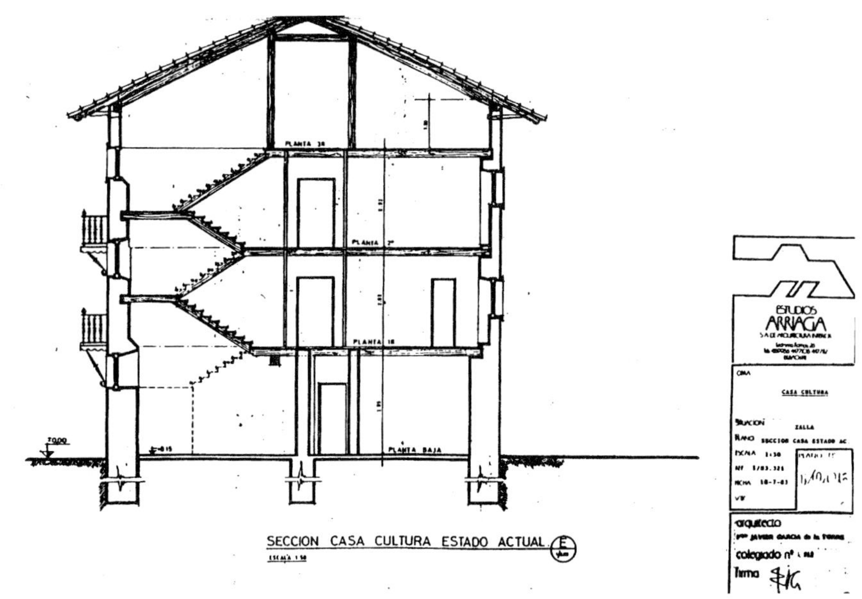

SECCION CASA CULTURA ESTADO ACTUAL

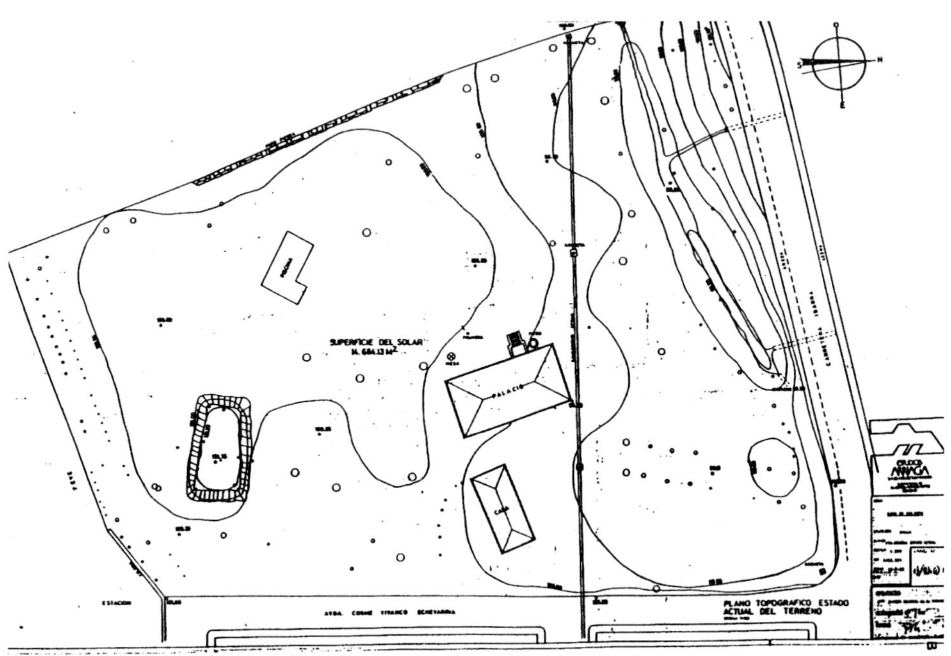

PLANO TOPOGRAFICO ESTADO ACTUAL DEL TERRENO

CASA CULTURA

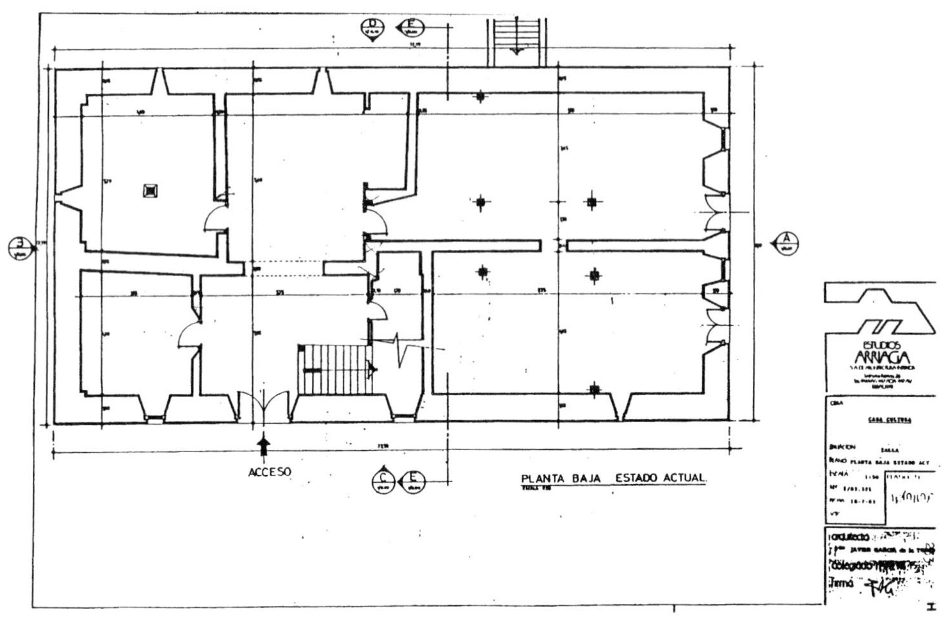

PLANTA BAJA ESTADO ACTUAL

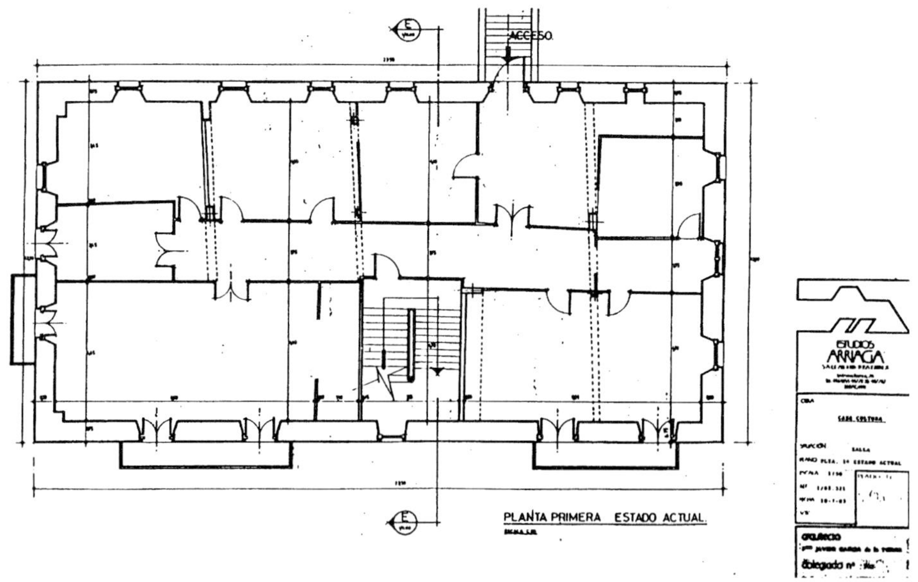

PLANTA PRIMERA ESTADO ACTUAL

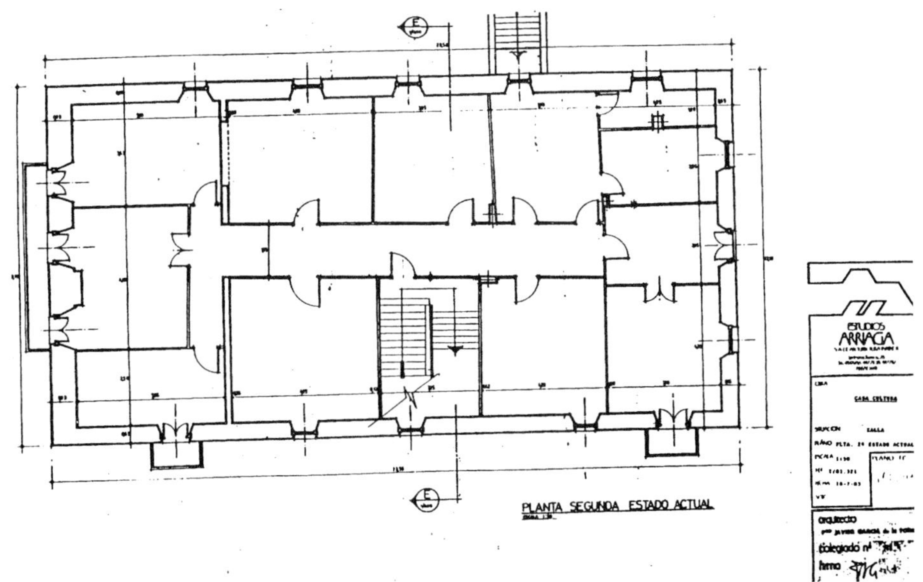

PLANTA SEGUNDA ESTADO ACTUAL

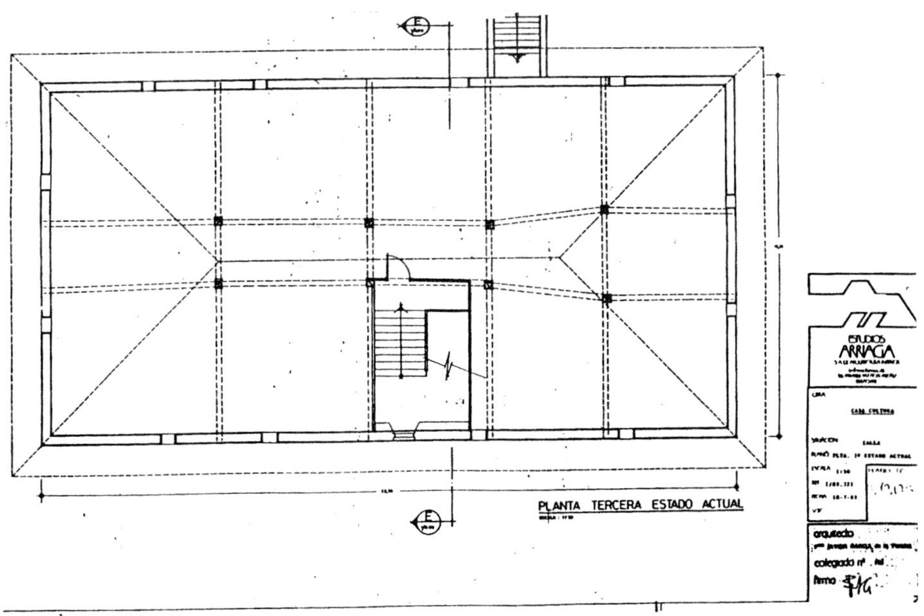

PLANTA TERCERA ESTADO ACTUAL

El fundador de la Torre de Murga fue Juan Sánchez Chiquilín de Murga, hijo bastardo de Sancho García (1), y levantó la torre en 1272. Su descendiente Juan Sánchez de Murga y Retuerto fue el primer señor de la Casa de Murga.

4) TORRE DE TERREROS

Está situada en el barrio de La Herrera, en un recodo del río Cadagua, en un paisaje idílico. En frente, al otro lado del río, está el barrio de La Mella.

Es un edificio de planta rectangular, con cubierta a cuatro aguas, construido con mampostería excepto sillares en ángulos y vanos. El acceso posee un arco apuntado. Las ventanas se disponen de forma irregular, que algunas de ellas son saeteras, y las restantes son adinteladas o con arco apuntado. Junto a él hay un caserío adosado. Parece que tenía un muro de protección alrededor, sobre el cual se ha hecho un caserío vecino. Interiormente presenta una estructura de postes y de vigas sobre un piso holladero. Su estado ruinoso es lamentable y si no se toman las medidas necesarias, perderemos a una de las torres más emblemáticas de Bizkaia.

La cita más antigua de la Torre de Terreros es de 1420, cuando Juan Galíndez de Terreros funda y construye este bonito ejemplar de casa-torre (2). Un testamento fechado el 12 de septiembre de 1472 y otorgado por Ochoa Galíndez de Terreros y su esposa Teresa Gómez de Zamudio lo vuelve a nombrar (3). No tiene en sus muros escudo heráldico pero se sabe que lo tuvo. Se conserva en la Chancillería de Valladolid un documento de 1575, concretamente un pleito entre Antonio Galíndez de Terreros y Santiago de Urrutia y Villa sobre la posesión de la Torre de Terreros (4). En el testamento de Mencia de la Puente, madre de Hortuño de Terreros, la última frase es: “Fecho y otorgado esta carta, testamento y mandas dentro de la Casa y Torre de Terreros que es en el concejo de Çalla a diez días del mes de noviembre año de nacimiento de Ntro. Sr. Jesucristo de mill e quinientos e nueve años” (5).

5) TORRE DE BOLUMBURU

Está situado en el barrio de Bolumburu (6). Es un edificio complejo formado por tres unidades: la casa-torre propiamente dicha en el que destaca el aparejo de mampostería con sillares en vanos y ángulos, el acceso de arco apuntado y algunas troneras; un caserío y un palacio que son un añadido, reconocible por un vistoso entramado de molduras de madera realizado en el siglo XVII (7) sobre muro encalado, en cuyo acceso hay una flor de lis y el relieve de un león de piedra cuya cabeza fue arrancada.

---

(1) GARCIA SALAZAR, L.: *“Bienandanzas e fortunas”*, IV, pág. 137.

(2) URRUTIA Y LLANO, J.Mª.: *“La casa Urrutia de Avellaneda”*. Bilbao. 1968. Pág. 355.

(3) Ibidem, pág. 96.

(4) Ibidem, pág. 181. Cita A. Ch. Vall. Pleitos de Vizcaya. Leg. 1.268 nº 10.

(5) CUADERNOS DE LAS ENCARTACIONES, en imprenta.

(6) Acerca de su acceso véase el inicio de la reseña dedicada a la Ermita de Santa Ana de Bolumburu.

(7) BIZKAIA. Arqueología. Urbanismo. Tecnología. Vol. III. Págs. 574-575.

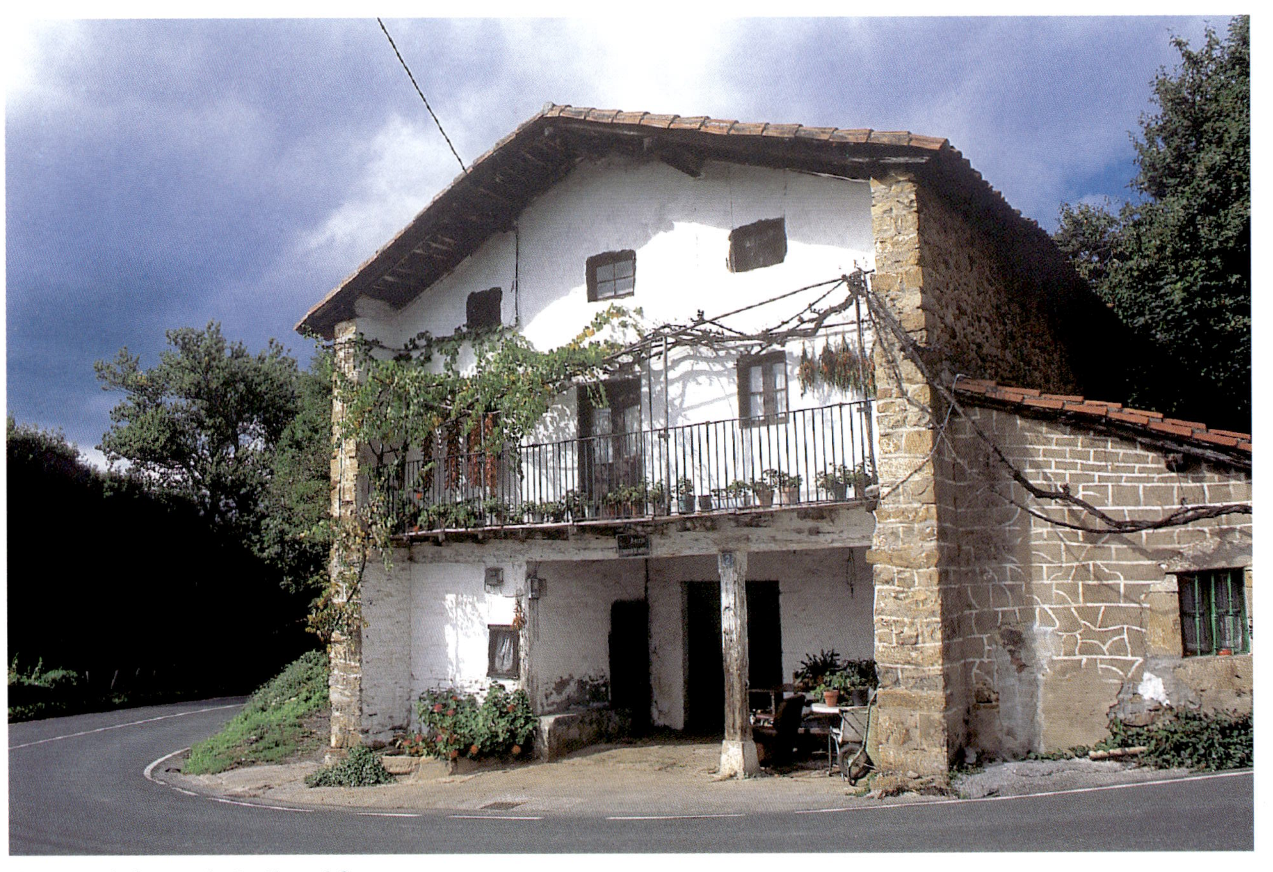

Casa en Ocharan de Arriba n.º 2.

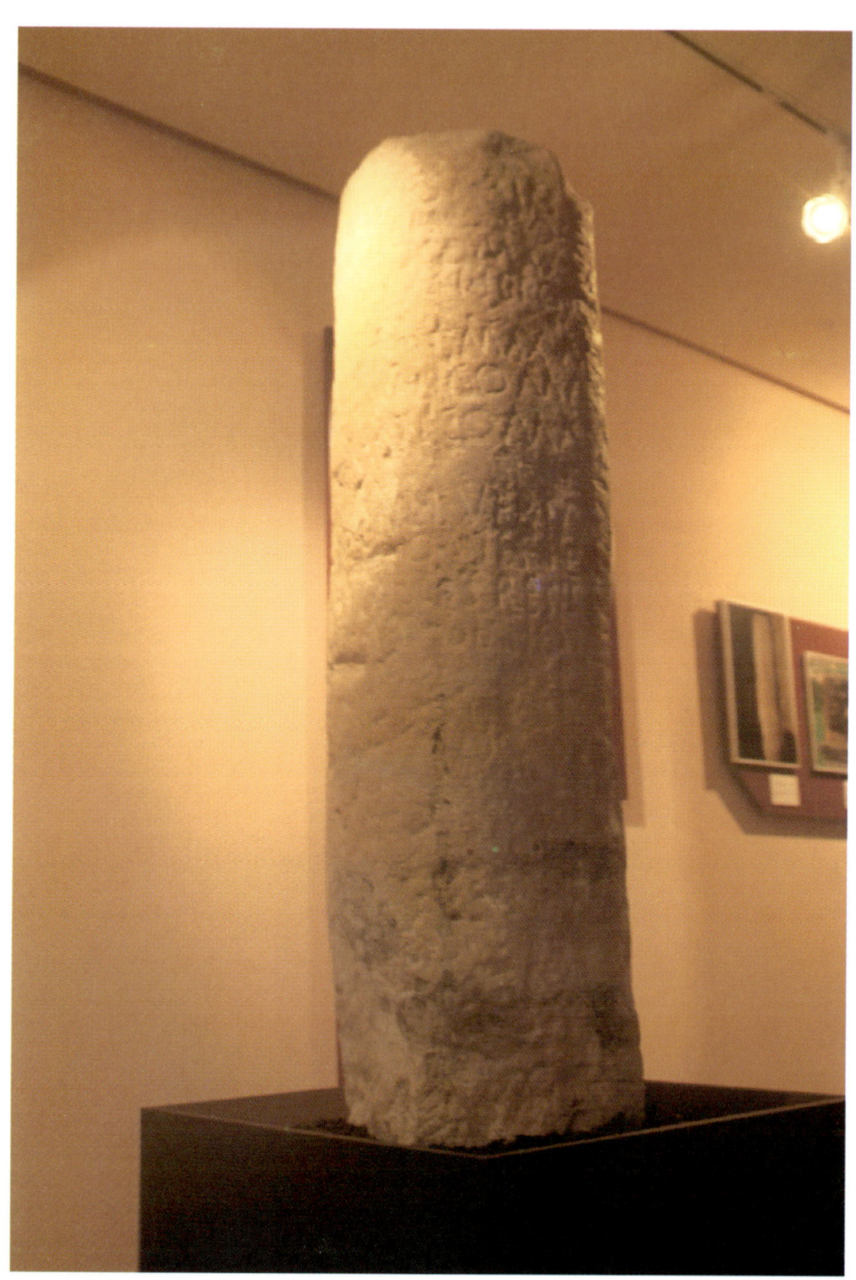

Miliario romano que está en un templete junto a la Casa de Juntas de Avellaneda.

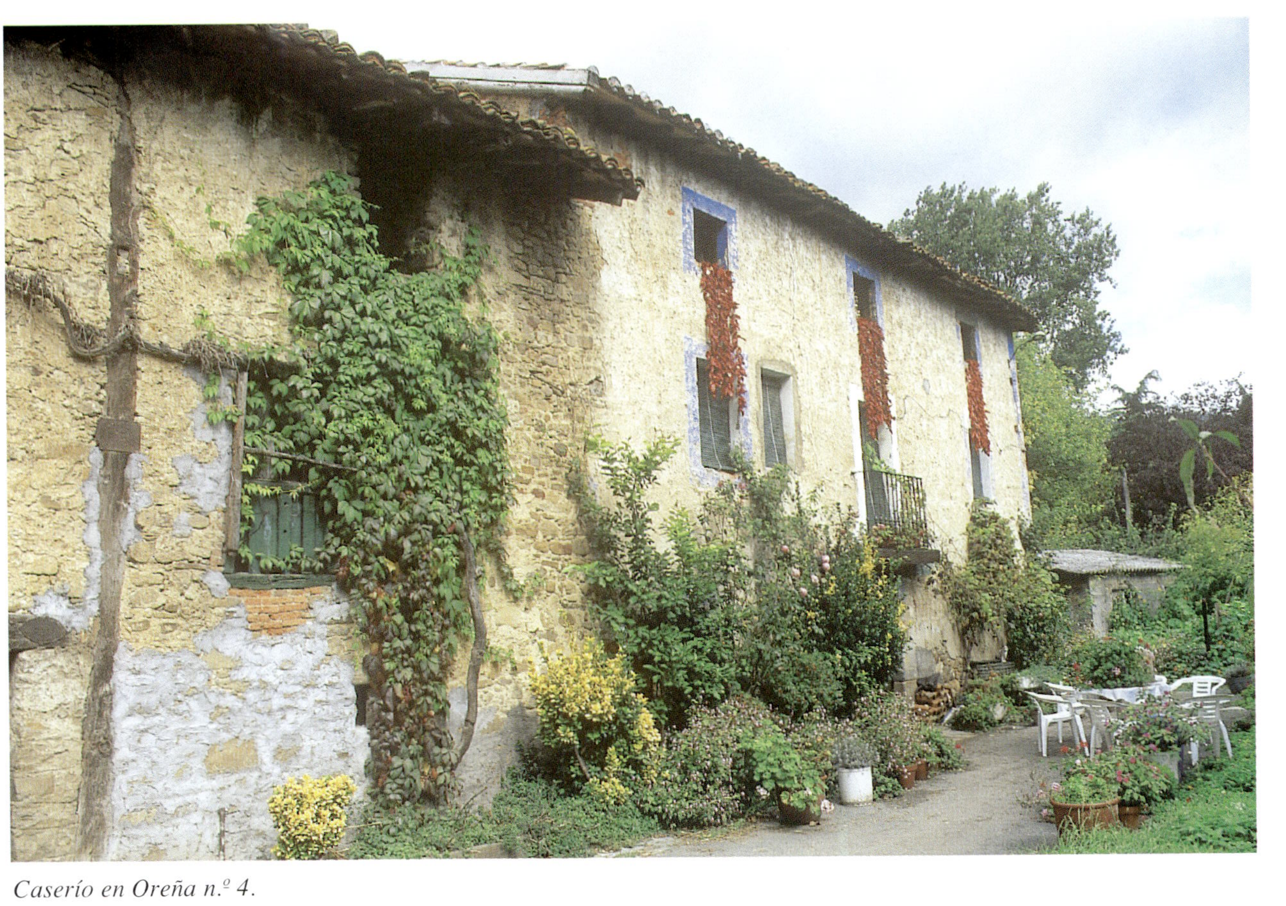

Caserío en Oreña n.º 4.

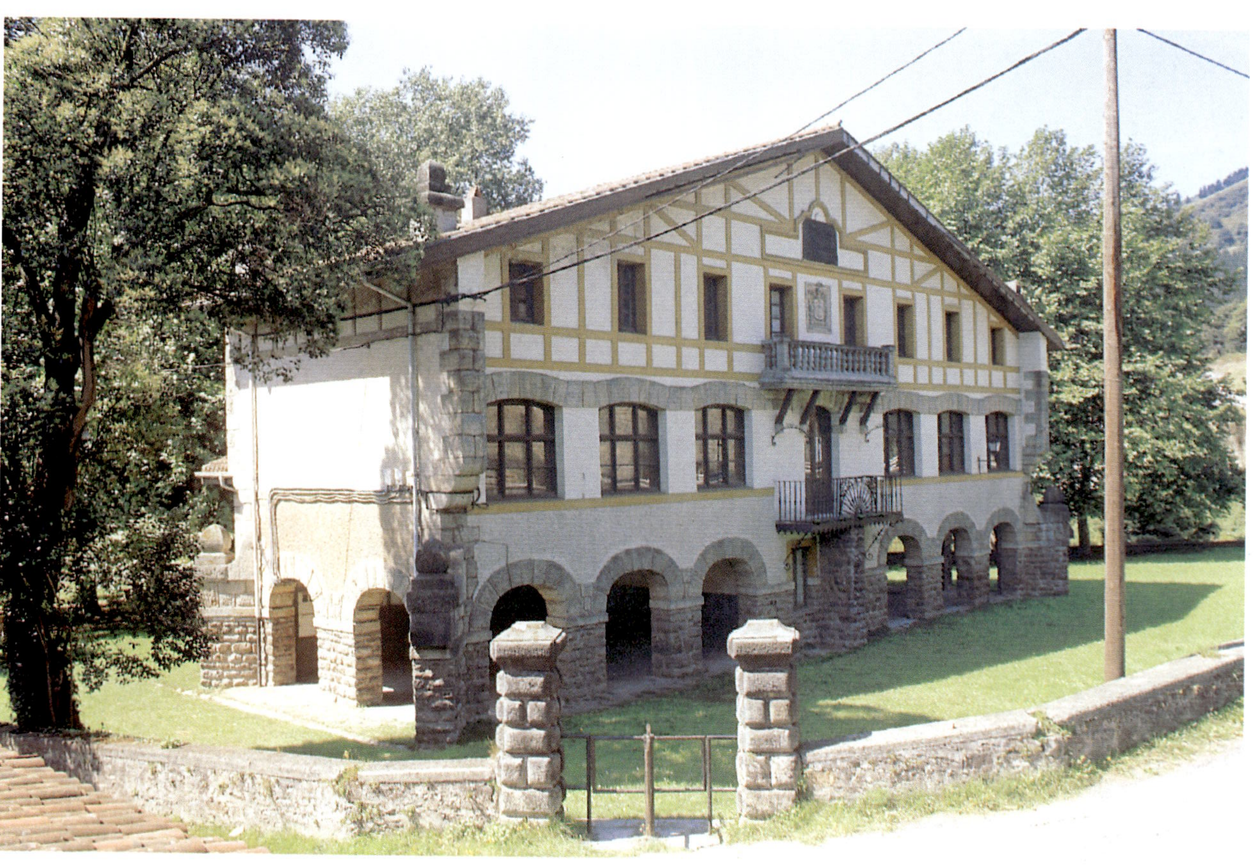

Escuelas Taramona (Barrio de La Herrera).

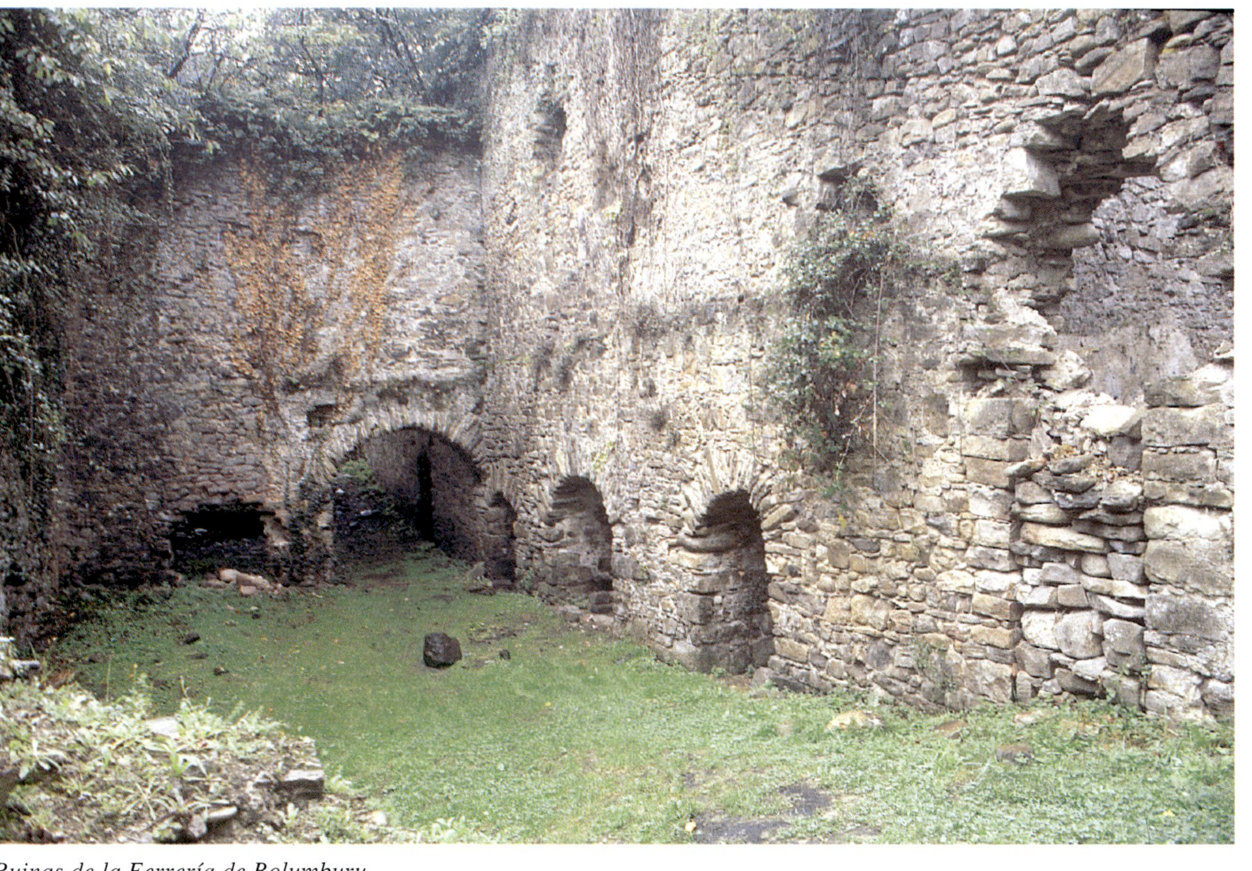

Ruinas de la Ferrería de Bolumburu.

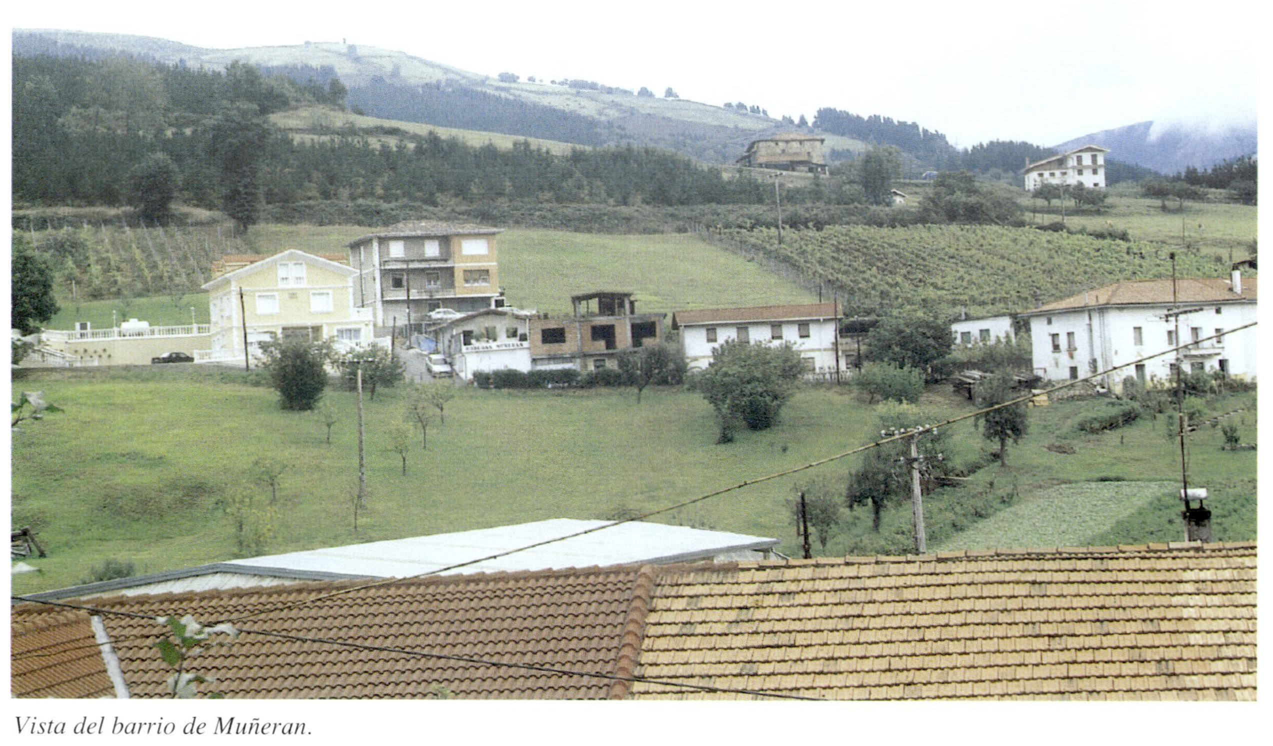

Vista del barrio de Muñeran.

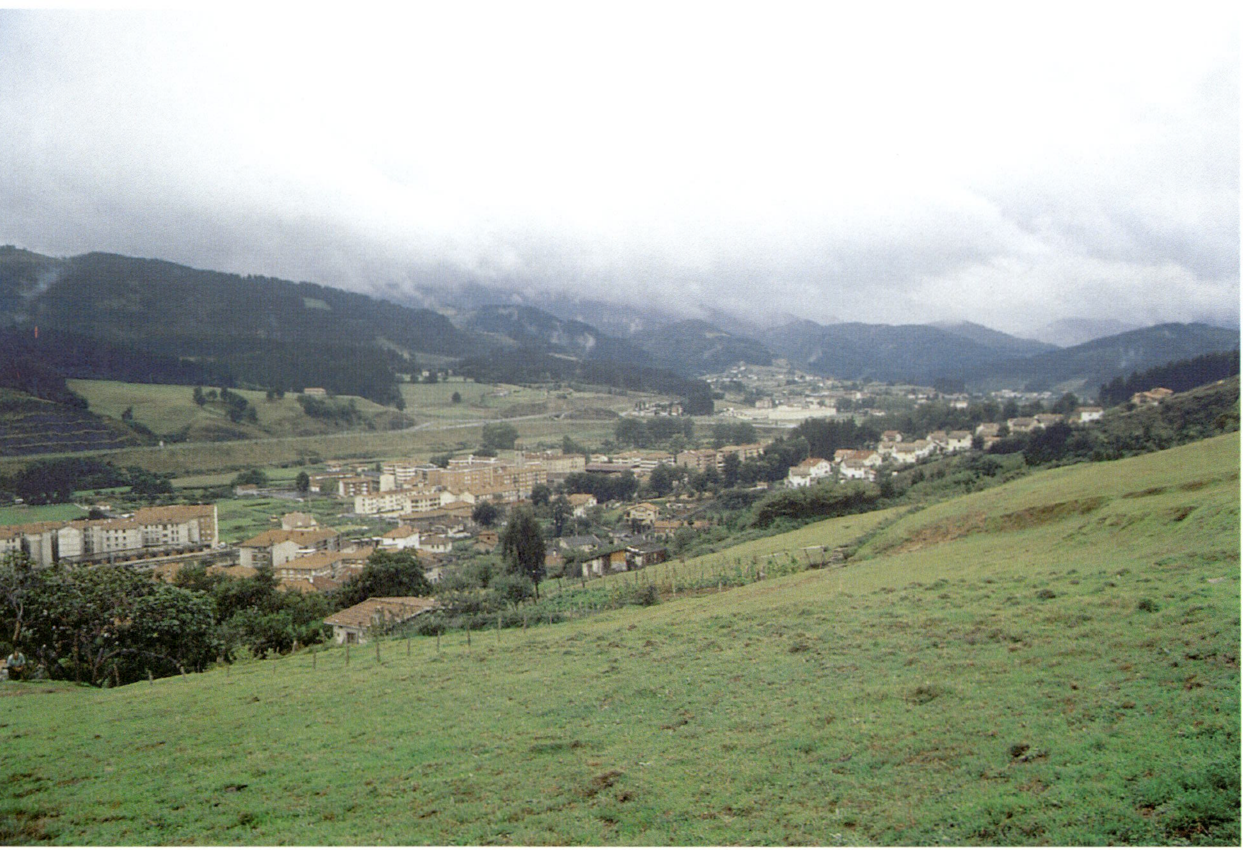

Vista general de Zalla.

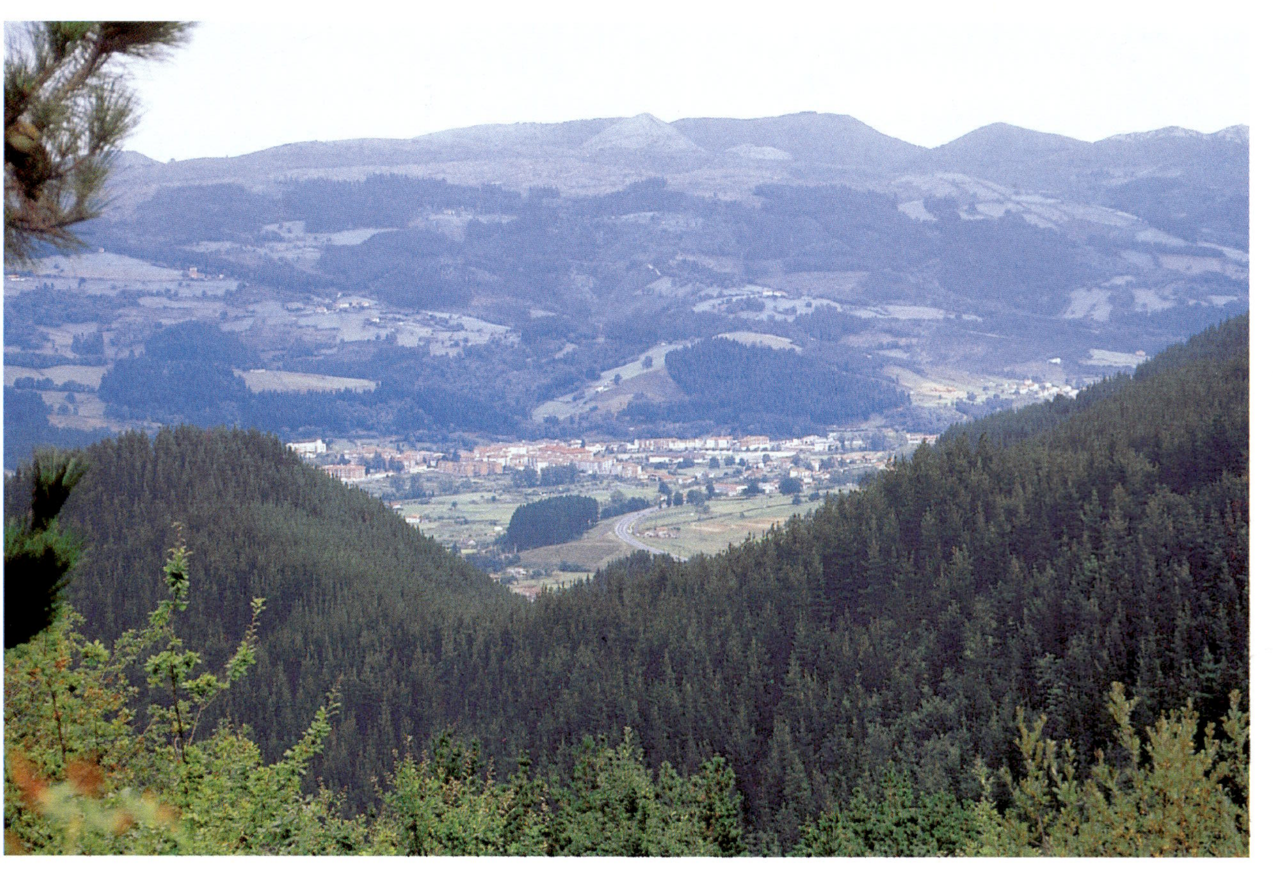

Vista panorámica de Zalla.

El período más conocido de su historia abarca los siglos XVII y XVIII. Francisco de Villa y su esposa Luisa de Urrutia engendraron a Bernardo y a José de Villa Urrutia y el primero heredó la Torre de Bolumburu por vía materna. A fines de siglo XVII Bernardo de Villa-Urrutia y Salazar se casó con Feliciana de Salcedo y Hurtado de Yarto de quienes descienden los marqueses de Barrio Lucio, sus propietarios hasta su muerte (8).

En las proximidades de la Torre de Bolumburu había una alhóndiga que se derribó. Era de planta cuadrada, con cubierta a cuatro vertientes, aparejo de mampostería y sillares en ángulos y vanos. Los vanos se organizaban en tres registros, el superior destinado a camarote. Tenía dos accesos, uno bajo central y otro lateral que se accedía por un patín (9).

6) TORRE DE MARURI

Está emplazada en el monte Bilbato. Se accede desde Aranguren, por el camino forestal que lleva a San Cristóbal, tomando el camino de la derecha antes de llegar a dicho lugar.

Es un edificio de planta cuadrada, con cubierta a cuatro aguas, tiene muros de mampostería y sillares en vanos y ángulos. Son visibles saeteras, ventanas adinteladas y un vano de arco de medio punto cegado. En sus cercanías se observan las ruinas de algunas casas antiguas, una de ellas con acceso en arco (quizás de un molino) y restos de lo que fue un horno.

Ybarra piensa que fue esta casa-torre una avanzadilla de los valles de Sopuerta y Galdames o un último baluarte del Valle de Salcedo, a juzgar por su posición (10).

7) TORRE DE MENDIETA

Está situada a la entrada del barrio de Aretxaga, en la Avenida Lanzagorta y cerca del Puente del Charco.

Es un edificio exento formado por tres bloques que configuran una planta rectangular sostenida por una cubierta a cuatro aguas. Sus muros recios son de mampostería y sillares en ángulos y vanos. Posee tres registros cuyo superior es el camarote. El cuerpo central del edificio es la casa-torre propiamente dicha que conserva dos ventanas con arcos apuntados ciegos. El acceso actual es por el bloque de la derecha, según contemplamos el edificio desde la carretera, adintelado, y sobre él un balcón de hierro y dos vanos, uno a cada lado del balcón.

La mandó construir doña Sánchez de Marroquín en el siglo XIII (11). Tuvo una vida muy activa en la guerra de bandos (12). En el siglo XVII pasó al linaje de Gobeo, pues Francisca de Gobeo fue señora de la Torre de Mendieta.

---

(8) YBARRA, J.: *"Torres de Vizcaya"*. Vol I, págs. 97-98.

(9) FICHERO DEIKER, ficha nº 90 (fichero dedicado a Zalla).

(10) YBARRA, J.: *"Torres ..."*, Vol. I, pág. 84.

(11) YBARRA, Ibidem, pág. 86.

(12) GARCIA DE SALAZAR, IV, Pág. 102: "este Diego Sánchez de Marroquin dio la casa e solar de Montermoso, e los molinos de Buegen, e las heredades de Mondieta de Çalla a Sancho Ortiz Marroquin, su fijo vastardo".

8) TORRE DE LLANTADA

Ubicada en Allendelagua, en el arranque de la desviación de la carretera Bilbao-Valmaseda a Sollano.

Es un edificio exento, cúbico, sustentado por una cubierta a cuatro aguas. Tiene vanos irregularmente distribuidos en tres registros: el inferior con acceso de arco apuntado y una ventana moderna adintelada; en el intermedio una ventana con arco apuntado y otra moderna adintelada; y el superior destinado a camarote. Conserva alguna saetera así como algunos modillones.

Según Ybarra desde el registro intermedio donde está la ventana ojival, descendía el patín de acceso y ostentaba escudo heráldico (12 bis).

9) CASTILLO DE PIEDRA

Está situado en el barrio del Castillo de Piedra en una propiedad particular cercada de altos muros. Se accede por la carretera que enlaza Valmaseda con Sopuerta.

Se conservan dos cubos, uno de ellos reconstruido, el lienzo que los une y un trozo de lienzo de la derecha, todo ello almenado. Al parecer bajo la hiedra hay un arco ojival (13).

No existe unanimidad en cuanto a su fundación. Su actual dueño, Pío Garagorri, aventura su origen en algún puesto romano que servía de vigilancia de la calzada romana Castro-Urdiales-Pisuerga (14). Quizá Juan de Velasco lo levantó allí a mediados del siglo XIV para dominar Valmaseda (15). Lo que es seguro, que por haber tenido el escudo del Condestable de Castilla (16), fuera propiedad de los Velasco para aumentar su papel en las Encartaciones, interviniendo en las guerras de bandos. Si es cierto que en el Castillo de Piedra hubo una puerta ojival, la fortificación sería del siglo XV. En la machinada de 1718 hubo en el Castillo de Piedra una guarnición (17). Fue volado en la Primera Guerra Carlista (18). Luego se reconstruyó todo el frente del castillo con sus dos torreones y muros del frontis y laterales. Más recientemente se han coronado de almenas.

Pág. 305: "(...) mataron Lope de Salasar, e otros escuderos con ellos, en una madrugada, saliendo de una celada en Sopuerta, a Gonzalo Cangilon e otros, dentro de una casa, al pie de la Torre de Mendieta (...)",

Pág. 306: "(...) salió Lope de Salasar (...) con seys omes calladamente, e llegó a Sopuerta, el río arriba, e llegó a Sopuerta, e mató en la era de Mendieta, delante de la Torre, a Ochoa de Çeresal".

Pág. 312: "(...) Lope de Salasar (...) que era moço de XVIII años, a echose en una casa yerma so la Torre de Mendieta (...) Lope Ochoa de Mendieta con unos diez omes (...) salieron de la Torre al campo (...) e ferió este Lope de Salasar con un rrallón por al cabeça a Lope de Ochoa de Mendieta".

(12 bis) YBARRA, J.: *"Torres..."*, Vol. I, pág. 93.

(13) YBARRA, Ibidem, pág. 88.

(14) GARAGORRI, P.: *"Castillos de Valmaseda y de La Piedra"*. Madrid. 1956. Pág. 39.

(15) HEROS, M.: *"Historia de Valmaseda"*. Pág. 104.

(16) YBARRA, J.: *"Torres..."*, Vol. I, pág. 88.

(17) GARAGORRI, P.: *"Castillos de Valmaseda y de La Piedra"*. Pág. 41.

(18) DELMAS, J.E.: *"Guía..."*, pág. 548.

10) TORRES DESAPARECIDAS

La única referencia de la Torre del Puente de Ybarra la da Javier Ybarra, al hablar del escudo Santelices. Felipe de Beci heredó esta casa-torre en 1811, sudescendiente Manuela de Beci la heredó en 1844. Quedaba a la derecha del Camino Viejo de Valmaseda (19).

La Torre de Ybarra ocupaba el lugar en que ahora se ubica la mansión moderna TEPEYAC, enfrente de la Iglesia de San Miguel de Zalla (20). Tenía un escudo que ahora está en la Torre de Gobeo (21).

La Torre de Montehermoso la cita García de Salazar de la siguiente manera: "Este Don Sancho Ortiz pobló en Montehermoso de Salsedo e fiso aquella torre e solar" (22). También lo menciona Labayru pero adjudicándolo al concejo de Güeñes (23).

La Torre de Aretxaga estaba en el barrio de su nombre, cuyo solar quizá lo ocupe algún caserío.

La Torre Salcedo de Aranguren estaba situada estratégicamente en un saliente sobre el río Cadagua. Los restos que describe Ybarra eran las de las murallas que la cercaban y del foso relleno y algunas piedras que componían la puerta ojival, habiéndose perdido el escudo heráldico (24).

Siguiendo también en esta ocasión a Ybarra, la Torre de Salcedo fue uno de los palacios que mandó construir en el siglo XIII Sancho Ortiz de Marroquín de Montehermoso (25). Un descendiente suyo, Ordoño de Zamudio, heredó esta torre, y por parte de su madre Teresa de San Juan heredó la Torre menor de Aranguren (26). Durante las guerras de bandos fue escenario de batallas (27).

Otra torre es la de San Cristóbal de la que una vez más Ybarra aporta algún dato. Su fundador fue Fernando de San Cristóbal, ballestero de Alfonso IX (28). En la misma obra Ybarra cita la Torre de Bausaldo de Ocharan.

Cabe citar la Torre de Zarikete (29). Formó parte del mayorazgo fundado por Juan de Yermo de Zariqueti en 1556; se menta de nuevo en 1670. Su descendiente Antonio de Yermo se casó con Ana de Recalde, quien en 1687 hizo testamento residente en esta casa y torre de Zariqueti" (30).

La Torre de La Mella la cita Urrutia varias veces de forma incidental (31). Por último, se debe nombrar la Torre de Desa, cuya cita documental más antigua se halla en un contrato matrimonial para la boda de Pedro de San Cristóbal y Sáenz de Lambarri en 1618 (32).

---

(19) YBARRA, J.: *"Escudos de Vizcaya"*, V, pág. 134.
(20) YBARRA, J.: *"La Casa Salcedo de Aranguren"*. Bilbao. 1944. Pág. 457.
(21) YBARRA, J.: *"Torres..."*, I, pág. 94.
(22) YBARRA, J.: *"La casa de Salcedo de Aranguren"*, pág. 133.
(23) LABAYRU, II, pp. 197-198.
(24) YBARRA, J.: *"Torres..."*, I, pág. 81.
(25) YBARRA, Ibidem, pág. 79.
(26) GARCIA DE SALAZAR, L.: *"Bienandanzas e fortunas"*, IV, pág. 95.
(27) Ibidem, pp. 108, 125 y 273.
(28) YBARRA, J.: *"Escudos..."*, V, pág. 128.
(29) URRUTIA Y LLANO, J. Mª.: *"La casa Urrutia de Avellaneda"*, pág. 533.
(30) A.H.U.D. Mayorazgos. Carpeta 24 nº 1. Disposición de Antonio de Yermo.
(31) URRUTIA Y LLANO, J.Mª.: *"La casa Urrutia de Avellaneda"*, pág. 181, 349 y 442.
(32) A.H.U.D. Mayorazgos. Carpeta 17 nº 1.

B) PALACIOS

Zalla tiene varios ejemplares de palacios de los siglos XVII y XVIII, destinados para albergar a las familias de los notables del concejo para reflejar su condición social. Los ejemplos más importantes se realizaron dentro de un estilo barroco muy peculiar, posherreriano, clasicista y austero en el que destacan la organización del espacio, el protagonismo de la fachada, la carencia de un patio central que organice el espacio interior del edificio, y la ausencia de edificios secundarios adosados.

Algunos palacios están situados en lugares privilegiados, ya sea por estar bien comunicados, bien por estar cerca de los servicios o centros sociales del concejo. Así el Palacio Mendía está cerca de la Iglesia de San Miguel, el Palacio Urrutia en el Camino Real de la Aduana de Valmaseda, la Casa Recalde y el Solar de Basualdo en las inmediaciones de la Iglesia de Santiago de Ocharan, por citar algunos ejemplos.

La Casa "Pinta" es un edificio exento, cúbico, con cubierta a cuatro aguas. Posee muros de mampostería con sillares en ángulos y vanos. Las ventanas se estructuran en tres registros, el inferior separado de los superiores por una imposta lisa. La entrada de acceso tiene una posición central en la fachada y un dintel adovelado. Todos los vanos son adintelados. El registro superior, ocupado por el camarote, cuenta con un tragaluz. El escudo será descrito en el parágrafo reservado a la heráldica. Estilísticamente parece de fines del siglo XVII. Su pintoresco nombre se debe a que se cree que su fachada estuvo pintada por un color llamativo.

Una cita documental acerca de este edificio es una escritura de arrendamiento en el que Gregorio Arzabe lo cede en arrendamiento a Baldomera de Larrínaga en 1837, ubicándolo en Desa (33). Ybarra afirma que la Casa "Pinta" ocuparía el solar de San Cristóbal que data del siglo XII (34). Quizá sea una remodelación o reedificación de la Torre de Desa que se convertiría en palacio, ya que el escudo de San Francisco y Molinar indica que allí vivió Francisco de San Cristóbal y Molinar (35).

En Mimetiz, en la Plaza de Euskadi, destacan tres palacios palaciegos de interés. El primero es el Palacio Mendía, de forma cúbica y con cubierta a cuatro vertientes. El revestimiento oculta sus muros de mampostería con sillares en ángulos y esquineros. Los vanos adintelados ocupan tres registros, de los cuales el superior está destinado a camarote. El acceso bajo central está ornado de almohadillado, sobre el que hay un balcón de hierro forjado. Entre ambos elementos hay un hueco reservado al escudo. La decoración del resto de los vanos se efectúa mediante orejas. Se puede concluir que es de estilo barroco, clasicista, noble y que infunde lujo.

La Casa Villar es el segundo edificio del conjunto de la Plaza de Euskadi. Es un edificio desconcertante por las molduras, el dintel y los tres escudos (de los que más adelante se hablará) que parecen hablar de una reutilización de elementos renacentistas para un edificio más tardío.

La actual Casa Consistorial ocupa otro palacio cúbico de cuatro registros, de los que el superior es el camarote. La fachada tiene sumo interés por la disposición de los vanos en

---

(33) A.H.U.D. Mayorazgos. Carpeta 27 nº 2. Pael suelto.

(34) YBARRA, J.: *"Escudos de Vizcaya"*, V, pp. 126-127.

(35) A.H.U.D. Mayorazgos. Carpeta 17 nº 1. Inventario de los bienes de Francisco de San Cristóbal y Molinar en su casa de Bilbao. Casi al final de este inventario aparece una casa frente a la Casa-Torre de Desa, y un molino frente a dicha casa-torre.

retícula y la existencia en la calle central de un mirador de dos cuerpos, con antepechos de hierro. Parece ser un estilo neoclásico avanzado del siglo XIX.

El Palacio que se halla en Gobeo recuerda al Palacio Mendía por su magnificencia. Es de planta rectangular, con cubierta a cuatro vertientes. Sus muros se construyeron a base de mampostería y sillares en vanos y esquineros. Los vanos adintelados se estructuran en tres registros, de los que el superior constituye el camarote; el acceso bajo central se decora con orejones barrocos, sobre él un balcón con una inscripción en el dintel y un escudo de labra popular que se describirá en el capítulo dedicado a la heráldica. Parece responder a un estilo barroco del siglo XVIII, construido en clave de lujo.

Una auténtica lástima por su lamentable estado de conservación es el Palacio Urrutia. Sólo queda la fachada principal construido en sillería y ordenado en tres registros señalados por impostas. Aún se conservan los balcones de hierro. Está situada donde estaba la Torre de La Mella que fue vendida por Catalina de Terreros a Santiago de Urrutia y Villa en 1580. Este la reedificó con piedra de sillería con el escudo de la familia en la fachada a la orilla del Camino Real de Aduana de Valmaseda (36). Esta reconstrucción seguramente será el Palacio Urrutia, ya que en esta época construir una casa-torre de nueva planta no tiene sentido.

Más modesto que los anteriores es el denominado Solar de San Cristóbal en el barrio de La Llana. Es un edificio de planta cuadrada y cubierta a cuatro aguas. Los muros son de mampostería con sillares en vanos y ángulos. Una imposta separa los dos primeros registros entre sí; el tercero se reserva para el camarote. Además sus vanos se estructuran en tres calles, lo que le confiere a la fachada una sensación de equilibrio compositivo. Los vanos son adintelados; de ellos destaca el acceso bajo central, y encima de él el balcón de hierro.

Edificios menos interesantes desde el punto de vista constructivo, pero que tienen la impronta de ser destinados para ser residencia de los notables del lugar de Ocharan son la Casa Recalde y el Solar de Basualdo.

La Casa Recalde-Santibáñez es un edificio exento, de planta rectangular y con cubierta a cuatro vertientes. Los muros se alzan con mamposterías excepto sillares en vanos y ángulos. Existen restos de una imposta que separaban los vanos adintelados que se distribuyen en tres registros (el superior para camarote) y en tres calles, con acceso bajo central. La fachada ostenta un escudo que será analizado en la sección dedicada a la heráldica.

El Solar de Basualdo es un edificio de planta rectangular con cubierta a cuatro vertientes, resultado de dos casas unidas. Sus muros son de mampostería con sillares en ángulos y vanos, que se ordenan en tres registros (el superior a camarote). Cada casa tiene un acceso bajo central. En la juntura de ambas casas hay un escudo de grandes proporciones que se estudiará en la heráldica.

Ambos son de un estilo popular que quizá pueden inscribirse en el Barroco.

También situado en Ocharan es otro palacio de planta rectangular, con cubierta a cuatro aguas. Sus muros son de mampostería, excepto sillares en vanos y ángulos, y le dan mayor porte que al Solar de Basualdo. Dentro de su modestia, los cuerpos laterales adosados le dan más cuerpo. Los vanos se estructuran en tres registros (el superior, como siempre dedicado al camarote), separados por impostas en sillar y cinco calles. Sobre el acceso inferior central sobresale un balcón coronado de una moldura. Presenta la originalidad de ornamentarse con bandas.

---

(36) URRUTIA Y LLANO, J.Mª.: *"La Casa Urrutia..."*, pág. 181.

C) MANSIONES MODERNAS

El Palacio Yarto (sito en el Barrio Gallardi, nº 34) es un edificio de planta rectangular, con cubierta a cuatro vertientes. Tiene la originalidad de enseñar dos piñones al frente, uno a cada lado. El revestimiento actual debe cubrir un aparejo de mampostería y sillares en ángulos y vanos que se organizan en tres registros y en cinco calles. Lo más llamativo del edificio es la sucesión de ejes de ventanas, balcones y miradores con decoración molduradas de vanos y cantoneras.

Villa Mendía (Avda. Taramona, s/n.) es un edificio cúbico de tres plantas y sótano. Posee torre de planta poligonal rematada por pirámide coronada por un chapitel con escamas de pizarra. La fachada principal tiene un mirador de madera sobre el acceso, guardapolvos en los vanos y decoración en forma de cantoneras. Se edificó en 1902.

Villa Tepeyac se caracteriza por tener un módulo central y cubierta en forma de cruz con aleros de altos vuelos en forma de bóveda de cañón con grandes guardamalletas y soportes de marquetería. Ocupa, en opinión de Ybarra, el mismo lugar que la Torre de Ybarra, ya desaparecida.

La Villa "Geure Etxea", de tipo neovasco, está compuesta de una torre esquinera y cuerpo residencial cúbico. No es una construcción equilibrada, ya que la torre ampara a tres calles de vanos. La Villa Gotzonerena (al igual que "Geure Etxea" se halla en la Avda. Lanzagorta), también neovasco, se define por dos cuerpos: uno lateral, adelantado entre espolones para balcón; y torre lateral con espolones y entramado. Elementos nada desdeñables en el cuerpo principal son el tejado a dos aguas y el soportal escarzano. Posee una inscripción: "AÑO 1921. GOTZONERENA. I. DE ARANCIBIA. Aqto.". Ambas mansiones están en un solar que fue de Marcela y María Eguía, según el proyecto de la construcción de la Avenida Lanzagorta de 1902 (37).

La Villa Serrano presenta parecidas características, pero la torre imita modelos medievales por el almenado. En el cuerpo principal pináculos horadan la cubierta.

Villa Galarza (Llantada, nº 7), en cambio, es más refinada, ya que se inspira en elementos de los palacios barrocos vizcaínos tales como su propia forma cúbica, vanos ordenados en tres registros y en tres calles que les confieren un equilibrio compositivo a su fachada, muros de mampostería con aditamento de un balcón y un escudo en la fachada principal. No obstante, otros elementos la delatan como una construcción moderna, por ejemplo, el acceso cobijado por un soportal escarzano o las zonas de ladrillos.

Villa Juanita (sita en Orive), en cambio, es de planta cuadrada, presenta cubierta a dos vertientes, muros de mampostería con sillares en vanos y ángulos, y ladrillos en la parte superior como revestimiento. Los vanos se estructuran irregularmente en dos hileras. En un ángulo de la casa el porche está realzado por un porche.

D) CASERIOS

El caserío forma parte del hábitat rural disperso del País Vasco. A pesar de la publicación de trabajos sobre caseríos de Yrizar (38), Baeschlin (39), y Angel de la Igle-

(37) A.M.C.Z. Carpeta 104 nº 6.
(38) YRIZAR, J.: *"Las casas vascas"*. Bilbao. 1968.
(39) BAESCHLIN, A.: *"La arquitectura del caserío vasco"*. Bilbao. 1980.

sia (40), entre otros, no hacen aportaciones respecto de las vicisitudes de estos edificios en las Encartaciones. De hecho, no existe un modelo único de caserío, porque algunos tipos responden a influencias del entorno. Describiremos los principales caseríos, agrupándolos por tipologías y cronología.

Tres ejemplares del siglo XVI son poco usuales por su excepcionalidad. El primero, sito en Gobeo, es de planta rectangular, con cubierta a dos vertientes, posee muros de mampostería y sillares en ángulos y vanos, sin soportales. Llama poderosamente la atención la entrada de acceso con arco apuntado. Las ventanas se disponen de forma irregular, excepto dos saeteras situadas a ambos lados del referido acceso.

El segundo (El Campo, nº 2) es un edificio de planta rectangular, de anchura estrecha que le confiere cierta verticalidad. Presenta la originalidad de que su entrada se acceda por un patín, todo ello cobijado por la continuación del tejado a dos vertientes, soportados por pilares de madera. Este amplio alero se convierte en un espacio aprovechado como soportal, por medio de un ingenioso tramado de madera.

El tercero ese el denominado Solar de Llantado (Llantada, nº 24), un edificio, con cubierta a cuatro vertientes. Su aparejo es de mampostería con sillería en vanos y ángulos. Las ventanas y accesos adintelados están distribuidos en tres registros, salvo la entrada de acceso con arco apuntado, sobre el que descansa un balcón de forja. Sobre una de las ventanas hay un escudo heráldico de la familia Salcedo.

Las casas del siglo XVII se caracterizan por los entramados de madera y el piso superior de ladrillo. Esta técnica también abunda en Gordejuela, pero no en el resto de las Encartaciones. Dos casa de Longar son ejemplos de este modo de construir. Longar, nº 7 es de planta alargada, con cubierta a dos vertientes, y su estructura es de madera. Longar nº 8 es de planta rectangular, con cubierta a dos vertientes, sus muros son de mampostería excepto la fachada delantera. Sobre el acceso se levanta un armazón de viguería de madera relleno de ladrillo. En la fachada posterior hay una ventana con arco apuntado que quizá sea un reaprovechamiento.

Un tercer ejemplo de este estilo es un caserío que se encuentra en La Herrera. Se trata de Landazuri nº 4, de planta casi cuadrada, con cubierta a dos vertientes; sus muros se construyeron de mampostería, fijaron en la parte superior un sólido armazón de viguería de madera, y colocaron algunos sillares en ángulos y vanos. La entrada de acceso se sitúa en el segundo registro a la que se accede por un patín. Las ventanas se disponen irregularmente en tres registros.

El siglo XVIII fue diferente pues tomó prestado de Arcentales y Trucios un tipo de casa de anchura estrecha flanqueado por espolones, y registros ocupados por balcones. El primer ejemplo que vamos a describir se halla en Nocedal, un edificio de planta rectangular, con cubierta a dos aguas, con colas de milano en la fachada y construida con mampostería. Por desgracia, el revestimiento oculta los espolones escalonados. El acceso es bajo central adintelado, y en los dos registros superiores hay sendas balconadas cruzadas verticalmente por tres calles.

Otro ejemplar de este modelo es Ocharan de Arriba, nº 2, siendo un edificio de planta rectangular, con cubierta a dos vertientes y muros de mampostería. Allí los vanos adintelados se distribuyen en tres registros. El primero alberga la entrada de acceso cobijada por

(40) IGLESIA, Angel de la: *"El caserío en el paisaje rural de Vizcaya"*. Temas vizcaínos. Bilbao. 1978.

un porche corrido, hoy cerrada en el lado derecho por obra posterior. Este porche está sostenido por viga y pies derechos. El registro medio está ocupado por un balcón, que abarca toda la fachada. El tercer registro corresponde al camarote. La fachada está protegida por dos espolones.

A fines del siglo XVIII se desarrollaron dos tipos de casas; uno cuya característica específica es la de poseer un patín para el acceso; y otro de estilo estrictamente neoclásico. De la primera corriente resaltaremos dos ejemplos. El primero es Oreña, nº 4, de planta cuadrangular con cubierta a cuatro aguas, construido en mampostería, y sillares en ángulos vanos; el patín es de madera a la que se accede a una entrada sobreelevada. El segundo se trata de Allendelagua, nº 3, cuyo patín que conduce al acceso está cubierto por una viguería de madera que hace de solana.

De la segunda tendencia es remarcable el Caserío Hortecho, en el lugar del mismo nombre, de planta cuadrada, con cubierta a cuatro aguas, con muros de mampostería y sillares en vanos adintelados y ángulos. Los vanos se ordenan en tres registros y cinco calles. Sobre el acceso de entrada hay un balcón. Otro ejemplo es Ocharan de Abajo, nº 8, de planta cuadrangular y cubierta a cuatro vertientes. Los muros también son de mampostería, con sillares en ángulos y vanos, estos últimos distribuidos regularmente en dos registros. En el registro inferior hay dos accesos: uno de servicio, y otro de acceso principal, sobre el cual hay una cruz tallada.

E) ARQUITECTURA DE UTILIDAD PUBLICA

A) CASA CONSISTORIAL

La historia de la Casa Consistorial desde el punto de vista constructivo fue muy movida. Desde el primer proyecto se pensó en un edificio de utilidad mixta en el que conjugaran las funciones de casa consistorial y escuela de enseñanza primaria. Así en 1749 se construyó un edificio con estas características (41). Quizá en el primer ayuntamiento con el paso del tiempo se incluyera un reloj (42).

A fines del siglo XIX y principios del siglo XX los proyectos para realizar un edificio adecuado a las necesidades del municipio para ambas funciones se multiplican, pero parece que ninguno de ellos se lleva a la práctica, pues en la labor de campo no he descubierto ningún edificio que se asemeje con ninguno de tales proyectos.

Los dos primeros llevar la firma de Francisco Ciriaco de Menchaca en 1887 (43). El primero de ellos hubiera sido un edificio de planta rectangular, con cubierta a cuatro aguas no radial, de tres registros y cuatro calles, con dos accesos bajo-centrales y un balcón de hierro en el eje central del segundo registro. La planta baja hubiera estado reservada para las funciones de ayuntamiento y juzgado, la primera planta para escuela, y la segunda para los dormitorios y comedor.

El segundo proyecto contemplaba una construcción de planta rectangular, con cubierta a cuatro vertientes no radial, fachada principal distribuida en dos registros, el superior

(41) A.M.C.Z. Carpeta 11 nº 1. Libro de decretos. F. 178 y 321-322.

(42) A.M.C.Z. Carpeta 10 nº 1. Libro de decretos. F. 142. En esta referencia de 1814 tenemos la primera referencia del reloj que en esa ocasión se averió.

(43) A.M.C.Z. Carpeta 55 nº 17.

para el camarote, y cuatro calles, con acceso bajo-centro-derecho. La planta baja hubiera estado destinada para la escuela de niños y sala de ayuntamiento, y la planta primera para escuela de niñas y dormitorios.

De cómo era el interior de la planta dedicada al ayuntamiento dentro del edificio de la casa consistorial se conoce para principios del siglo XX, aunque no cómo era el edificio exteriormente. De ello da fe un proyecto de reforma del salón de ayuntamiento y sus dependencias, firmada por Francisco Ciriaco de Menchaca en 1904, donde, al menos, en el plano de la izquierda se ve cuál era la distribución de las diferentes dependencias. Si su reforma salió adelante o no es algo por investigar (44).

Dos proyectos más de 1921 se suman, uno bajo la firma de Arancibia (45) y otro también atribuible a Arancibia por su factura (46). El último era el más ambicioso en cuanto a concepto, pues quería integrar en un edificio todos los servicios que atañían a la vida colectiva del municipio de aquella época (enseñanza primaria, salón de ayuntamiento, juzgado, mercado).

---

(44) A.M.C.Z. Carpeta 92 nº 4.
(45) A.M.C.Z. Carpeta 144 nº 2.
(46) A.M.C.Z. Carpeta 149 nº 14.

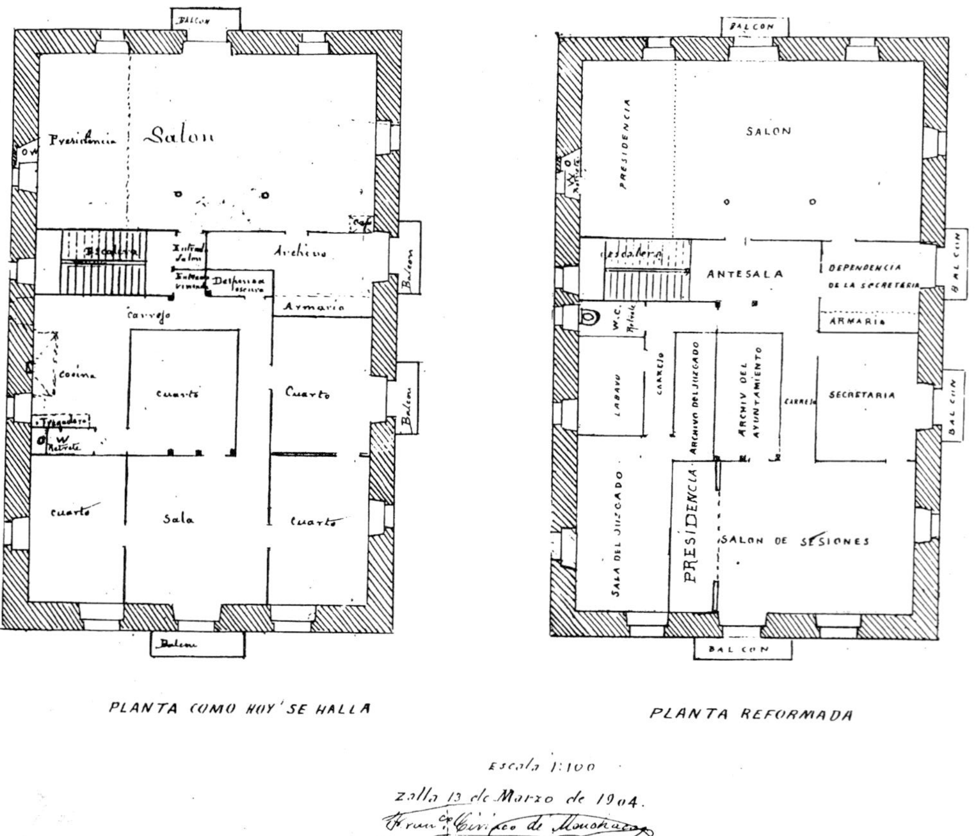

Reforma del salón del Ayuntamiento firmada por Francisco Ciriaco de Menchaca el 31 de marzo 1904.
FUENTE: A.M.C.Z. Carpeta 92 n.º 4.

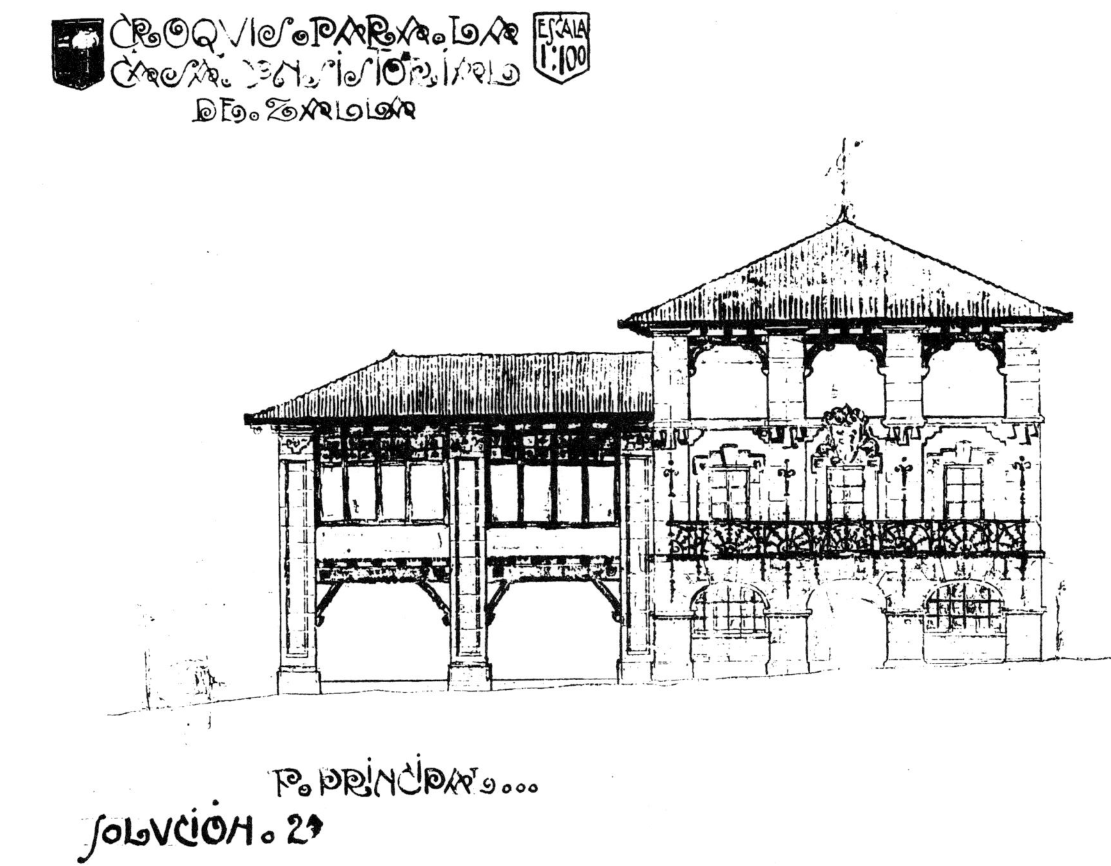

Proyecto para el edificio del Ayuntamiento de Zalla. Los planos son del famoso arquitecto Arancibia.

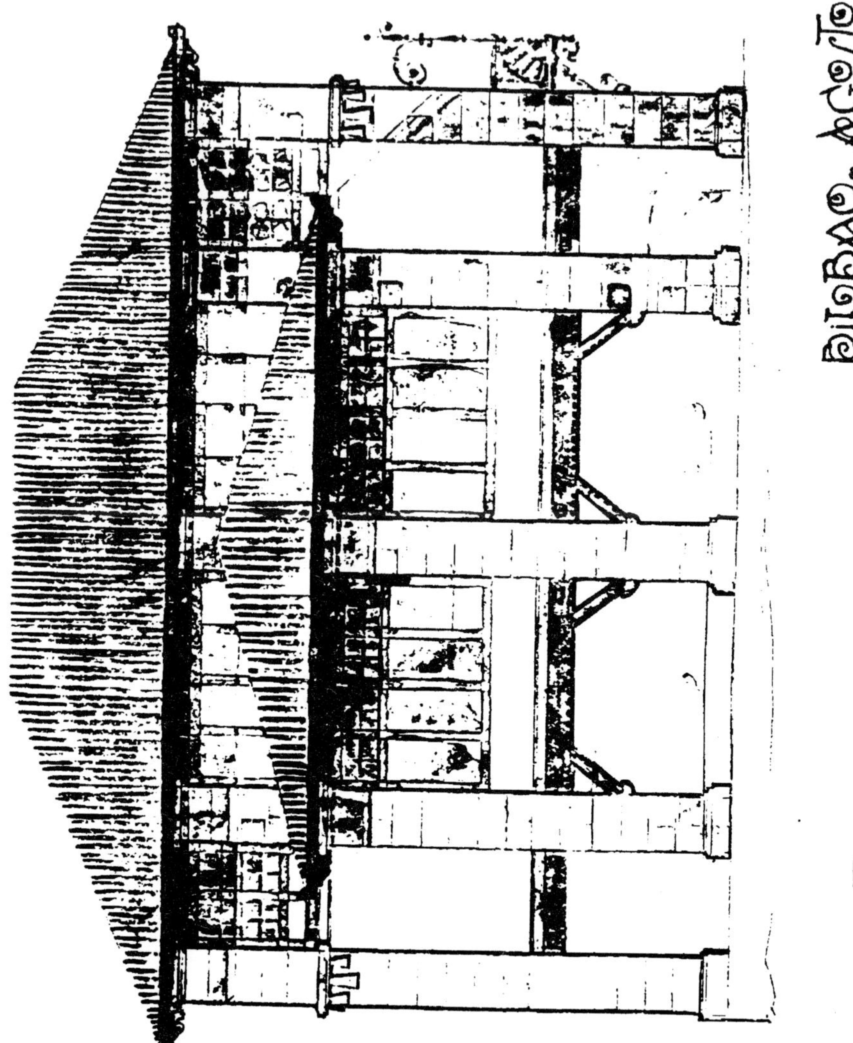
BILBAO. AGOSTO.

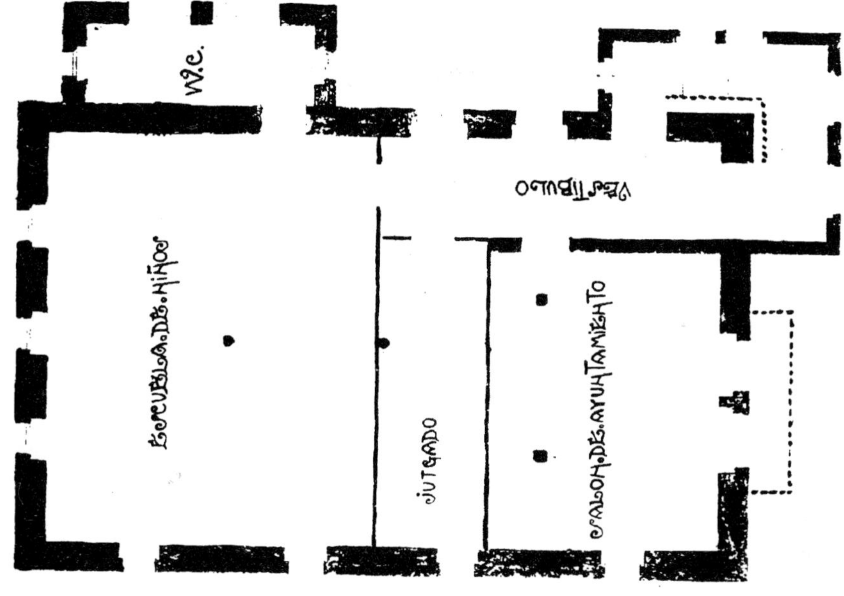
W.C.
ESCUELA.DE.NIÑOS
JUZGADO
VESTIBULO
SALON.DE.AYUNTAMIENTO
PLANTA. PISO.1º

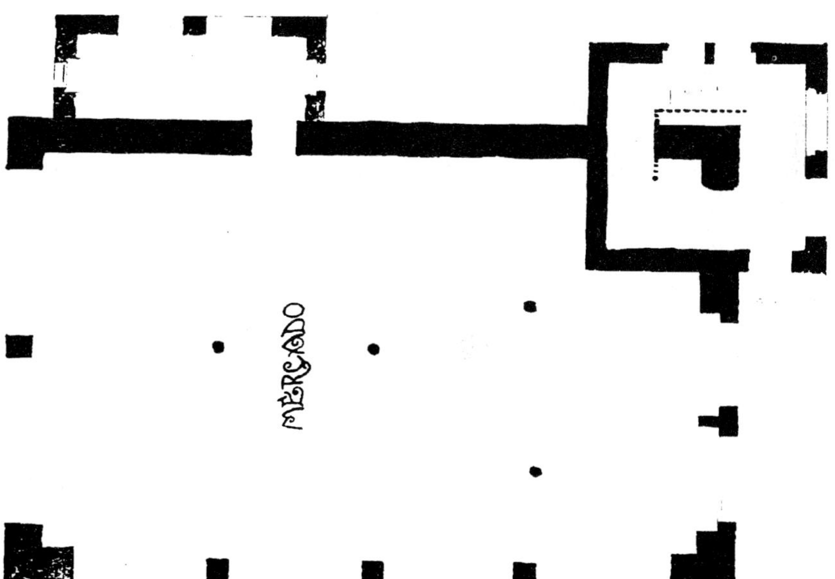
MERCADO
PLANTA.BAJA

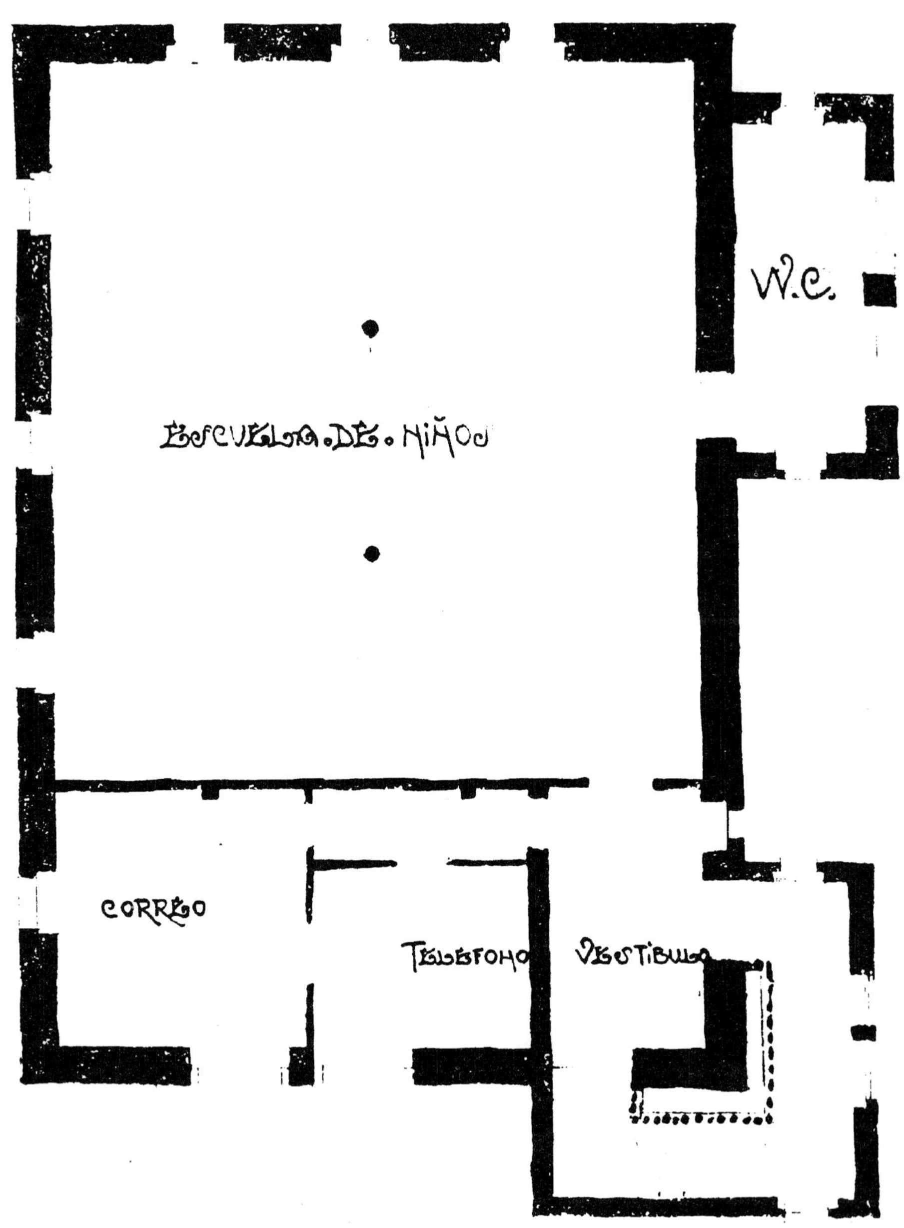

PLANTA PISO 2º

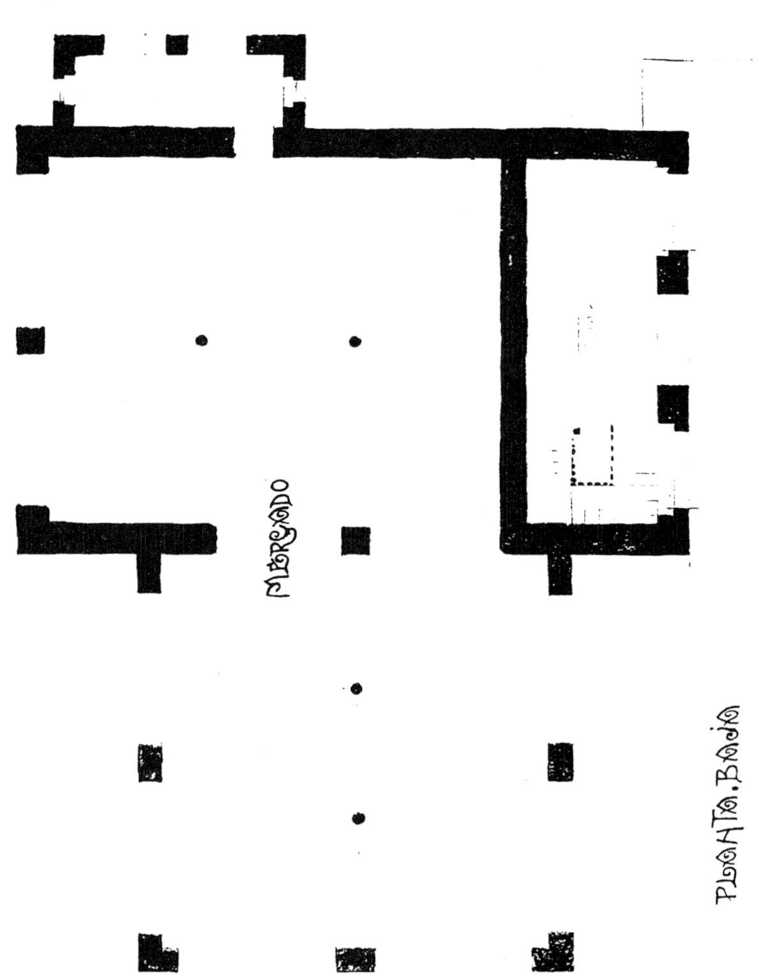
PLANTA. PISO. 2º
MERCADO
PLANTA. BAJA

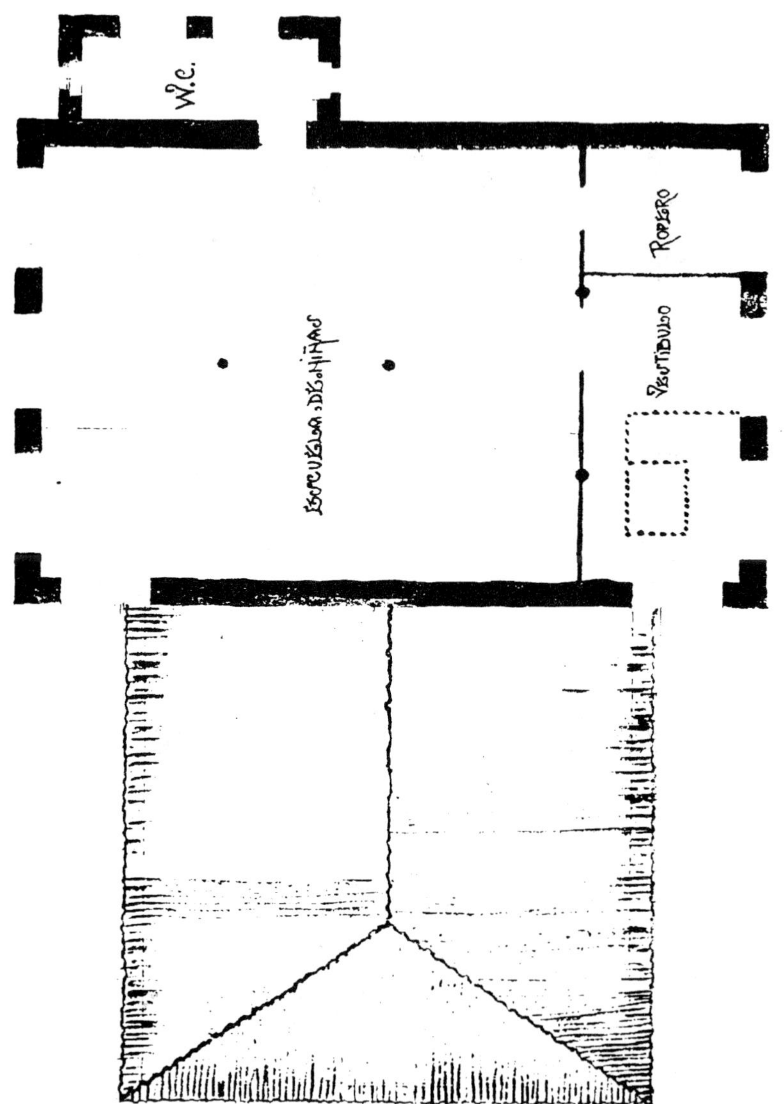
W.C.
ROPERO
VESTIBULO
ESCUELA DE NIÑAS
PLANTA PISO 2º

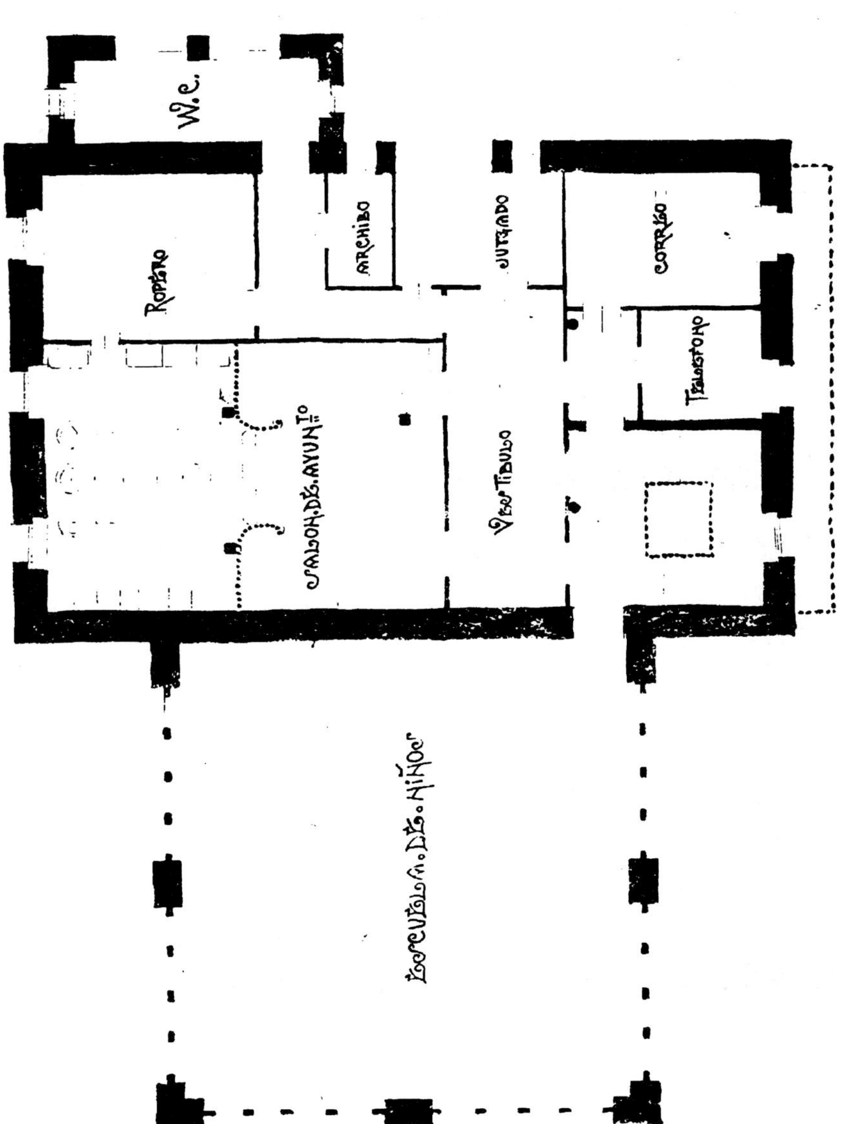

PLANTA PISO 1º

Lo único seguro que se sabe del antiguo edificio de la Casa Consistorial es que estaba enfrente de la Iglesia de San Miguel de Zalla (47).

El actual edificio del Ayuntamiento de Zalla era un palacio del siglo XIX, del que ya se habló en la sección dedicada a los palacios.

B) ESCUELAS

Dos edificios para fines docentes descuellan en Zalla. El primero es el que fundó Manuel de Taramona y Sainz, un edificio de planta rectangular con cubierta a dos vertientes, de tres pisos contando la planta baja, que forma un amplio soportal con arcos carpaneles. La fachada presenta un orden simétrico cuyo eje central está ocupado por dos balcones, uno en cada piso. En la misma fachada hay una inscripción que dice: "1924. A su hijo predilecto el Excmo. Sr. Dn. Manuel de Taramona y a su / esposa la Excma. Sra. Dña. Ramona de Entresotos el pueblo de Zalla agradecido dedica por suscripción popular este recuerdo".

La creación de esta escuela debió estar en mente de Manuel de Taramona desde 1920, por lo menos, ya que de esa fecha se conserva un proyecto. En tal plano se puede contemplar la utilización del edificio. La planta baja se componía de dos patios de recreo cubiertos, cobijado al exterior por soportales, separados por las guardarropías que separaban las actividades de esparcimiento de niños y niñas por separado. La separación de sexos sigue patente en el piso primero, donde niños y niñas recibían clase en aulas separadas; el piso segundo lo formaba el comedor, salas y dormitorios.

Esta escuela fue la última donación de Manuel Taramona a Zalla, pues en su testamento pide sea su voluntad que se edifique esta construcción (48).

El segundo edificio notable es el del Colegio de las Madres Irlandesas, un edificio paralelepípedo acostado con dos módulos en los extremos, disposición que recuerda el modelo victoriano de cuerpos adelantados a partir de un volumen principal. Su decoración exterior, notablemente austera, sigue el severo ritmo de los vanos, y el ilusionismo que produce la falsa secuencia de sillar a soga y a tizón rompe en cierto modo la monotonía del conjunto. Es una creación de 1918.

---

(47) A.M.C.Z. Testimonio oral de Ignacio Quevedo Arechederra.

(48) A.M.C.Z. Carpeta 147 nº 89. En este pliego se encuentra tanto el testamento de Manuel de Tarazona como el plano mencionado.

PLANOS DE LA ESCUELA

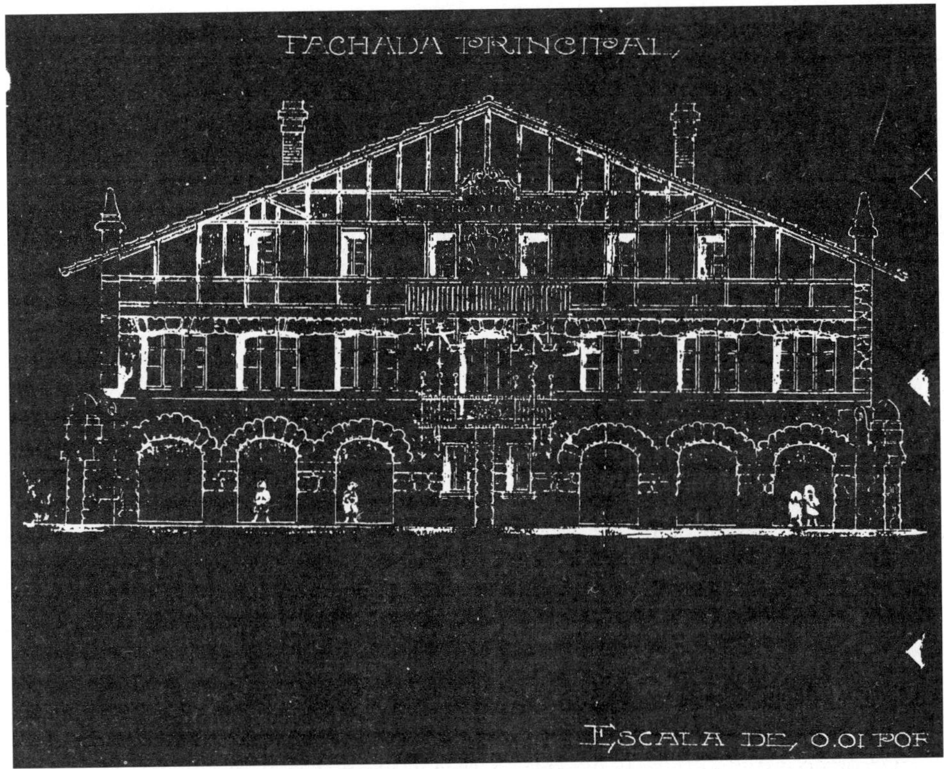

FUENTE: A.M.C.Z. Carpeta 147 n.º 89.

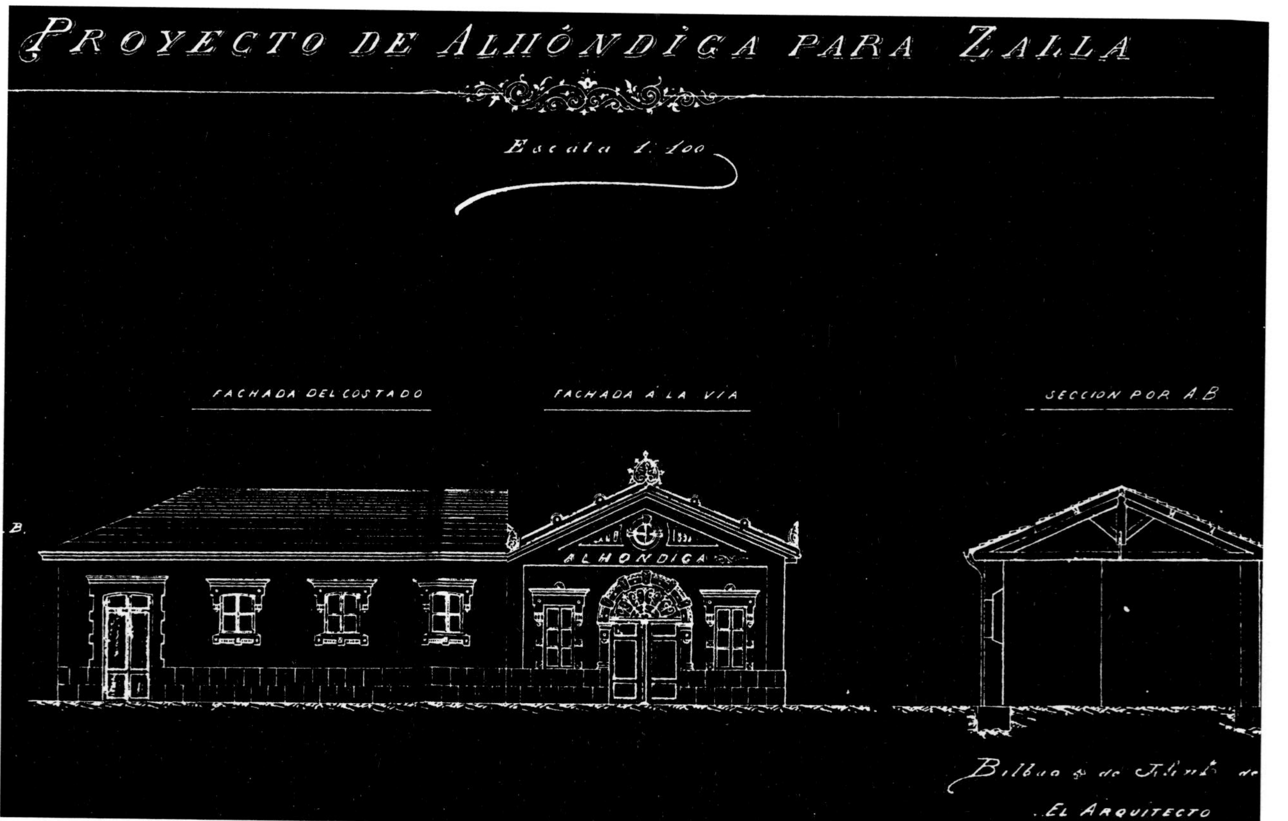

Proyecto de Alhóndiga para Zalla.
FUENTE: A.G.S.B. Obras municipales Reg. 113. Leg. 2 n.º 13.

C) CUARTEL DE MIÑONES

Actualmente desaparecido, estaba situado donde está ahora el Bar Jomay (49). Según los planos que nos han llegado firmados por Alfredo Acebal en 1901 (50), era una construcción de planta rectangular de dos pisos con cubierta en principio a dos vertientes. La planta baja se dedicaría a alhóndiga, y los dos superiores a las dependencias policiales.

D) ALHONDIGA

Desaparecida también, según los planos del proyecto también firmados por Alfredo Acebal en 1894 (51), era una edificación de planta rectangular casi basilical, con aparejo de mampostería, y cubierta a dos vertientes, quizá de madera, a juzgar por los tirantes que figuran en el alzado. La fachada principal estaba ordenada en tres calles de disposición simétrica. El eje central lo ocupaba la puerta de acceso rematado por arco de medio punto, cuyo tímpano se adornaba con elementos vegetales o pseudovegetales estilizados de sentido radial, forjados en hierro. Las ventanas laterales adinteladas y ajimezadas daban un toque de originalidad a la fachada. El espacio triangular superior lo ocupa una ventana circular, complementada con decoración incisa que crea una ilusión de ser un frontón triangular. El vértice del tejado era coronado por un florón en forma de corazón invertido hecho de hierro forjado, y la misma decoración en los extremos del tejado. En la parte inferior de las ventanas había un revestimiento.

La fachada lateral presentaba un aparte de acceso al fondo y tres ventanas, todas ellas completamente acarpanelizadas y ajimezadas.

E) ESCUELA DE ARTES Y OFICIOS

Debido a las malas condiciones del edificio alquilado para Escuela de Artes y Oficios, el ayuntamiento propuso edificar de nueva planta un nuevo local para las clases de fundición y ajustaje para 250 alumnos. Esto ocurría en 1914. El proyecto es presentado por el arquitecto Fidel Iturria, del que no se conserva plano. Sólo se sabe por las condiciones de construcción que el nuevo edificio era amplio y luminoso. Estaba situado entre Mimetiz y Aranguren (52), y quizá corresponde al antiguo edificio de los Hermanos Maristas.

F) BATZOKI

Ocupa un edificio exento de planta compleja. Comprende un cuerpo poligonal angular y dos cuadrangulares. El primero, con cubierta a cuatro aguas y las restantes a dos. Ade-

---

(49) A.M.C.Z. Carpeta 104 nº 6. En el plano se ve muy la ubicación del cuartel del miñones o del cuartel de forales como también entonces se llamaba. La carretera de Güeñes a Malabrigo es la actual Avenida de los Hermanos Maristas.

(50) A.M.C.Z. Carpeta 92. A.G.S.B. Obras Municipales. Reg. 113, leg. 2, nº 16.

(51) A.G.S.B. Obras Municipales. Reg. 113, leg. 2, nº 13.

(52) A.G.S.B. Obras Municipales. Reg. 114, leg. 1, nº 3. Carpeta 152 nº 1.

más posee como elementos destacables pináculos, entramado y galería sostenidos por pies derechos de pilares salomónicos. De todo ello se puede decir que participa de lo culto y lo popular.

G) KIOSKO

En la Plaza de Euskadi hay un kiosko de planta octogonal con cubierta a ocho vertientes en metal. El basamento que lo sostiene es pétreo con aparejo de mampostería. Se accede a él por una escalinata. El primer modelo de kiosko conocido data de 1928, y al parecer, a juzgar por los planos, era de madera (53).

F) OTROS EDIFICIOS

a) Plomos y estaños

En 1894 la familia Urrutia de Valmaseda instalaba una pequeña fábrica en el barrio de La Herrera, aprovechando un salto de agua, posiblemente de una antigua ferrería para fundir y hacer láminas de plomo y estaño, y proporcionar energía al vecindario inmediato.

Al tiempo que ampliaba su gama productiva con laminación de aluminio, se construirían nuevos pabellones, ampliando o derruyendo parte de los existentes.

Actualmente sólo se conserva uno de los edificios originales, coronado de un frontón mixtilíneo que recoge el nombre de la empresa y la fecha de su fundación.

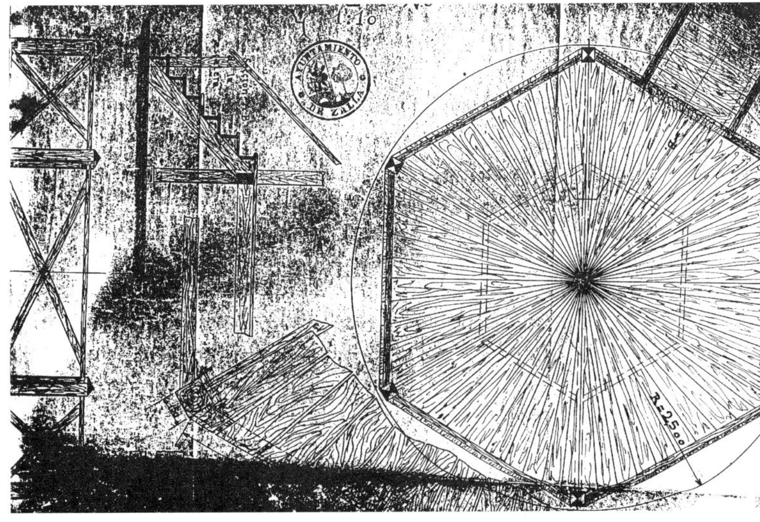

Detalle de los planos del kiosko. FUENTE: A.M.C.Z. Carpeta 152 n.º 1.

(53) A.M.C.Z. Carpeta 152 n.º 1.

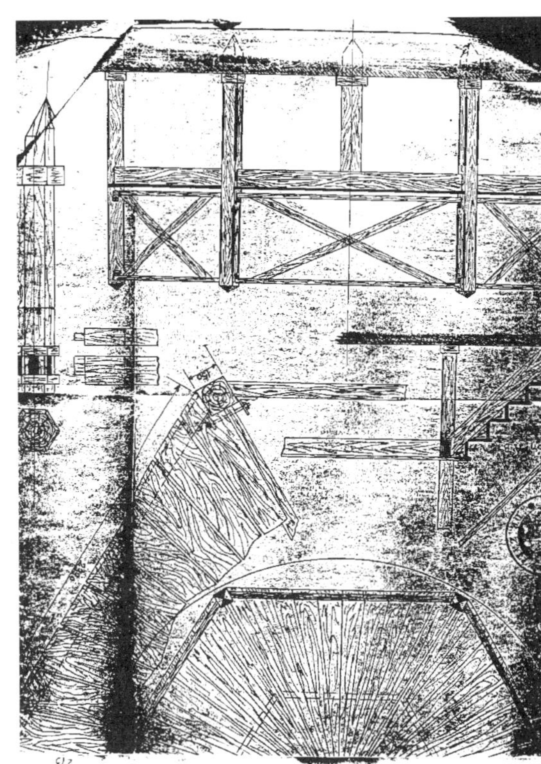

Detalle de los planos del kiosko.
FUENTE: A.M.C.Z. Carpeta 152 n.º 1

b) Molino papelero

En La Mella, propiedad de los Urrutia, que a fines del siglo XIX fue adquirido por Antonio Serrano, tomando el nombre "Fábrica de Papel de Fumar".

c) Casas baratas de Aranguren

En el Barrio de Aranguren se llevó a cabo un ambicioso plan de casas baratas para los obreros de La Papelera, siguiendo las ideas sociales de la época. De todos ellos, el diseño más atractivo se encuentra en Muñeran, en la calle Portal del Cadagua para ser más exactos, para la sociedad Cooperativa Cadagua, cuyos planes llevan la firma de Faustino Basterra con la fecha de 1925 (54).

Se caracterizan por su planta rectangular, su carácter unifamiliar, repartido en dos pisos (bajo y superior), cuyas fachadas miran hacia el valle, con cubierta a cuatro vertientes

---

(54) A.M.C.Z. 149 nº 157.

no radiales, con la particularidad de que se abren en la fachada una especie de frontón ocupado por un entramado de molduras que forman un triángulo. Presenta un revestimiento atractivo de azulejos verdaderamente preciosista. El piso inferior se distribuye en cocina, W.C., comedor y hall; y el superior en cuatro dormitorios.

d) Ferrerías y molinos

De su importancia económica se habla en la sección dedicada a la economía, concretamente en el apartado de la industria tradicional. En este lugar se hablará de su importancia monumental.

De las ferrerías históricas lo único que se conserva son las ruinas de lo que fue la Ferrería de Bolumburu con su molino, invadidas por la vegetación. Se ha perdido la cubierta, suelos y tabiques, pero aún yerguen los gruesos muros con aparejo de mampuesto grueso y los arcos de circulación del agua.

Son más numerosos los molinos conservados que en la actualidad han perdido su uso. Empezaremos por el situado en Sollano (Avda. del Labrador, nº 36), edificio cúbico, de cubierta a cuatro vertientes, construido en mampostería, aunque la parte inferior ha sido reforzada con ladrillos. Está formado por vivienda y molino. Al estar construida en cuesta, las proporciones entre vivienda y molino son desiguales.

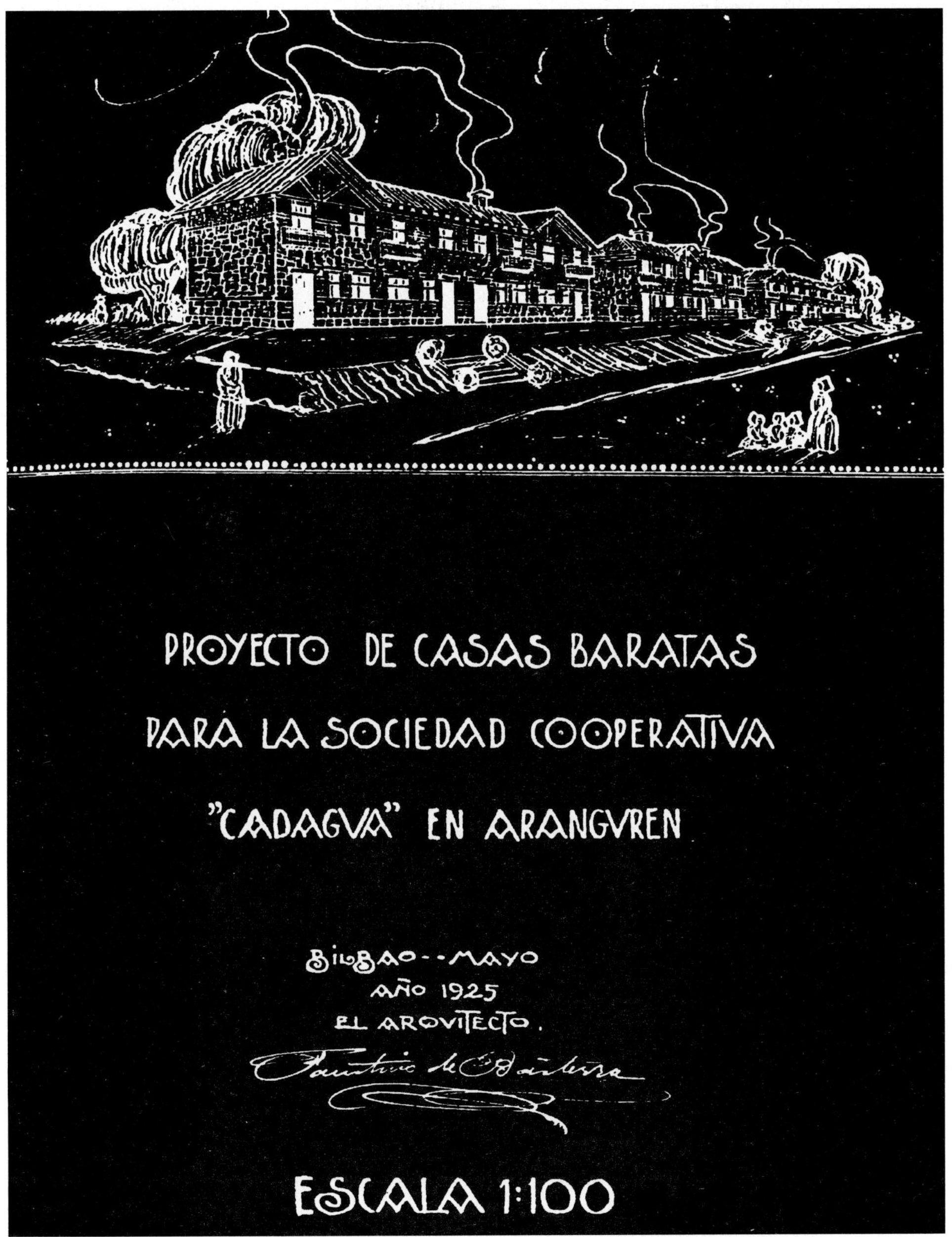

Proyecto de casas baratas en Aranguren. FUENTE: A.M.C.Z. Carpeta 149 n.º 1

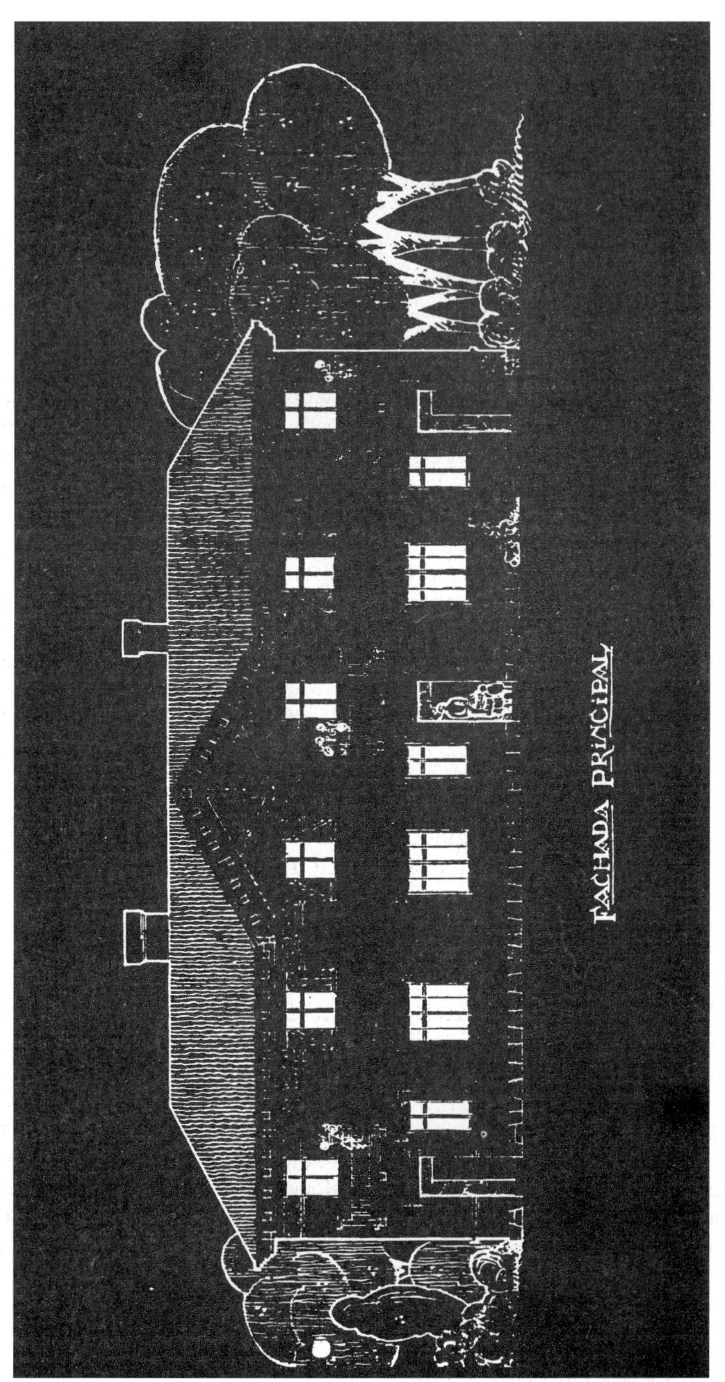
FACHADA PRINCIPAL

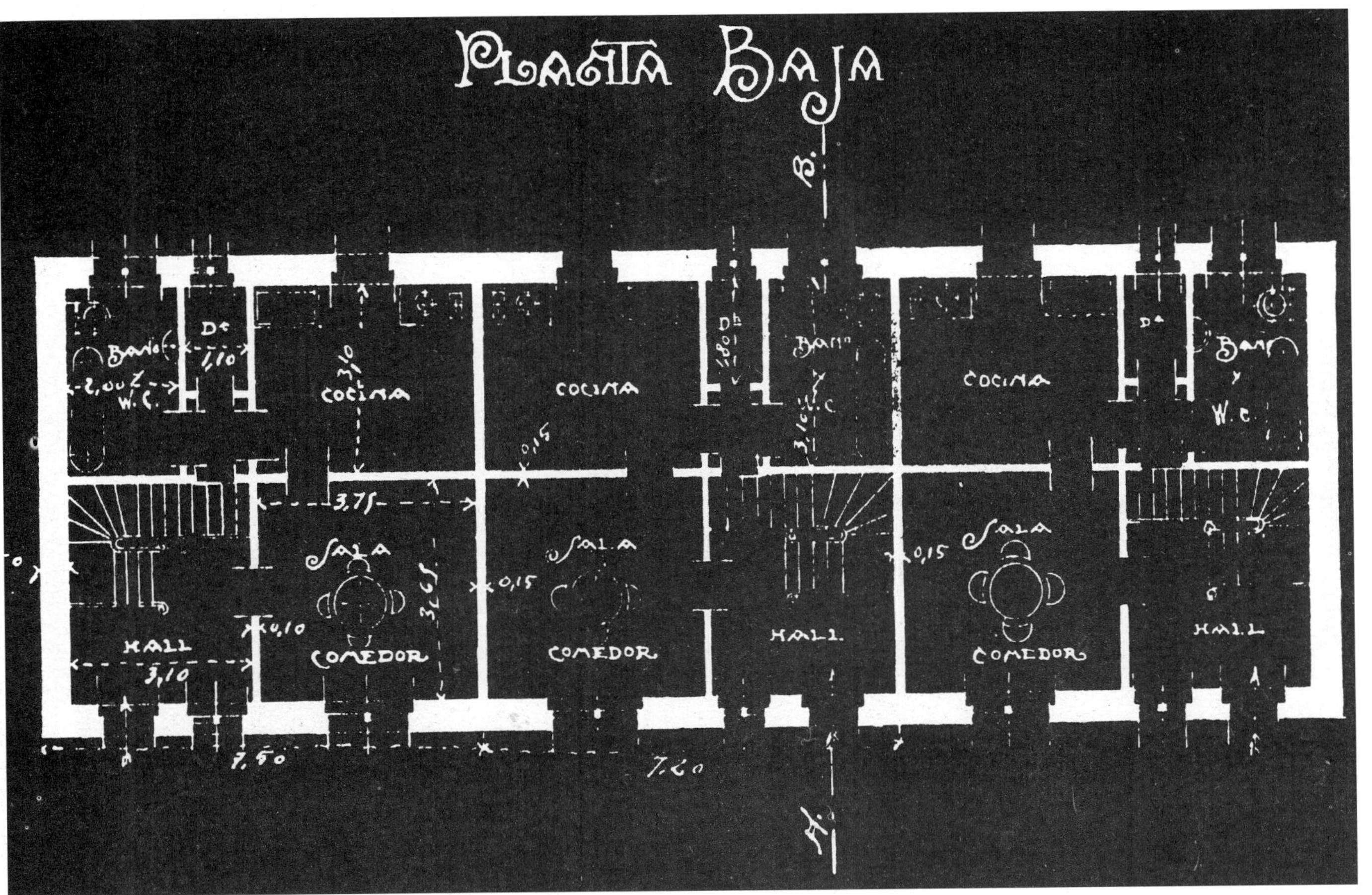
PLANTA BAJA
COCINA
SALA
COMEDOR
HALL
COCINA
SALA
COMEDOR
HALL
COCINA
SALA
COMEDOR
HALL
W.C.
3,75
3,65
3,10
7,50
7,20
0,15
0,10

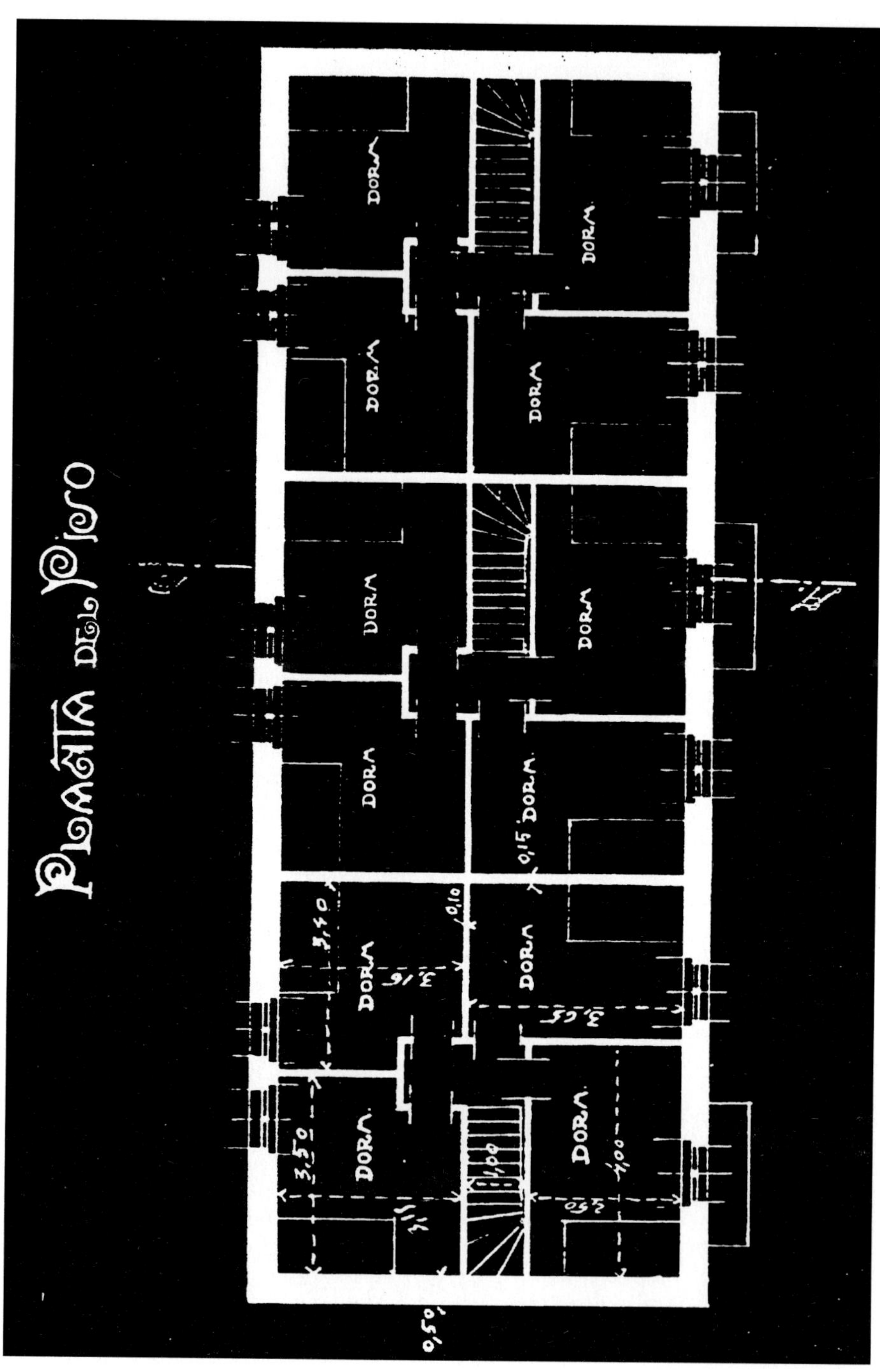
PLANTA DEL PISO
DORM.
DORM.
DORM.
DORM.
DORM.
DORM.
DORM.
DORM.
DORM.
DORM.
DORM.
DORM.
3,50
3,40
3,16
3,65
4,00
1,00
0,10
0,15
0,50

El molino, sito en el barrio de Llano, es una construcción exenta, de planta cuadrangular y cubierta a dos aguas, con aparejo de mampostería.

El molino de Gobeo (Gobeo, nº 7) es de planta rectangular, con cubierta a dos aguas, aparejo de sillares, con sillares en ángulos y vanos adintelados distribuidos irregularmetne. En la fachada izquierda se encuentra el molino propiamente dicho dentro de un anexo.

Ninguno de estos edificios conserva restos de maquinaria, por lo que están inutilizados para la función a la que fueron destinados.

G) OTROS ELEMENTOS ARQUITECTONICOS

a) Heráldica

Este elemento arquitectónico, el de la heráldica, está tan extendida por las casas-torre, palacios y otros edificios que he preferido dedicarles un espacio propio en vez de describirlos dentro de su edificio correspondiente. Normalmente se encuentran en la fachada principal para comunicar al espectador la solera nobiliaria de los habitantes de ella. Suelen estar labrados en relieve, y a excepción de los colores siguen las leyes de la heráldica. El escudo propiamente dicho se esculpe en bajorrelieve, y los elementos decorativos (yelmo, animales tenantes, lambrequines, etc.) en altorrelieve, con la posibilidad de que haya una leyenda e inscripción con el nombre del apellido o linaje o una frase alusiva a la génesis del escudo.

Aquí sólo cabe una descripción heráldica, por lo que si alguno quiere una información más completa de las genealogías que hay detrás de cada casa solar debe acudir a la bibliografía especializada.

El primer escudo heráldico que se describirá aquí es el de la Casa Pinta que representa los linajes de San Cristóbal y Molinar, con casco, plumaje tras el yelmo, manto de lambrequines, sobre el que descansan dos aves, una a cada lado, y con dos leones tenantes. El escudo es partido:

1º.– Arbol frutado y raigado con lobo pasante al pie, de derecha a izquierda, con cruz de flor lisada en jefe, y orla de ocho sotueres, que son las armas de San Cristóbal.

2º.– Torre coronada de un minarete con tejado, tres flores de lis en jefe, puestas una y dos, un tanto caprichosamente, y otras cuatro flores de lis, dos a cada lado de la torre, con orla de ocho sotueres que son de las armas de Molinar.

En la Casa Santelices se encuentra el escudo de Santelices, en el ángulo de las dos fachadas, correspondientes a dos partes del escudo heráldico. El primero ostenta tres contrabandas con panelas en jefe, y el segundo cruz flordelisada con otra panela en punta.

En la Casa Lusa vemos la heráldica del linaje Santibañez, en una cartela muy decorada con dos escudos en ella, en los ángulos superiores, con las tres franjas de Leguizamón, y el pie una flor de lis, y encuadrada la cartela, a modo de tenantes, por cabezas barbudas y una de ellas tocada, y ambas sobre cola como de león; el escudo es circular con orla decorativa punteada, y que se extienden con colas a los pies y en remates en jefe, y las armas son cuarteladas:

– Primer cuartel: Tosco animal que parece lobo linguado al que ataca un hombre con un puñal en la mano derecha, situado detrás y dominando al animal.

– Segundo cuartel: Arbol del que sólo se aprecia la copa con una flor de lis a su derecha y cuatro lobos, dos de ellos linguados, uno sobre el otro que parecen ocultar el tronco de árbol, y los otros dos lobos del cuartel en situación rampante uno sobre otro.

– Tercer cuartel: Cinco panelas puestas en sotuer.

– Cuarto cuartel: Arbol raigado y con la copa frondosa y cinco panelas en sotuer, dos a cada lado, y una en el tronco, y además a la derecha del cuartel una torre o castillo de dos cuerpos.

En la fachada de la Casa Villar encontramos tres escudos en su fachada, hecho inusitado en la heráldica arquitectónica. El escudo del centro porta una cruz hueca flordelisada con cinco panelas en sotuer, una en cada esquina y la quinta en el centro de la cruz. El de la izquierda sobre lazada luce las armas de los Terreros que componen cinco panelas en sotuer y en jefe cruz latina. En el escudo de la derecha sobre lazada ofrece unas armas que en opinión de Ybarra, son una interpretación de las de Labarrieta, y componen siete flores de lis, puestas tres y cuatro sobre ondas de agua.

En el denominado Solar de San Cristóbal (Barrio de la Llana) existe el blasón de San Cristóbal, con casco, plumaje y manto de lambrequines sobre la cartela que tiene una cabeza barbuda y otra bigotuda, ambas con gorros frigios en los ángulos superiores, y a su lado racimos de uvas y dos bustos de angelitos en los inferiores. El escudo comprende árbol frutado y terrasado con lobo pasante, flor de lis en los extremos de una cruz en jefe y orla de ocho sotueres que son las armas de San Cristóbal.

En una casa del Barrio Ligeti se puede observar el escudo de Murga, Leguizamón y Loyzaga, sin casco, ni aditamento alguno. El escudo es partido:

– 1º.– Cinco panelas en sotuer de los Murga.

– 2º.– Tres fajas de los Leguizamón, medio partidas por tres estrellas, una de diez puntas, otra de ocho y la tercera de siete colocadas dos y una que pueden hacer referencia a las estrellas de los Loyzaga.

Compleja y espectacular es la heráldica de Salcedo y Montaño en el palacio que ocupó la Casa-Torre de Murga, con casco y abundante plumaje; a la derecha de éste luce escudete que remata en flor de lis y ostenta las cinco ondas de agua de los Salcedo. Dos águilas pasmadas, y tienen por tenantes dos figuras humanas muy arcaicas y bigotudas vestidas de cota de mallas y que enarbolan en uno de sus brazos una maza acotada, en tanto que la otra mano la apoya en el escudo.

A un lado de esas figuras humanas hay dos leones rampantes, uno a cada extremo, el de la derecha armado, y el de la izquierda con las garras sobre dados. Remata el escudo una cabeza humana bigotuda, y a los lados dos leones tenantes con cabeza humana y bigotuda. La cartela luce ocho escudos, de ellos cuatro del lado derecho con tres fajas cada uno que corresponden a los Leguizamón, patronos de Begoña y ascendientes de los Señores de la Casa-Torre de Murga. Junto al escudo de Salcedo, figura el de Montaño. El escudo es partido:

– 1º.– Las armas de Salcedo, con árbol raigado y cinco panelas colocadas a cada lado y una sobre el tronco; al pie tres escudetes, dos situados en posición normal y el otro en punta y sesgado, tres franjas.

– 2º.– Escudo cortado con las armas de Montaño, lucen cinco flores de lis, dos y dos en sendos escuditos a un lado, y otra en jefe de la cartela; hay otro escudito que ofrece un árbol raigado cuyas raíces forman dentro del escudito un montículo; y las trece estrellas salazarianas de ocho puntas colocadas en dos filas de a cuatro, una de tres y otra de dos.

La parte inferior del conjunto aparece rematada por un sol con rasgos humanos, la lengua fuera, bigote y barba, más una venera sobre la cabeza. A los lados del sol, dos serpientes o dragones de múltiples colas sobre un fondo de rayos de sol; y debajo de todo el conjunto un inscripción con el lema abreviado del escudo de Salcedo que dice:

Sauces y panelas son
estas armas sin edubio
hijas del Conde Don Rubio,
nietas del Rey de León.

En lo que fue la Casa de Múgica se sitúa el escudo de Múgica y Lasala, con casco y plumaje y manto de lambrequines, en cartela el escudo compone cruz latina con un león en el centro de la misma y un cañón en cada uno de sus cuatro ángulos, y en jefe recuadro rectangular con banda de boca de dragantes y a los lados del recuadro escudos con cuatro fajas.

La cruz con el león en medio es el motivo heráldico de Lasala; y la banda y los escudetes con fajas hacen referencia a los Múgica y Arteaga.

En el exterior de la casa cural de la Iglesia de San Miguel se puede contemplar el escudo de Lanzagorta, con casco y plumaje y una filacteria al pie en la que se lee "LANZAGORTA". El escudo ofrece árbol con dos lobos pasantes al mismo, en pal, uno detrás del tronco y otro delante, y orla de ocho souteres.

En la "Villa Geure-Etxea" se encuentran los escudos heráldicos de Lanzagorta y Acasuso, con casco y plumaje y manto de lambrequines que ampara a dos escudos. Estos ofrecen primero las armas de Lanzagorta con árbol y lobos empinantes al mismo, y orla de ocho sotueres; el segundo las armas de Acasuso que componen banda engolada en bocas de dragantes y orla de ocho sotueres.

El escudo Galarza en el Palacio Galarza es complejo, con cascos y plumaje, mitra a su derecha y báculo a su izquierda, sobre un fondo de lambrequines. La cartela ofrece escudo cuartelado:

– Primer cuartel partido: a) arbusto que parece ofrecer el oso de los Galarza y en jefe tres estrellas de seis puntas de línea y b) cortado en su vez en dos cuarteles, uno con estrella de seis puntas y otro con cruz flordelisada en la parte superior, y árbol y lobo pasante al tronco en la parte inferior.

– Segundo cuartel partido: a) árbol con lobo pasante y orla de cuatro sotueres en los ángulos, y entre ellos cuatro veneras y b) seis rosas colocadas en tres filas de a dos, y orla con cuatro de lis en los ángulos.

– Tercer cuartel terciado: a) Torre de dos cuerpos, b) árbol terrasado y al pie dos lobos afrontados y c) sobre rocas de dos cuerpos.

– Cuarto cuartel partido: a) cortado con un primer cuartel con dos árboles, cinco panelas en sotuer y estrella de seis puntas en jefe; y en el cuartel inferior árbol y lebrel a pie, y orla general de los dos cuarteles con ocho sotueres, y b) tres estrellas de seis puntas colocadas dos y una.

En el denominado Solar de Gobeo existe el escudo de Ybarra de Arzabe, Recalde y Santibañez, con casco, plumaje, a los lados águila explayada en un recuadro quecompone un cordón que pasa bajo el yelmo, rodea las águilas y baja por los lados, entre los leones tenantes y el escudo ovalado en cartela decorada con cuatro cabezas barbudas y bigotudas, de ellas dos con cuerpos de león a modo de tenantes, y con escudetes con bandas y contrabandas. Las armas son acuarteladas:

– 1º y 3º cortadas: a) torre almenada y b) árbol con lobo pasante.

– 2º.– Arbol raigado con cinco panelas situadas en sotuer, dos a cada lado y una en el tronco.

– 4º.– Hombre con espada en la diestra ataca a un lobo.

En el dintel de la ventana que queda bajo el escudo se lee: "De mi desirio godo y del rey Ubamba sobrino. Año 1731".

En el Palacio Recalde-Santibañez se ve el escudo de Recalde, Leguizamón, Santibañez y Alcedo, con casco y plumaje. El escudo en cartela es cuartelado:

– Primer cuartel: Arbol con cinco panelas en sotuer, dos a cada lado y una sobre el tronco, y al pie ondas de agua, que son las armas de Salcedo y de sus linajes filiales Maruri y Recalde.

– Segundo cuartel: Tres fajas de Leguizamón que corresponden a Loyzaga por el Patronato de Begoña (Leguizamón) que vinculó en ellos.

– Tercer cuartel: Tosco animal al que ataca un hombre con puñal en mano diestra que corresponde a lo Santibañez.

– Cuarto cuartel: Cinco panelas en sotuer correspondientes a los Alcedo.

En el Solar de Basualdo existe el escudo de Basualdo y Nieto, con casco y plumaje y un original esbozo de lambrequines a los lados del yelmo, con dos leones tenantes, descansando sobre cabezas de carnero y oso respectivamente, asimismo hay una cabeza al pie del escudo que es cuartelado:

– Primer cuartel: Las armas de Basualdo que componen torre o castillo de dos cuerpos y un lobo empinado a cada lado a los muros.

– Segundo cuartel: Las armas de Nieto con león semirrampante y orla de cuatro flores de lis y cuatro hojas de higuera alternando.

– Tercer cuartel: Dos fajas con un roel sobre la primera, otro sobre la segunda, y tres roeles entre ambas.

– Cuarto cuartel: Arbol con oso empinado y orla con cinco sotueres.

En el Palacio Montellano vislumbra el escudo Horcasistas, con casco, plumaje y manto de lambrequines y dos figuras humanas por tenantes. El escudo ofrece las armas de Horcasitas que componen árbol con dos cabras empinantes y orla de ocho sotueres.

En las Escuelas Taramona se puede admirar el escudo de Taramona, con casco y plumaje y manto de lambrequines, decoración rameada que enlaza con guirnalda a pie. El escudo ofrece las armas de Taramona con árbol y jabalí pasante y orla con cuatro flores de lis, una en jefe, otra en punta, y las otras dos a cada lado del escudo.

En la Ermita de San Antonio en el Barrio de La Mella encontramos dos escudos que a continuación vamos a describir. El primero se trata del escudo de Urrutia, Villa-Leguizamón, Quintana y Abellaneda-Rozas, con casco, plumaje y lambrequines esquematizados, pero adaptado cada cuartel en su tamaño a las figuras que ostenta:

– Primer cuartel: Armas de Urrutia, en lugar preferente pero ocupando el cuartel de menor espacio. Luce cruz hueca flordelisada, con cinco panelas en sotuer, colocadas una en cada ángulo y la quinta en el centro de la cruz.

– Segundo cuartel: Abarcando parte de lo que debiera corresponder al primer cuartel, es partido: a) las armas de Villa, cuarteladas a su vez pero por capricho del escultor; el primer cuartel con torre de tres almenas es el mayor, el segundo y el tercero de diversos tamaños lucen estrella de ocho puntas, y el cuarto que es el más pequeño, una flor de lis y orla general ostentando nueve sotueres; y b) tres franjas del escudo de Leguizamón.

– Tercer cuartel: Este cuartel es el mayor de todos, sin duda para situar ampliamente los trece roeles, doce en cuatro filas de a tres y uno en punta de las armas de Quintana.

– Cuarto cuartel: Del mismo tamaño que el anterior pero ocupando tercios el escudo superior y un tercio del inferior: a) dos lobos andantes en pal del escudo de Avellaneda, y b) dos rozas y hoces de podar en el escudo de Fernández de Rozas, puestas en línea.

Este escudo aparece en el interior de la Ermita de San Antonio como dintel de una puerta que conduce a la huerta. Entre el dintel y el escudo hay una inscripción que dice: "Nuestra voluntad es que los que sucedan en este mayorazgo sean católicos, cristianos y obedientes a la Santa Iglesia Romana y leales vasallos de sus magestades los Reyes de Castilla que por tiempo fueran + Johan Vz. De Urrutia, Mari Ochoa de Avellaneda. Año + 1550".

El segundo escudo a que nos referíamos tiene casco, plumaje, manto de lambrequines, en los ángulos del mismo dos angelotes y entre ambos dos cabezas de ángeles, una de ellas mutilada, que asoman sobre el yelmo; al pie y tumbadas dos figuras o guirnaldas con cabeza humana, descansando a lo menos sobre una de ellas (la otra aparece con desperfectos); la pata trasera de uno de los leones tenantes que sostienen el escudo, que sobre cartela y con la cruz de Santiago acolada, ofrece las armas de Urrutia con la cruz hueca flordelisada y las cinco panelas en sotuer, una en el centro de la cruz y las otras cuatro en los cantones.

Este escudo se encuentra en la fachada de la ermita, debajo del nicho con la imagen de la Inmaculada Concepción.

El último escudo a reseñar es el escudo de Urrutia, Leguizamón, Quintana y Avellaneda en el Palacio Urrutia, con casco y plumaje, sobre cartela el escudo es cuartelado:

– Primer cuartel: Armas de Urrutia con la cruz hueca flordelisada y las cinco panelas en sotuer, una en el centro de la cruz y las otras cuatro en los cantones.

– Segundo cuartel: Las tres fajas de Leguizamón.

– Tercer cuartel: Los trece roeles, doce en cuatro filas de a tres y uno en punta.

– Cuarto cuartel: Dos lobos andantes en pal de los Avellaneda.

b) Relojes de sol

Había uno en la fachada del Palacio Urrutia, pero desapareció. Sabemos de su existencia por el recuerdo de los lugareños de la zona de haber visto tal elemento.

Inesperadamente, haciendo trabajo de campo, me topé con un reloj de sol en la fachada de las casas baratas brevemente descritas un poco más arriba, fechado en 1931 con las siglas M.B. (iniciales de Maximino Basualdo, persona que lo ideó).

FUENTES MANUSCRITAS

ARCHIVO HISTORICO ECLESIASTICO DE BIZKAIA:

- Parroquia de San Miguel de Zalla.
- Parroquia de Santa María y Santa Isabel de La Herrera.
- Parroquia de Santiago de Ocharan.

ARCHIVO GENERAL DEL SEÑORIO DE BIZKAIA:

- Fogueraciones de 1704 y 1796.
- Propios y Arbitrios.
- Estadísticas de Población.
- Estadísticas varias.
- Obras municipales.
- Molineros.
- Subsistencias.
- Frutos.
- Txakoli.
- Pleitos y autos.
- Géneros.

ARCHIVO HISTORICO DE LA DIPUTACION DE BIZKAIA:

- Corregimiento.
- Libros históricos.
- Reales Ordenes.

ARCHIVO MUNICIPAL DE ZALLA

ARCHIVO HISTORICO DE LA UNIVERSIDAD DE DEUSTO:

- Cuentas.
- Hidalguías.
- Mayorazgos.

FUENTES IMPRESAS

ALZOLA Y MINDONO, P.: *"Monografía de los caminos de Vizcaya"*. Bilbao. 1898.

ALZOLA Y MINDONO, P.: *"Historia de las Obra Públicas en España"*. Ed. Turner. Madrid.. 1979.

AMADOR CARRANDI, F.: *"Geografía General del País Vasco"*. La Gran Enciclopedia Vasca. Bilbao. 1980. Vol. V.

DELMAS, J.E.: *"Guía Histórico-descriptiva del viajero en el Señorío de Vizcaya"*. Bilbao. 1864.

DICCIONARIO GEOGRAFICO HISTORICO DE ESPAÑA publicada por la Real Academia de la Historia" Sección 1ª. Tomo 1º. Madrid. 1802.

GONZALEZ, T.: *"Censo de población de las provincias y partidos de la Corona de Castilla en el siglo XVI"*. Madrid. 1929.

HIDALGO DE CISNEROS AMESTOY, C.: *"Colección documental del Archivo General del Señorío de Bizkaia. Fuentes documentales medievales del País Vasco"*. Eusko Ikaskuntza. San Sebastián. 1986.

ITURRIZA, J.R.: *"Historia general de Vizcaya y epítome de las Encartaciones"*. Imp. Casa Dochao. Bilbao. 1938.

ITURRIZA, J.R.: *"Historia de Vizcaya General de todo el Señorío y particular de cada una de las Anteiglesias, Villas, Concejos y Valles. Desde su fundación hasta el año 1885. Escrita por Iturriza en 1787 y ampliado hasta nuestros días por Manuel de Azcárraga y Régil"*. Imp. Ciriaco Lucena. Bilbao. 1885.

LABAYRU, E.: *"Historia general del Señorío de Vizcaya"* La Gran Enciclopedia Vasca. Bilbao. 1967. 7 vols.

MADOZ, P.: *"Diccionario geográfico histórico estadístico de España y de sus posesiones en Ultramar"*. Madrid. 1818-1850. 15 vols.

MAÑE Y FLAQUE, J.: *"El Oasis. Viaje al País de los Fueros"*. Barcelona. 1878-1880. 3 vols.

"NOMENCLATOR DE LOS PUEBLOS DE ESPAÑA formada por la Comisión Estadísticas del Reino". Madrid. 1888.

QUADRA SALCEDO, F.: *"Fueros de las M.N. y M.L. Encartaciones"*. Bilbao. 1918.

BIBLIOGRAFIA

ADAN DE YARZA, R.: *"Memoria de la Comisión del Mapa Geológico de España. Descripción físico-geológica de la provincia de Vizcaya"*. Madrid. 1892.

AGUIRRE, I.; y otros: *"Estudios sobre Geografía e Historia"*. Universidad de Deusto. Bilbao. 1988.

AGUIRRE SORONDO, A.: *"Tratado de molinología (Los molinos de Guipúzcoa)"*. Eusko Ikaskuntza. San Sebastián. 1988.

ALMUNIA, J.: *"Antigua industria del hierro en Vizcaya"*. C.A.V. Bilbao. 1976.

ANDRADA MARTIN, J.M.: *"Los propios, comunes y baldíos de Mérida en el siglo XVI"* U.N.E.D. 1986.

ANES, G.: *"Las crisis agrarias en la España Moderna"*. Taurus. Madrid. 1970.

ANES, G.: *"Los pósitos españoles en la España del siglo XVIII"* en MONEDA Y CREDITO, nº 105, jun. 1968, pp. 39-70.

ANES, G.: *"Tendencias de la producción agrícola en tierra de la Corona de Castilla (S. XVI-XIX)"*. En HACIENDA PUBLICA ESPAÑOLA, nº 55, Madrid, (1978), pp. 97-111.

ANES, G.; y otros: *"La economía agraria en la Historia de España. Propiedad, explotación, comercialización, rentas"*. Alfaguara. Madrid. 1979.

ARIZCUN CELA, A.: *"Bienes y aprovechamientos comunales en el País Vasco del Antiguo Régimen. Su papel económico"*. En II CONGRESO MUNDIAL VASCO, III, pp. 137-162.

ARPAL, J.: *"La sociedad tradicional en el País Vasco"*. Haranburu editor. San Sebastián. 1979.

ARREGUI AZPEITIA, G.: *"Ermitas de Bizkaia"*. Instituto Labayru. Bilbao. 1987. 3 vols.

BAESCHLIN, A.: *"La arquitectura del caserío vasco"*. Bilbao. 1980.

BALPARDA, G.: *"Historia crítica de Vizcaya y sus fueros"*. Bilbao. 1974.

BARRIO LOZA, J.A.; y ASPIAZU, R.: *"Patrimonio Monumental de Trucíos"*. Diputación Foral de Bizkaia-Ayuntamiento de Trucíos. Bilbao. 1991.

"BIZKAIA. Arqueología. Tecnología. Urbanismo". Diputación Foral de Bizkaia. Bilbao. 1989-1992. 5 Vols.

BERNAL, A.M.: *"Hacienda municipal y tierras de propios. Funcionalidad económica de los patrimonios municipales (s. XVI-XIX)"* en HACIENDA PUBLICA ESPAÑOLA nº 55, Madrid (1978), pp. 285-312.

CAPELLA, M.; y MATILLA TASCON, A.: *"Los Cinco Gremios Mayores de Madrid. Estudio crítico-histórico"*. Madrid. 1957.

CASTRO, C.: *"La revolución liberal y los municipios españoles (1814-1868)"*. Alianza Editorial. Madrid. 1979.
CLAVERO, B.: *"Mayorazgo. Propiedad feudal en Castilla (1369-1836)"*. Siglo XXI. Madrid. 1989.
CORDON, J.: *"Ermita de San Pantaleón"* en ETNIKER, Bilbao (1981), pp. 135-166.
DEIKER. Fichero de Patrimonio Monumental de Bizkaia. Volumen correspondiente a Zalla.
DIEZ DE SALAZAR, L.M.: *"Ferrerías en Guipúzcoa (s. XIV-XVI)"*. Haranburu Editor. San Sebastián. 1983.
ESCARGAZA, E.: *"Avellaneda y la Junta General de las Encartaciones"*. Bilbao. 1927.
FERNANDEZ ALBADALEJO, P.: *"La crisis del Antiguo Régimen en Guipúzcoa (1766-1833)"* Akal. Madrid. 1975.
FERNANDEZ DE PINEDO, E.: *"Crecimiento económico y transformaciones sociales (1100-1850)"* Siglo XXI. Madrid. 1974.
FLINN, M.W.: *"El sistema demográfico europeo (1500-1850)"*. Crítica. Barcelona. 1989.
GARAGORRI, P.: *"Castillo de Valmaseda y de La Piedra"*. Madrid. 1956.
GARCIA DE CORTAZAR, J.A.: *"Bizcaya en la Edad Media"*. Haranburu Editor. San Sebastián. 1985. 4 vols.
GARCIA DE CORTAZAR, J.A.: *"Vizcaya en el siglo XV"*. Bilbao. 1966.
GARCIA SANZ MARCOTEGUI, A.: *"La evolución demográfica vasca en el siglo XIX (1787-1930)"* en II CONGRESO MUNDIAL VASCO, IV, pp. 19-46.
GOMEZ PRIETO, J.: *"BALMASEDA. (S. XVI-XIX). Una villa vizcaína en al Antiguo Régimen"*. Diputación Foral de Bizkaia. Bilbao. 1990.
GONZALEZ DE DURANA, F.J.: *"Aspectos demográficos de los concejos de Zalla y Güeñes durante el período 1860-1885"*. Tesina de licenciatura inédita. Universidad de Deusto. Bilbao. 1974.
GUTIERREZ IBARRECHEA, Ana Mª.: *"La industria molinera en Vizcaya en el siglo XVIII"*. Universidad de Deusto. Bilbao. 1984.
"HISTORIA GENERAL DEL PAIS VASCO". La Gran Enciclopedia Vasca. Haranburu Editor. Bilbao-San Sebastián. 1983. 12 vols.
HORMAECHEA, A.M.: *"Ferrocarriles en Euskadi"*. Eusko Trenbideak. Bilbao. 1989.
HUETZ DE LEMPS, A.: *"Vignobles et vins du nord-ouest de l'Espagne"*. Bordeaux. 1967.
IGLESIA, A.: *"El caserío vasco en el paisaje rural de Vizcaya"*. C.A.V. Bilbao. 1980.
KEREXETA, J.: *"Las casas solariegas de Vizcaya"*. Wilsen. Bilbao. 1987.
LARREA SAGARMINAGA, M.A.: *"Los caminos de Vizcaya en la segunda mitad del siglo XVIII"*. La Gran Enciclopedia Vasca. Bilbao. 1974.
LOPEZ ROJO, Manuel: *"La Tenencia de Avellaneda en las Encartaciones (1554-1800)"*. Universidad de Deusto. Bilbao. 1976.
MADARIAGA ORBEA, J.J.: *"Municipio y vida municipal vasca de los siglos XVI a XVIII"*. En HISPANIA, CXLII, Madrid (1979), pp. 505-527.
MARTINEZ RUEDA, F.: *"Reorganización municipal y conflicto social en Zalla (1650-1750)"*. En ERNAROA, VI, Bilbao (1992), pp. 241-254.
MARTINEZ SAENZ, T.: *"El Camino de Santiago en Vizcaya"*. C.A.V. Bilbao. 1975.
MERCHAN, C.: *"Gobierno municipal y administración local en la España del Antiguo Régimen"*. Tecnos. Madrid. 1988.
MONREAL, G.: *"Las instituciones públicas del Señorío de Vizcaya"*. Diputación Foral de Bizkaia. Bilbao. 1974.

MUTILOA POZA, J.M.: *"La desamortización civil en Vizcaya y provincias Vascongadas"*. En ESTUDIOS VIZCAINOS, II, Bilbao, pp. 15-67 y 211-344.

MUTILOA POZA, J.M.: *"La desamortización civil en Vizcaya y provincias Vascongadas"* en ESTUDIOS VIZCAINOS, II, Bilbao (1971), pp. 211-258.

MUTILOA POZA, J.M.: *"La desamortización napoleónica en España"*. En ESTUDIOS DE DEUSTO, XVII, Bilbao (1969), pp. 297-336.

MUTILOA POZA, J.M.:*"La desamortización en Vizcaya"*. C.A.V. Bilbao. 1984.

MUTILOA POZA, J.M.: *"El monte y el viñedo en Vizcaya a mediados del siglo XIX"* en ESTUDIOS VIZCAINOS, V, Bilbao (1974), pp. 97-176.

NADAL OLLER, J.: *"La Población Española. Siglos XVI a XX"*. Ariel. Barcelona. 1984.

NOSOTROS (circular parroquial de Zalla). Años 1954 a 1958.

ORTEGA, A.; y otros; *"La población del País Vasco peninsular a través del Censo de 1887. Estructura de edades"*. En II CONGRESO MUNDIAL VASCO, IV, pp. 97-116.

ORTEGA GALINDO, J.: *"Ensayo sobre los orígenes y naturaleza de Vizcaya"*. Bilbao. 1953.

ORMAECHEA HERNAIZ, A.M.; y ZABALA URIARTE, A.: *"Espacios ganaderos en la Vizcaya del Antiguo Régimen"* en "ESTUDIOS DE GEOGRAFIA E HISTORIA". Universidad de Deusto. Bilbao. 1988. Págs. 429-459.

PEREZ MOREDA, V.: *"La crisis de mortalidad en la España interior (s. XVI-XIX)"*. Siglo XXI. Madrid. 1980.

PESET, M.: *"Dos ensayos sobre la historia de la propiedad de la tierra"*. Revista de Derecho Privado. Madrid. 1982.

PLATERIA ANTIGUA DE VIZCAYA. Museo de Bellas Artes. Bilbao. 1986.

RODRIGUEZ COLMENERO, A.; y LOPEZ ROJO, M.: *"Nuevos miliarios de Maximino en la Vía Pisoraca-Castro Urdiales aparecidas en Vizcaya"*. En KOBIE, IX, Bilbao (1979), pp. 209-216.

SASIA, J.M.: *"Toponimia euskérica en las Encartaciones de Vizcaya"*. Bilbao. 1966.

TORRECILLA, M.J.; BARRIO LOZA, J.A.; y AGUIRRE, I.: *"Guía del Camino de Santiago en Bizkaia"*. Diputación Foral de Bizkaia. Bilbao. 1991.

URIARTE AYO, R.: *"Estructura, desarrollo y crisis de la siderurgia tradicional vasca (1700-1840)"*. Universidad del País Vasco. Bilbao. 1978.

URRUTIA Y LLANO, J.M.: *"La Casa Urrutia de Avellaneda"*. Bilbao. 1968.

VV. AA.: *"Lanestosa"*. Diputación Foral de Bizkaia. Bilbao. 1987.

VICTOR ARROYO, J.: *"El Concejo de Galdames en el Antiguo Régimen (s. XVIII-XIX)"*. 2 vols. Bilbao. 1989.

VIÑAS MEY, C.: *"El problema de la tierra en España de los siglos XVI y XVII"*. C.S.I.C. Madrid. 1941.

YBARRA, J.: *"Catálogo de monumentos de Vizcaya"*. Bilbao. 1958.

YBARRA, J.; y GARMENDIA, P.: *"Torres de Vizcaya"*. Bilbao. 1946.

YBARRA, J.: *"Escudos de Vizcaya. Las Encartaciones"*. Bilbao. 1967. Tomo V, vols. I-III.

YBARRA, J.: *"La Casa Salcedo de Aranguren"*. Bilbao. 1944.

YRIZAR, J.: *"Las casas vascas. Torres. Palacios. Caseríos. Chalets. Mobiliario"*. Bilbao. 1965.